북한 핵무기의 국제정치

미-북한 간의 비핵화를 위한 교섭
북한 핵무기의 국제정치

초판 1쇄 인쇄_ 2021년 4월 08일
초판 1쇄 발행_ 2021년 4월 16일

신고번호_ 제313-2010-376호
등록번호_ 105-91-58839

지은이_ 김영식

발행인_ 김국환
발행처_ 보민출판사
편집_ 정은희
디자인_ 다인디자인

주소_ 인천시 서구 검단로777번길 27, 국민하우징 306호
전화_ 070-8615-7449
이메일_ www.bominbook.com

ISBN 979-11-91181-36-4   03340

- 가격은 뒤표지에 있으며, 파본은 구입하신 서점에서 교환해드립니다.
- 이 책은 저작권법에 의하여 보호를 받는 저작물이므로 무단 전재와 복사를 금합니다.

미-북한 간의 비핵화를 위한 교섭

북한 핵무기의 국제정치

|김영식 지음|

보민출판사

緒言(서언)

01

　이 글은 2013년 5월 23일부터 현재까지 본인의 Homepage(www.youngs-kim.org)와 서울대 문리대 동창 site(www.dongsoong65.net)에 실렸던 글 중에서 국제정세와 관련된 부분만 추려서 책으로 출간한 것이다.

　본인은 2011년 1월 말로 대학 정년을 맞았고, 그 후 명예교수로 3년 가까이 대학의 배려로 강의를 계속하면서 연구실을 사용할 수가 있었다. 이 기간 동안에 본인의 연구물들을 정리하면서 또 다른 시발을 위해 2012년 11월 본인의 Homepage를 개설하였고, 여기에 정년 이후 첫 해외 발표물인 'Power Rivalry in the Yellow Sea,'를 게재하였는데, 이것은 거의 비슷한 시기에 국방정책연구에 "동북아 역내 미-중 간 전략적 대립"이라는 제하에 국문으로 발표되었다.

　그 후 학술논문의 형태가 아닌 일반 시사적 정세 분석의 내용으로 Home page의 News and Comment 부문에 2013년 5월, "아베의 교란작전 vs 북-중의 암중모색"이라는 제하의 에세이를 올리기 시작하여, 지금까지 거의 한 달에 한 번씩 글을 올려왔다.

　문리대 동창 site는 이미 2005년부터 운영되기 시작한 것으로 본인은 정년 이후인 2012년 4월 15일에 "좌파-우파 한국적 쟁투: 누구를, 무엇을 위한 것이냐?"라는 제목으로 처음으로 글을 올렸고, 그 후 2020년까지 한 달마다 국제정세에 관한 글을 "회원 칼럼"에 올려 왔다.

대체로 이 글들은 어느 한편에 치우치지 않고, 통상적인 일반 국민들의 지혜를 추구하려는 의도에서 작성하려고 노력한 결과들이다. 오늘날의 언론 매체들이 보이는 경향은 상당히 자기의 주의, 주장을 강화하기 위한 입장에서 편향적인 것을 부인하기 힘들다. 합리성을 기반으로 이념적 자기 주장을 강화하려는 매체들의 논조는 어느 매체라고 지적할 것 없이 매우 편향적이고 배타적이고 공격적이다.

치우치지 않는다는 것은 실제로 어떤 의미로 말하는가의 내용에서 보면 매우 입장을 내세우기가 쉽지 않은 부문이다. 원로 언론들의 말을 빌리면, 속칭 "균형 잡힌" 견해라고 말하는 것들은 단순히 중립적인 것만을 의미하는 것일 수는 없고, 그것 자체가 현실을 넘어 앞을 내다보는 혜안을 요구하기도 하고, 또는 일반인들의 상식 속에서 빛나는 지혜의 달관을 추구하는 것이기도 해야 한다.

사회적 과정은 오랜 시간을 두고 이러한 지혜를 추구하는 인간의 모습들을 보여주고 있으나, 지혜라는 의미에서 강조할 것은 누구와의 대화나 소통이 다 필요한 것으로 되어야 하고, 따라서 포용적, 관용적인 사회, 상대방에 대한 신뢰를 중요한 사회적 가치로 받아들이는 사회를 더 좋은 사회로 보며, 증오와 적대를 경계해야 할 것으로 지적하고 있다. 현실에 매몰되고, 파편화되고 증오로 분열된 사회의 집단 구성원들에게 미래의 정책이란 의미가 있을 수 없다.

이 글의 주요 소재들은 정책의 문제를 다루고 있다. 특히 대외정책과 관련된 정책적 입장은 주권과 관련된 국민적 견해를 반영해야 한다는 논리에서 대체로 선진국들의 입장은 통합된, 단일한 견해로 제시될 것을 요구하는 것으로 보고 있다.

독일의 경우를 보면, 우리와 같은 통일을 추구하는 입장에서, 독일의 진보당이 제시했던 "동방정책"은 보수당의 지지를 확보하는 데서 "통일독일"을 달성하는 결정적인 계기를 맞이했고, 영국인 Thatcher의 노골적인 반대에도 불구하고 통일을 실현한 결과를 획득했다.

최근의 미국의 대통령 선거에서 승리한 Joseph Biden 민주당 후보는 당선 후, 선거과정에서 나타난 민주-공화 지지자들 간의 폭력적 대립 등으로 분열된 모습을 보인 미국 국민에게, 통합을 강조하면서 국정을 이끌어 나가려는 모습을 보이고 있다.

민주사회라면, 의견의 차이가 있는 것을 당연한 것으로 받아들이고, 그것을 타협을 통한 다수결에 의한 합의를 이끌어내는 것이 기본이라고 할 때, 정당들 간의 정책적 경쟁으로 국민의 지지를 이끌어내어 국민의 가치를 실현시키는 능력이 중요하며, 대립, 증오, 폭력 등으로 국민의 선택을 가로막는 행태는 국민의 준엄한 심판을 받게 될 것이라는 것을 깨달아야 한다.

우리는 지금 Populism의 전성기에 있다고 보아도 무방하다. 이미 유럽 선진국에서는 사회민주주의의 쇠퇴와 더불어 Populism의 시대가 지나갔다고 보는 상태에서 선진국에의 진입을 목전에 두고 있는 한국사회가 엄청난 군중을 동원하여 길거리 정치를 지향한다는 것은 국민을 한낱 이성적 사고가 마비되고 집단, 군중 심리만 표출하는 집단으로 전락시키는 행위를 정당화시키는 것에 불과한 것이다.

한국의 정당정치에서는 이러한 저질적인 정당인들의 분열적, 사회적 상황을 악화시키면서, 초당적인 정책의 채택이라는 것이 거의 불가능하거나 기적에 가까운 상태에 있다. 국방, 통일 등의 정책에서 무엇보다도 강조되어야 할 이러한 초당적 입장은 현실적으로는 더욱 분열된, 대립된 입장으로만 나타나고 있고, 대의정치의 역기능적인 현상인 국민의 분열, 국민의 대표들의 무능, 정책의 실패 등의 악순환으로 이어지고 있다.

학자들이 주장하는 국민의 士氣(사기)와 정부 지도층의 정책적 Vitality는 상호 영향을 주고받는 관계에 있으며, 이것은 지도층의 사회적 도덕성과 정책적 윤리성을 관통하는 사회적 역동성을 재형성하는 깨어난 의식을 절대적으로 요구한다.

❸

이 책의 내용을 전개하는 순서를 고려하면서, 먼저 생각이 난 것은. 앞으로 있을 미-북한의 비핵화 교섭을 긍정적인 측면에서 접근하고자 하는 뜻이 앞서는 의도에서 정리하고자 했다.

그런 취지에서 이제는 남-북 대화나 접근을 宥和(유화)로만 보려는 태도, 퍼주기, 또는 저자세라는 표현으로만 비판하기보다는, 적극적인 대북 자세를 제시하고 참여적인 태도를 취하는 것이 바람직한 책임 있는 정당의 자세라고 할 수 있으며, 포용력 있고, 앞날을 내다보는 정책이 정당들 간의 인식에서 자리 잡기를 기대해본다.

이제 새로이 시작될 비핵화 교섭은, 지난번의 미-북한 간의 교섭에서 미국이 일방적으로 제기한 내용을 뺀 일반적 비핵화를 위한 요구, 또 북한이 이에 대해 보인 반응들을 고려하면, De Trani가 예상한 대로 회담이 순조롭게 진행될 것으로 보이며, 양측이 무리하고 도발적인 태도로 회담을 경시할 뜻이 없는 것으로 보는 한 교섭이 양측에 성공적인 결과를 줄 것으로 보인다. 여기에서 중요한 것은 상호 간의 신뢰와 회담에 대한 성실한 자세다.

목차

緒言(서언)   4

제1부
북한의 핵 추구

- **01** 국제정치의 파라다임의 변화: 냉전체제의 붕괴   12
- **02** 역사적 전환점에 선 한반도   27
- **03** 미-북한의 핵 교섭   67
- **04** 2017년, 희망과 불안   81
- **05** 북한의 비핵화 교섭 (1)   95
- **06** 북한의 비핵화 교섭 (2)   111
- **07** 시대의 변화와 頂上 회담들   128
- **08** Strategic Ambiguity의 幻影과 통일정책   139
- **09** Trump-Kim 회담: 싱가포르 성명   150

제2부
김정은 시대

① 김정은의 외교   160
② 외교란 무엇인가?: 하노이에서의 반추   167
③ Trump 대통령의 고뇌와 미-북한 핵 협상   176
④ 러시아의 등장   182
⑤ 緊迫한 상황, 2002년의 幻影   190
⑥ 새로운 요소를 필요로 하는 미국   199
⑦ 동아시아에서의 강화되는 군비경쟁: 중국 대 3자 협력체제   209
⑧ 남-북한의 "對峙와 對話"의 국제정치   218
⑨ 미국의 Creative Ideas와 New Initiatives   228
⑩ 미국-중국-일본: 역사로서의 미래: 추세연장법(Trend Extension Method)의 의미   240
⑪ 정책적 지도력(Policy Leadership)의 문제: 미국과 한국의 사례   250
⑫ Biden 행정부의 출범과 한반도: 변화의 모색: 민주당의 득세   261
⑬ 미-북한 간의 북핵 교섭 30여 년의 의미   273

Epilogue   282
부록   286

제1부

●○

북한의 핵 추구

01 국제정치의 파라다임의 변화; 냉전체제의 붕괴

(1) Kissinger가 본 냉전, 그리고 한반도의 現狀

Henry Kissinger 박사가 2018년 11월 4일, Council on Foreign Relations에서 있었던 대담에서 '냉전'을 회고했다. 재치 있게 실례도 들어가면서 그가 개입되어 있었던 70년간의 국제정치 문제를 '냉전의 시작과 끝'이라는 주제로 정책적 역할을 담당한 사람의 입장에서 정리를 해주었다.

A. 냉전 속의 미-소 관계

그의 국제정치적 감각의 첫 경험은 그가 1945년 2차 대전에 미군84 보병사단의 중사로 참전하여 엘베 강변에서 소련의 코사크 사단과 조우하는 과정에서 비롯되었다. 대학을 마치지 못하고 입대를 했던 그는 소련 병사들과의 첫 대면에서 그들을 적대적 조력자로 대하도록 지시를 받았고, 그러나 한편으로는 이들이 영구한 동맹이 아닐까 하는 생각도 가지고도 있었다.

그 조우의 연장적 상황에서 그는 교수의 입장으로 돌아와 냉전은 불가피(Inevitable)했다고 회고하고 있다. 냉전을 이념적인 것과 연결시키려는 Haass(CFR 회장)의 질문에 Kissinger 박사는 냉전의 형성을 두 사회의 고유한 성격, 그리고 소련이 던지는 지정학적인 위협(Stalin의 국제체제 성격에 대한 발언 등)에 따라 미국은 시간이 좀 걸렸지만 냉전으로 들어가는 외교정책의 형성으로 나아가게 되었다고 하고 있다. 그가 보기에는 소련도 전후 복구를 위해 공산주의 논리에 따른 사회적 갱생을 위해 냉전이 필요했다고 보고 있다.

2차 대전 말기에 등장한 핵무기와 관련하여, 일부에서는 특히 유럽에서는 핵무기가 결과적으로 냉전적 상황을 가속화시켰다고 보고 있으나 Kissinger 박사는 핵무기가 없었어도 미-소 간의 경쟁은 지속되었을 것이라고 주장했다.

관심을 끄는 것은 Kissinger 박사의 회고가 소련의 붕괴라는 결과와 관련하여 냉전과정을 통해 미-소 관계를 관리해왔다는 그의 발언이다. 예를 들어 그는 소련과의 군비통제 논의에서 미국은 소련인들에게 미국의 전략 성격에 대한 생각을 교육시키는 수단으로 이용하였으며, 군비를 비롯한 다양한 협정을 국제 체제화하는 방법을 통해 소련을 묶어두는 데 목표를 두고 있었다. 또한 소련에게 국가 이익의 추구를 원한다면 미국과의 절충이 필요하고, 또 이것이 가능하다고 말해 왔다는 것이다.

이것을 위해 구주안보협력 체제를 만들고 그 내부에 Basket Ⅲ(인권 관계 조항)을 강력하게 추진하여 국제법적 기초에서 소련의 행동을 제지할 수 있는 기반을 마련하였다.

그가 냉전을 통해 상대했던 Kossygin, Podgorny, Gromyko 등의 소련 지도자들은 우선 공산주의 이념에 고정되어 있었고, Breznev는 Gorbachev의 선배격의 입장에 있었으나 개인 건강문제로 꿰뚫는 생각을 가지지 못하고 있었다. 그러나 이들이 공통적으로 가지고 있었던 것은 미국과 갈등을 피하고 체제 유지와 긴장 완화를 원하고 있었다는 것이다.

그의 주장에 의하면, 냉전에서 미국이 소련을 압도하기 시작한 것은 Détente, 중국의 등장, 그리고 미사일 방어체제의 도입이었다. 먼저 중국과의 Rapprochement은 소련의 지정학적 위협을 매개로 한 미-소 관계를 새롭게 형성하게 하면서, 그 관계의 변화를 통한 새로운 세계 질서의 체계로 이끌었고, 소련은 Détente와 미사일 방어체계로의 변화를 요구받고, 그에 따른 수정을 시도했으나 이미 소련은 냉전에 지쳐 있었고, 그 자체 체제의 부작동성(Unworkable)을 깨달음에 따라 그 수정은 체제 붕괴로 이어졌다는 것이 Kissinger 박사의 결론이다.

그는 Gorbachev의 의도를 그 체제의 강화, 부활을 시도했으나 그가 추구하는 새로운 체제에 대한 이해가 부족했고, 그 결과는 그가 의도했던 것이 아닌, 따라서 그 역사적 충격이 매우 컸을 것으로 보고 있었다.

B. 냉전과 한반도

Kissinger의 대담 이외에 또 다른 session이 '냉전의 기원'에 대한 주제로 열렸는데, 여기에는 Zelikow, Leffler, Costigliola 등 역사학자들이 발표를 하였는데, 이들은 1917년 볼쉐비크 혁명을 그 기원으로 보거나, 1945년 루즈벨트 사망 이후 미-소 관계, 그리고 부분적인 것으로 Paris Commune(1871)을 그 기원으로 언급하고 있으나 이들의 공통점은 종전과 달리 어느 하나를 그 기원으로 보지 않고 복합적인 요인들로 기원을 설명하고 있다는 것이다.

적어도 이념적인 의미가 강조되는 측면에서 사회조직의 방법에서의 차이가 이런 냉전을 낳았다고 할 수 있으며, 상황적인 요소들이 이 냉전의 형성에 기여했다는 데도 의견이 모아졌으나, 이들 역사가들은 유추만으로 결론을 내는 것의 위험성을 강조하면서 정책 결정자들에게 의미가 있다면 따라야 할 지침으로서 유추를 이용하는 것이 바람직하지 못하다는 결론만 내렸다.

정치학자들은 어떻게 생각하고 있을까? 현실 문제로 이런 문제들을 다루고 있었던 정치학자들의 입장은 한층 분명하고 뚜렷한 입장에서 이 문제를 설명하고 있다.

예를 들어, Craig Calhoon은 사회백과사전에서 공산주의의 확산, 공산주의자들의 정부 전복 등이 냉전의 이유라고 제시하고 있고, 이 견해는 냉전을 설명하는 정통주의적 이론으로서 50년대부터 미국의 공식적 견해로 받아들여지고 있으며, 1947년의 미국의 National Security Act와 이에 의거한 CIA 등의 설립은 이를 뒷받침하고 있다. 1960년대에 수정주의 이론이 나오고, 냉전을 누구의 책임으로 설명하기보다는 대립되는 두 체제 간의 신념체계에서 비롯된 상호 간의 의심, 적대주의 조장 등이 그 원인이라고 주장하는 Gaddis의 주장이 절충적인 입장을 취하고 있으나 그도 마지막에는 소련에게 더 책임이 있다고 하고 있다.

이들의 논의에서는 동아시아에서는 아직도 냉전이 지속되고 있다는 입장에서 냉전의 종식을 다루는 유럽의 문제에 그 초점을 두고 있으며, 다만 Zelikow만이 동아시아의 상황이 유럽에 영향을 주었다고 보고 있었다. Raymond Aron을 포함한 이들의 결론은 냉전은 불가피했으나 그 값비싼 대가를 치르고 난 후 전쟁은(핵전쟁을 포함하여) 불가능한 것이라는 교훈을 얻었다고 하고 있다.

한반도의 냉전상황은 반드시 정통적 이론을 따르지 않더라도 최근에 일어난 일련의 사태들에서 나타나고 있는 북측의 주장이 잘 말해주고 있다. 현재의 냉전적 상황에서 한국에 북한을 지지, 추종하는 세력이 있다는 것은 북한이 전략적으로 유리한 상태인 것을 잘 보여주고 있다.

최근 3월 5일에 인권문제, 군축문제를 놓고 제네바에서 벌어진 남-북의 설전은 그 대립의 날카로움을 증명하는 것처럼 북한은 핵무기에 의한 위협까지 동원하고 있으며, 한국 측은 북한의 인권문제를 국제형사법정에 회부하는 문제를 거론하였다.

이러한 첨예한 대립 속에서 해프닝도 있었다. 그것은 '전쟁연습' 반대를 외친 김기종이 주한 미국대사에게 가한 테러를 북한이 옹호하기 시작한 데에서 비롯되었다. 북한의 조평통은 김기종의 행위를 테러로 본다면, 이등박문을 처형한 안중근 의사의 의거도 일본 반동들이 모독하듯이 테러라고 해야 하는가 하는 묘한 비유를 하였다. 이것은 John Stuart Mill의 표현에 따르면 "False Analogy"에 해당되는 것이다. 이 비유를 그대로 받아들인다면, 이 주장은 한국 정부나 국민을 일본 반동들과 같은 격에 놓은 것이 된다. Mill이 설명하는 것에 의하면, 비유를 통해 논쟁을 하다가 잘못된 경우를 예로 삼은 것이다.

위의 냉전에 관한 역사학자들의 논의에서 역사적 '비유의 오류'에서 냉전적 희생을 치를 수밖에 없었던 것에 대한 지적이 나온 것은 냉전의 붕괴라는 측면에서 재음미할 필요가 있다.

그리고 이 학자들이 지적하는 것과 관련하여 남-북 간의 위기상황에서 그 위기를 높이게 하는 요소들에 대해 Occam's Razor를 예로 권하고 싶다. 이것은 14세기 수사학자들이 제시한 것에서 비롯된 것으로 주로 논리적 비약이나 복잡한 논쟁의 전개로 전혀 다른 결과를 가져오는 것을 막기 위한 원칙으로 제시된 것이다. 위의 Fallacy of Analogy와도 관련이 있지만, 예를 들어 남-북의 현실적 문제로 논란이 일어날 때 의미 없는 논란의 증폭이나 과대화를 막기 위한 데 쓰일 수 있다.

이 Occam's Razor는 간략하게 표현하자면, '가장 적은 가정을 쓰고 있는 설명은 그것이 옳을 가능성이 가장 높다.'는 의미이다. 따라서 단순하게, 경제적으로 설명하는 것이 가장 진실에 가깝다는 논리이다. 지난 천안함 사건 때도 그렇고 이번 미국대사 피습 사건도 시간이 가면서 비약, 과장된 논란이 나오면서 혼란을 증폭시킬 수 있다. Occam's Razor를 따르자면, 언론 매체들은 진실로 드러난 것, 사실로 확인된 것만을 보도하는 자세를 갖추는 것, 따라서 논점을 명백히 하고 인식의 혼란을 막는 것이 중요하며 추측, 예단, 가능한 추론들 등은 자제하는 것이 요구된다.

C. 북-미 관계

지난 글에서 본인이 지적한 바대로 북-미 간에는 공식적 회담의 단계로 넘어갈 것으로 보인다. 이미 미국의 김성 대사와 북한의 김계관 간의 만남이 다만 장소 관계로 이루어지지 않았지만 한-미 군사훈련이 끝나가는 과정에서 다시 언급될 것이다. 그러한 견해는 두 가지 면에서 뒷받침될 수 있는데 그 중 하나는 한-미 군사훈련과 관련된 것이다.

이미 지난 1월 20일에 있었던 미-북한 1.5트랙 회의에서 북한이 주장했던 바와 같이 이번 한-미 훈련에 참가하는 미국의 전력이 대폭 축소되었다는 것이다. 최초의 계획에는 미7함대의 죠지와싱톤 항모와 7함대 기함인 블루릿지 등이 불참하는 것으로 되었으나 나중에 기함인 블루릿지는 훈련에 참가하였고, 이외에 9,000t급 구축함 3척, 구조함 1척, 그리고 Littoral combat ship(3,500t급) 등 5척이 한국에 도착하였고, 이에 추가하여 6,000t급의 공격용 원자력 잠수함 콜럼비아가 합세하였다. 또한 여기에 참가한 미 해병대의 규모도 대대급으로 축소되어 있었다. 이것은 지난해 연말에 있었던 미-일 합동훈련에 비하면(항모를 포함한 총 19척의 전함, 사단급 미군 병력 참가) 훨씬 축소된 형태라고 볼 수 있다.

또 하나의 가능성은 미-이란 간의 핵 협상이 3월 말이면 그 내용이 밝혀질 가능성이 높다는 것이다. 지금까지 이 협상의 난관이었던 원심분리기의 숫자와 Breakout Time이 대체적으로 미국의 요구대로(예를 들면 Breakout Time을 1년으로 하는 문제) 타결이 될 것으로 보도되고 있다.

최근에 중국이 북한과의 관계를 개선하기 위한 적극적인 조치를 취한 것은 이러한 미-북한의 문제에 긍정적으로 작용할 것으로 보인다. 우크라이나 문제로 러시아와 새로운 냉전관계로 표현하고 있는 미국의 입장은, 북한과 러시아와의 밀착되어 가는 관계에 대해 불안을 느끼고 있는 것으로 보이는 중국의 입장과 같은 처지에 있다고 할 수도 있다.

사실 러시아의 북한에의 밀착은, 지난 2013년 8월에 밝혀진 바에 의하면, 2013년 5월에 최용해가 김정은의 특사로 중국을 방문했을 때, 미-중-남-북한의 4자 회담을 제의했던 것에서 시작되었던 것으로 보인다.(Yonhap News, Beijing, Aug. 27) 결국 북핵문제 해결을 위하여 설치된 6자 회담에서 러시아와 일본을 제외시키고 제시된 북한의 제의에 미국, 한국 등은 북한의 핵문제 해결을 위한 진지성이 결여된 것을 이유로 하여, 그리고 중국의 회의적 태도로 실현되지 못하였다.

러시아는 100억 불에 가까운 북한의 빚을 탕감하는 러시아 의회의 조치를 2014년 4월에 통과시켰고, 이어서 UN에서의 북한문제 논의에 협력을 요구하는 이수용 외무상의 2014년 10월 러시아 방문, 그리고 최용해의 11월 러시아 방문을 통해 경제협력의 강화에 박차를 가하게 되었다.

김정은의 모스크바 방문의 가능성과 더불어 러시아에 대한 경쟁적 입장에 있는 중국의 북한 접근은 여러 의미를 가질 수 있다. 최근 왕이가 발표한 중국의 북한 접근은 이렇게 외부적인 환경에 따른 것이라고만 할 수 있을까?

먼저 북한은 과연 이런 기회를 받아들일 자세가 되어 있는가? 최근에 중국을 방문하고 북한에 관한 의견을 교환한 어느 미국인에 의하면, 북한의 최근 특징은 대외적으로 도전적이고, 내부적으로는 불안정하다는 것이었다. 혹시 이들도 냉전에 지쳐 있는 것은 아닐까? 그 지도층이 제시하는 변화의 목표가 분명하게 이해되어 있고, 제대로 추구되고 있는가?

맺으며

위기 끝에 기회가 온다는 말이 증명되듯 최근의 한반도 주변 정세는 일본을 제외한 미-중-러의 적극적 개입과 국제기구를 이용하는 대결적 견해의 표출로 다시 한 번 세계의 주목을 받고 있다. Kissinger 박사가 70여 년의 격랑을 헤치며 국제정치를 이끌어온 경험을 토대로 제시한 견해는 위대한 정치인의 역할의 필요성이다. 중국의 등소평을 비롯한 지도층, 독일의 브란트를 비롯한 통독의 역군들, 이들의 공통점은 정세에 대한 정확한 분석, 그리고 가능한 것에 대한 최대한의 한계를 명확히 이해하고 이를 작동화시켰다는 것이다. Kissinger 박사는 존재하는 것만에 시각을 고정시키면, 사회나 정책은 정체되며, 능력에 넘치는 목표를 세우면 체제는 자폭하게 된다는 것이다.

한국으로서는 싱갱이에 가까운 국내 정쟁을 아우르고, 억지에 가까운 북한의 주장을 포용하는 원대한 가치와 목표를 제시하며 대세를 이끌어 나갈 재목이 필요하다.

개별적 욕심보다는 조화로운 지혜를 구하는 자세, 심복보다는 도움을 줄 수 있는 인재를 얻을 수 있는 너그러움, 그러나 이러한 여유를 용납하지 않는 현실, 모든 것이 어렵고 힘든 상황이 더 목전에 압도한다. 이 대담을 끝내면서, Kissinger 박사는 프러시아의 Bismark 재상의 말을 인용하고 있다. "최고의 정치인이란 神(God)의 발자국 소리를 주의 깊게 듣는, 그 외투 자락을 잡고, 같은 방향으로 몇 걸음 걷는 사람이다." 그는 영국의 Thatcher 수상에게 이 말을 했으나 이해를 못하는 것 같았다고 하고 있다.

D. Kissinger와 한반도

1960년대 말 닉슨 행정부에 "아시아는 아시아인에게"라는 표제로 월남으로부터 미군을 철수시키고 당시 중공과 화해(Rapprochement) 정책을 천명한 것이 Henry Kissinger 국무장관이다. Nixon의 연설에도 나오지만, "분노에 찬 오랫동안의 고립상태"를 풀어주고 중공과 화해를 가져오려는 시도는 유엔 등에서 강화되는 중-소의 협력관계를 저지하고 미-중, 미-소 관계를 중-소의 관계보다 더 중심에 두려는, 미-중-소의 삼각관계에 세력 균형의 이론을 적용하여 미국에 유리한 세력관계를 형성하도록 한다는 것이 그 정책의 핵심이다. 따라서 Kissinger는 미-소 관계에서도 이른바 "데땅뜨"라는 용어를 사용하여 소련과의 군사적, 안정적 관계를 설정하였다.

Kissinger의 미-중공 정책은 그 화해의 과정에서 쌍방의 신뢰를 증명하려는 단계로 한반도의 안정적 관계를 확인하는 절차를 밟기 위해 남-북 대화를 각각 한국과 북한에게 추진하도록 영향력을 행사하였다. 이 과정은 미-중 관계의 진전을 가져오기 위한 방법으로 여러 번 이용되었다.

이때부터 한반도의 안정적 상황은, 따라서 남-북한 관계의 안정은 미-중 관계의 안정적 발전의 필수적 요인으로 간주되었고, 한반도의 긴장 완화, 통일의 문제 등은 주로 4자 회담을 통한 해결의 문제로 제시되었다.

Kissinger는 현실주의자이다. 그의 현실주의적 태도는 유럽의 협력 체제(Concert of Europe)를 설명하는 데서 잘 나타나 있다. 그는 프랑스의 군대를 격파하고 1815년 오스트리아의 비엔나에서 열렸던 회의에서 공화국 체제를 무너트리고 다시 군주 체제를 회복하는 데서 주도적인 역할을 한 Metternich를 극구 칭찬하면서, 이른바 비엔나 체제는 1914년 1차 대전의 발발시까지 거의 100여 년을 전쟁 없는 평화를 유지한 것으로 평가하고 있다. 어떤 역사학자들은 이 비엔나 체제가 당시로서는 보수적인 군주제로의 복귀를 선언한 것을 들어 비판하고 있으나, 그의 평가는 이 체제가 유럽의 질서를 회복, 평화를 유지하는 데서 그 역할을 다했다고 보고 있었다.

Kissinger가 중공과의 화해를 추구한 것은 60년대 말, 70년대 초 유엔을 상대로 비동맹국들과의 관계, 그리고 소련의 협조를 통해 유엔에서의 중국 대표권을 획득하려는 중공의 끈질긴 노력을 더 이상 저지할 수 없는 상태에까지 이르렀기 때문이다.

결국 미국은 한-미 무역관계를 통한 압력, 그리고 중공은 북한 국경에서의 무력 시위를 통한 압력으로 각각 남-북 회담을 성사시킬 수 있었던 것이다.

E. 최근의 상황

2016년 12월 2일, South China Morning Post는 중국의 시진평과 Kissinger의 회담에 관한 보도를 했다. 우선 이 신문은 Kissinger의 중국 방문 목적을 미국의 권력 변화기에 안정을 부여하고 Trump에 대한 중국의 명확한 이해를 돕도록 하고, 반면에 시진평으로서는 Kissinger로 하여금 미-중 관계가 긍정적으로 유지되도록 Trump에게, 중국의 관심과 더불어, 전달할 수 있는 기회로 이용하려는 것임을 강조하였다.

Kissinger는 방중 직전에 있었던 Zakaria와의 CNN 대담에서 밝힌 바와 같이 Trump가 선거 기간 중 언급했던 것, 예를 들어 중국에 대한 45% 수입관세 부과, 그리고 중국을 환율 조작국으로 공격한 것 등을 모두 중국에게 주장하지 말아야 한다고 강조한 바 있다.

Kissinger는 시진평과의 회담 2주 전에 New York에서 Trump와 만났고, 여기에서 주로 중국과의 관계가 대화의 내용이었다고 알려져 있다. Kissinger는 지난 5월에도 Trump와 회담을 가진 바 있고, Kissinger는 Trump가 어느 특정 집단에게도 의무를 지지 않는 독특한 입장에서 자신의 전략을 생각하고 있는 것으로 보고 있었다.

주목할 것은 Kissinger의 중국 방문은 이것으로 끝난 것이 아니라는 것이다. 그는 시진평과의 회담이 끝난 후 중국 공산당 서열 6위인 Wang Qishan과도 만남을 가졌다. Wang은 중공당 내에서 재정 전문가로 알려져 있고, 또한 반부패위원장으로 활동하고 있는 인물이다. 그는 2011년 6월 부총리로 북한을 방문하여 압록강 섬의 황금평 산업단지 개발에 합의하였고, 그다음 해인 2012년 6월에는 한국을 방문하기도 한 한반도 전문가이기도 하다.

중국에서 돌아온 Kissinger는 다시 Trump와 12월 6일 회담을 가졌다. 그 만남의 주제내용 중에는 공산주의 독재체제와의 무역, 외교 등이 포함되었던 것으로 알려졌다.(The New American, 7. Dec. 2016)

최근 북한의 ICBM의 발사 임박에 관한 발표에 대해 보인 Trump의 반응은 북한 핵에 대한 어느 정도의 파악이 끝난 상태임을 말해주고 있다. Trump의 과거 경력에 비추어볼 때, 사업가 출신의 대통령들이 보인 공통의 반응, 특히 북한과 같은 핵 위협과 긴장의 연속 속에서 대응하는 방법은 오히려 협상적인 태도가 사용될 가능성이 있다. 예를 들면, Bush 대통령 집권시 Kelly 차관보를 특사로 보낸 경우를 들 수 있다.

Kissinger의 대중국 관계에서 보이는 특징은 중국과의 무력 충돌을 피해야 한다는 것을 지론으로 하고 있다는 것이다. 러시아와의 협상적인 태도를 대중관계에서 대립적으로 바꿀 것으로 보기는 어려우며, 따라서 한반도에서의 평화와 안정을 지키려는 의사는 Kissinger와의 세 번에 걸친 대화에서 확인될 수 있는 사항이다. 중국은 미-북한 간의 회담을 권유해왔던 것을 유념할 필요가 있다.

언론들의 보도내용은 각 언론사들의 취사선택에 달렸다고 보아야 하는가? 1월 14일 어느 국내 신문은 Mattis 미 국방장관 내정자의 상원에서의 증언과 인터뷰 내용을 보도하면서, 그 표제로 북한의 심각한 위협을 들면서 "군사적 대응도 선택지 중 하나"라고 제시했다. 이러한 Mattis의 반응은 어느 기자의 질문에 답을 하면서 나왔다.

그러나 Mattis가 강조한 것은 우선 북한과의 관계가 핵무기와 미사일 문제를 둘러싸고 교착상태(Impasse)에 빠져 있다고 지적하면서, 미국과 그 지역 국가들의 공동 국제적 노력이 필요하다고 하면서, 미 국무부와 같이 협상 자세를 돌아보고, 북한에 대한 "조심스런 접근(Cautious Approach)"을 제시했다. Asia Sentinel의 Donald Kirk 기자는

Mattis가 Ash Carter의 입장, 주로 제2의 한국 전쟁을 피해야 한다는 것, 북한과의 새로운 대화(Carter는 6자 회담의 전망을 부인했다.)를 필요로 한다는 입장을 승계하는 것으로 전망했다.

(2) 한반도와 F. Roosevelt의 Conception on Korea's Independence

이 글은 2000년에 들어가면서 대학의 주요 보직을 끝내고 다시 연구에 몰두하기 위해 작성한 것이다. 이 글과 비슷한 한글판은 1989년에 한국정치학회 논집(23집 1호 1989, pp.125~146)에서 발표하기도 했으나, 하와이 대학의 Hooper 교수의 도움으로 다시 작성하였다. 또한 2004년에 출간한 「한반도 문제의 역사적 성격: 현대 한국 외교사(1920~2000)」(한국학술정보(주) 출간(pp.61~65))에도 일부 실려있다. 당시 주요 관심은 "잊혀졌던 한국문제"가 언제 다시 거론되었으며, 그것은 어떤 내용이었는가 하는 데 있었고, 따라서 카이로 회담 이전의 자료들을 중심으로 하였다.

이 글을 작성한 후 새로운 사실들이 나왔다고 주장하는 글들이 있었으나(특히 중국 자료들), 그 당시를 주도하고 있었던 미국(루즈벨트)의 입장을 주 자료로 이용하였다. 따라서 미국의 FRUS, IPR 등 미국 자료를 중심으로 프랑스의 NED 자료를 참조하였다.

이 글을 다시 올려보아야 하겠다는 생각은 남북대화를 추구하면서 생성되는 여러 문제들을 고려하면서, 한국의 독립문제에 대한 이 당시의 미국의 기본적인 입장을 다시 한 번 되돌아볼 필요가 있다고 생각했고, 이것은 단지 한국인뿐 아니라 미국인들에게도 지금의 현실 문제에 대한 시도에서 좋은 시사를 줄 것으로 판단했기 때문이었다.

물론 카이로 이후에 냉전체제의 형성까지 그 영향력이 큰 국제정치적 변화가 수차에 걸쳐 일어났으나, 1942~1947년에 일어난 한반도와 관련된 각국의 외교정책적 Nexus를 명확하게 파악하는 것은 중요하며, 이것이 결국은 이후에 발생한 국제정치적 변화와 실제적 상호작용(예를 들어 루즈벨트의 사망, 소련의 대일전 개입, Marshall의 중국 파견, 냉전체제의 형성, 그리고 한국 전쟁의 원인에 대한 국제관계적 맥락의 분석 등)을 이해하는데서 해결의 실마리를 얻을 수 있을 것이다.

외교사 시간에 작고하신 박봉식 교수님이 언급하시던, "한반도 문제의 논의에서 세력 균형적 콘셉션을 벗어나야 한다."는 말씀을 되새기면서 현실적인 한반도 문제의 논의가 활발해지기를 기대해본다. 동시에 미국의 동아시아 정책과 관련하여 한국의 국제정치가 과제로 하여야 될 것은 무엇인가를 생각해보는 기회를 가져야 한다고 생각한다.

미국은 1942년부터 아-태 지역의 전후처리 문제를 검토하고 있었는데, Institute of Pacific Relations가 중심이 되어 있었고, 한국문제와 관련하여 Rebel Korea(Nym Wales), Korea for the Koreans 등을 Pacific Affairs(정기간행물)를 통해 발간하였다. Nym Wales는 Edgar Snow의 부인인 Helen Snow의 筆名으로 Song of Arirang의 출간을 도와주었던 사람이다.

IPR은 전후처리 문제 검토의 일환으로 1942년 Canada의 Mont Tremblanc에서 제8차 회의를 주관했고, 여기서 처음으로 한국 독립의 문제가 거론되었다. 이 시대에 일본은 한국에 대한 제국주의적 지배 정당화를 위해 한국인의 자치능력의 결핍을 내세웠고, 스칼라피노와 이정식이 쓴 한국 공산주의 운동에 관한 글에서, 한국인의 민족적 특성의 하나로 분열성을 지적하고 있었다. 이 자치능력의 결핍과 분열성은 오늘날 한국 정치에서 민주주의를 표방하면서 다양한 목소리를 대변한다고 하면서 국가적이기보다는 지방적, 국민적이기보다는 지역적, 파당적 정치 이익을 강조하는 양상을 나타내고 있는 것이 아닌지 숙고해볼 필요가 있다.

⓿ 역사적 전환점에 선 한반도

　최근 북한의 5차 핵실험(2016) 이후, 남-북한이 주고받은 언론을 통한 공방은 극단적 표현을 동원하면서 그 관계를 최악의 상태까지 끌어내렸다. 북한이 핵미사일의 보유와 그 공격을 위협한 것에 대해, 북한의 정권을 끝장낸다는 표현, 평양을 지도에서 없애버린다는 발언, 북한의 추가도발이 몰고 올 전쟁의 위험을 언급한 것. 그리고 외국 정상과의 회담에서 "내 넓지 않은 어깨에 5,000만 국민의 생명과 안위……."라는 어느 일간지 기자의 표현에 의하면 "감성적인" 표현(donga.com)을 쓰면서도, 정작 당사자인 북한과는 시간을 벌어주는 일이라며 '대화'를 거부하는 강경 일변도의 경직된 태도를 볼 수 있었다.
　북핵 앞에서 절벽을 느껴서인가? 한국은 북한에 대해 GDP나 GNI에서 40 : 1, 20 : 1의 절대적 우위를 점하고 있으면서, 그 잇점을 제대로 활용하지 못하고 항상 수세나 방어 내지 소극적 자세를 보여왔다. 북한이 핵무기를 보유한다고 해서 그것을 멋대로 사용할 수 있는 것은 아니고, 핵을 보유하지 않은 나라에 대해 그 사용을 위협하거나 사용할 수 없도록 되어 있다는 것(auto-dissuasion)을 감안하면, 핵을 보유하지 않는 것도 하나의 대안이 될 수도 있으나, "불법성"을 특징으로 하는 북한의 행동에 이것을 막연히 기대할 수는 없는 노릇이다.

현재 국제사회의 지지를 통해 북한을 압박할 수 있는 것도 우리의 잇점을 활용한 것이라고 할 수 있으나, 이것으로 충분하다고 할 수는 없다. 한국은 충분치 못한 억지 전략으로 북한의 무력에 대항하면서 수없는 북한의 무력 폭거에 시달려왔고, 앞으로 핵무기를 배경으로 한 위협적 폭거는 더 자행될 수 있다고 볼 때, 이러한 추세는 단절, 역전시켜야 한다는 각오를 확고히 할 필요가 있다.

(1) 逆轉의 轉機

TIME 紙는 10대 유명 연설자를 선정하는 가운데 Ronald Reagan 미국 대통령의 Berlin에서의 연설, "Mr. Gorbachev, Tear down this wall"(1987, at the Brandenburg Gate)을 포함시켰으나, Christian Science Monitor 紙는 정작 Reagan 대통령의 연설 중 국내에서 가장 높이 평가받는 것으로 1981년 5월 17일 노트르담 대학에서의 졸업 연설을 들었다.

Bradley J. Birzer 교수는 "세계를 변화시킨 리건의 10마디"라는 제목으로 이 연설문을 소개하고 있다. 그것은 "The West will not contain communism: it will transcend communism." 말 그대로 10단어로 되어 있다. Birzer 교수는 TASS나 Pravda 등 소련의 매체들이 이 의미를 더 정확히 이해하고 있었다고 지적하고 있고, 이런 연설을 통해 Reagan 대통령은 졸업생들에게, 시의에 적절하면서도, 영감을 불어넣어 주어 고무를 하고자 했던 것이라며, 대통령으로서 그것을 실현시킬 힘을 행사했을 뿐이라고 하고 있다.

리이건 대통령은 취임 직후 John Hinckley의 암살 시도로부터 벗어났고, 소련의 공세로 외교정책에서의 어려움을 겪고 있었고, 세계경제의 문제, 국내에서의 높은 범죄율, 그리고 폭력문제로부터 고난을 겪고 있었으나, 그는 1963년부터 꿈꾸어오던 소련의 붕괴에 대한 확고한 의지를 마침내 현실화시켰다.

북한의 5차 핵실험 때까지도 여유를 보이던 미국의 전략가들이(예를 들어 Benjamin Rhodes 백악관 보좌관이 북한의 5차 핵실험 직후 북한이 미국의 관심을 집중시키려는 의도를 보인 것에 응할 필요가 없다는 식의) 민감한 반응을 보인 것은 북한이 핵무기의 소형화, 체계화를 통해 핵탄두의 생산이 이루어지는 단계를 들어선 것과 이를 운반할 수 있는 미사일의 능력을 향상시키는 문제에서 진전을 보인 것 때문이다.

민감한 반응을 나타내는 첫 신호는 9월 13일 한-미 6자 회담 수석 대표들이 발표한 내용 중, 미국 대표인 김성이 "미국은 비핵화를 위한 신뢰할 수 있고, 진정성 있고, 의미 있는 '대화'에 열려 있다."고 하고, "북한이 진심으로 비핵화를 논의할 준비가 되어 있다면 6자 회담의 과정 안에서 함께 일할 수 있다."고 확인한 데에서 찾을 수 있다. 한국 대표는 그 전날 박 대통령이 밝힌 북한과의 대화에 대해 "북한에 시간 벌기만 되는 것"이라는 내용을 반복했을 뿐이다.

김성 대표가 밝힌 내용은 미국 대표로서 공식적인 기자회견을 통해 발표된 것으로 이것은 미 국무부, 더 나아가 미국 정부의 입장이라고 보아야 할 것이다. 미국의 이러한 입장은 2016년 9월 발표된 PBS에서 보도된 "Does US Policy toward North Korea need to Change?"라는 제목 아래 Greg Thielman, Gary Samore 등 핵 전문가들과의 대담에서 이미 제시되고 있었다. 이 두 사람은 북한이 보인 핵무기 능력의 보유와 그 확대에 대한 확고한 결단에 같은 입장을 보이면서 북한과의 대화의 테이블을 마련할 필요성을 강조하고 있다.

대체적으로 두 사람은 북한과의 협상을 위한 조건이 무엇이냐에 대한 문제에서 성사가 가능한 조건에서의 합의가 이루어져야 할 것에 동의는 하나 그 전망에 대해서는 의견이 다르다.

Samore는 궁극적으로 핵 협상의 목적이 군축을 성사시키는 데 두어야 하지만 이것의 실현 가능성은 낮은 것으로 보고 다만 협상 진행 중에 핵미사일 등의 실험 중단 등에 대한 합의를 볼 수 있으나 이 문제도 중국의 조건과 현실적으로 합의를 보아야 하는 문제가 있다고 하고 있고, Thielmamn은 북한이 다시 비핵화 회담으로 돌아가는 것에 반발을 할 우려가 있음을 지적하면서, 협상에 들어가기 위한 유일한 목적이 핵미사일 실험 동결(포기가 아니라)이라는 데 합의를 두는 것에 가치를 둘 필요가 있다고 하고 있다.

사실상 북한과의 대화가 필요한 것에는 기본적으로 동의를 하나 종전과 같은 패턴을 벗어날 필요가 강조되고 있고, 그 회담을 어떤 형식으로 끌고 갈 것이냐에 대해서도 명확한 것은 없다. 예를 들어 김성 대표는 6자 회담을 언급하고 있으나, 그 형식은 중국이 제안한 것이고, 따라서 중국을 포함하는, 또 중국의 역할을 강조하는 의미를 두려는 것으로 볼 수 있다. 이와는 다른 형식은 Kissinger가 제안했던 한반도 문제의 4자 회담의 형태가 있다. 6자 회담의 형태는 실제적으로 논의에서 항상 4국 간의 협의가 주로 이루어졌던 것을 되새겨볼 필요가 있다. 전직 국무부 관리였던 Bennett Ramberg 박사는 평양에 연락사무소 설치를 주장하고 있다.

또 논의의 범위에 관한 내용에서 이 협상은 단순히 핵무기뿐 아니라 군축의 문제로 확대될 가능성이 높고, Conference on Foreign Relations에서 있었던 Task Force의 보고서(Sep. 2016 A Sharper Choice on North Korea)처럼 한반도의 통일문제로 확대될 가능성도 있다.

환기시켜야 할 것은 한반도의 역사적 전환을 가져올 변화의 바람이 한반도 외부로부터 시작되는 과거의 패턴이 반복되도록 방치하거나, 또는 소극적 내지 방관자적인 입장에서 끌려가는 형국으로 불어오는 것을 무의식적으로 따라가서는 안 될 것이라는 자각이 필요한 시점이다.

(2) CFR이 제시한 북한에 대한 새로운 선택

이 보고서를 언급하기 앞서서 Haas가 대표하는 CFR의 2015년 10월의 보고서(The Future of US-Japan Relations)에 대해 동숭 칼럼 No. 342(2016. 1. 16.)를 통해 지적한 사항을 참고할 필요가 있다. 간략하면, 이 보고서는 미-일 동맹을 강화하여 북한에 대해 군사적 조치를 강구하는 Contingency Plan을 마련할 것을 제시하였고, Haas의 생각은 미국의 정책 속에서 한국은 일본의 방어를 위한 다리로서만 고려한 것이었다. 이러한 군사적 조치에 대한 우려가 제시된 것에 대해, 2016년 9월의 CFR 보고서에서는 이런 우려가 북한의 핵 능력의 달성을 저지시키려는 군사적 행동을 정책 결정자들이 취하지 못하도록 하였다고 지적하고 있다.

따라서 이 보고서는 9월의 북한의 핵실험과 탄도미사일 발사실험으로 미 본토에 대한 핵 공격의 가능성의 문제가 제기되자 새로운 전략의 필요를 강조하면서 북한이 주는 위협의 추세를 차단하고 한반도에서의 현상 유지를 뛰어넘는 전략적 변화를 요구하고 있다.

영변의 핵 시설을 방문한 적이 있는 Siegfried S. Hecker는 2016년 9월에 쓴 논문에서 북한은 올해 말까지 20여 개의 핵폭탄을 보유할 것으로 예견하고 있고, Hecker는 북한의 이러한 핵무기에서의 진전이 SLBM 등과 가세하여 미국에 대한 위협을 강화할 것이라고 지적했다.

다른 한편으로 Joshua Pollack은 2016년 9월 17일 쓴 논문에서 북한의 ICBM의 사정거리에 대한 미국 매체들의 보도가 북한의 핵미사일의 능력을 보도하는 데서 체계적으로 이것을 축소시켜 왔다고 지적하면서, 미국의 공식 발표는 북한의 ICBM이 알라스카나 미국 서부 해안에 도달 가능하다고 한 것은 잘못된 것이며, 미국 NIC의 보고서, 그리고 지난 4월 Gorteney의 하원 증언에 따르면 미국 전 지역이 그 사정권에 들어간다는 것을 주장하고 있다.

Haas는 2016년 9월 20일 작성한 다른 보고서에서 2020 Scenario로 제시된 북한의 핵무기는 정확도, 그 숫자의 증가 등으로 미국으로서는 이에 대해 별다른 대안이 없다고 보면서, 북한이 협상으로 이것을 포기할 것 같지 않고 계속되는 광범한 제재로도 핵의 포기까지 가기에 충분치 못할 것으로 보고 있다. 그는 따라서 ① 방어 미사일 체계에 의한 억지정책과 핵무기의 사용으로 북한 정권의 종말을 맞을 수 있다는 결말에 대한 이해를 시키는 것, ② 재래식 무기에 의한 북한 핵 시설에 대한 군사적 공격, 그리고 북한의 핵미사일 공격이 임박한 정보를 획득할 시에 북핵 시설 등에 대한 Pre-Emptive Military Attack 등을 대안으로 제시하고 있다.

CFR의 Task Force 보고서 작성의 주역은 Mullen 전 합참의장과 Sam Nunn 전 상원의원으로 되어 있다. Mullen은 군사적 대안으로 Pre-Emptive Military Attack을 제시하면서 김정은의 무경험하고 예측할 수 없는 성격을 강조하면서 핵무기의 사용 가능성을 강조하고 있고, Josh Earnest 백악관 대변인은 이 PMA를 미리 논의하지는 않는다는 의미를 강조하고 있다.

이 PMA는 Bush 대통령 때부터 언급된 것으로 이 당시는 PMA를 하나의 권리로 주장할 수 있다고까지 강조되었던 것이었으나 Obama 대통령은 이것을 권리로 주장하지는 않으나 Bush의 원칙을 많이 따르고 있는 것으로 알려졌다.

A. 미-북한의 대좌

CFR의 보고서에는 Carter가 중점을 두는 중국의 책임과 역할이 강조되고 있고, 중국의 북한에 대한 영향력으로 핵 없는 한반도를 만든다는 구상 아래, 평화적으로 휴전문제를 해결하고 한국 전쟁을 끝낸다는 결과를 상정하고 있고, 궁극적으로 한반도 비핵화는 더욱 강한 억지와 압박으로 군사적 대안을 가능성으로 명백하게 제시하고 있다. 이에 따라 평화협정의 체결, 그리고 기타 안정적인 조치를 수반하여 한반도의 통일문제로의 확대를 논의하는 것으로 진전될 수 있는 국면을 맞을 수도 있다. 이 논의에 참가한 사람들이 인정하듯이 이 보고서는 현실주의를 바탕으로 한 것이며, 북한의 선택을 좁혀서 핵실험을 중지하던가, 아니면 엄중한, 막대한 희생을 치르는 것 중의 하나를 선택하기를 압박하고 있다.

그러나 중국의 개입이 제대로 성사되지 않을 경우 미-한-일에 의한 군사적 방법이 취해질 수밖에 없으며, 이것은 동시에 중국이 한반도에서의 군사적 방법에 의한 결과를 수용하거나 중국의 이익문제에 대한 양해를 의미하는 것으로 해석될 수도 있다. 오히려 이 상황에서 북한은 중국의 개입을 바람직하다고 보지 않을 수도 있다.

사실상 미국이 군사적 방법을 강조하는 상황은 북한이 미국의 안보에 직접적인 위협을 가하고 미국이 북한의 위협을 가장 우선적인 것으로 고려하려는 입장을 취하는 데서 그 반대 급부의 복합적 상황과 맞물려 당사자로서 양국 간의 대좌가 설정될 수밖에 없는 결과를 낳았다고 할 수 있다. 여기에서 Pre-Emptive Strike는 미국뿐만 아니라 북한도 지난해 3월, 8월 등 한-미 군사훈련 동안 계속해서 언급하고 있다는 것을 환기할 필요가 있다.

 한국인들을 비롯하여 많은 사람들이 한국, 특히 한국 정부의 선택에 관심을 집중하고 있다. 소극적이거나 거부적, 또는 피동적인 자세로는 이 국면을 돌파해 나갈 수는 없다. 미국 등의 관계기관들은 다음 정권의 최우선 과제로 이 과업을 넘기고 있으나, CFR의 Task Force가 제시한 내용 중에는 Obama 정부에서 대화를 위한 시발이 되어야 할 것으로 지적되는 사항도 있다.

 마지막으로 언급해야 할 것은 CFR의 보고서의 공동 의장으로 되어 있는 Sam Nunn (민)전 상원의원의 비중이다. Sam Nunn 상원의원은 소련과의 Cooperative Threat Reduction, 그리고 소련 해체 후에는 미국 국방부하에 있는 Threat Reduction Agency 등을 통해 핵무기의 폐기 및 처리문제에 항상 개입되어 있었던 정치인 겸 학자로서 Richard Lugar(공)와 같이 참여해왔다. 만일 미-북한 간의 협상이 성공적으로 이끌어진다면 북한의 핵을 처리하는 분야에서 기여할 것으로 기대된다.

맺으며

 Reagan 대통령이 연설에서 한 "transcend communism"이란 말은 소련의 붕괴로 실현되어진, 성공적인 어귀이다. Stephen Bosworth 미국 대표가 강조하던 Comprehensive Approach가 새로이 시도되는 전략적 접근은 공산주의를 "초월"하는 역동성이 구비되는 사고와 행동에서 한-미 간의 역사적 노력이, 이 보고서에도 표현되고 있듯이 마지막 기회로 북한의 위협을 종식시키고, 안정되고 번영된 아시아를 만들고, 그 가치를 실현할 수 있을 것이다.

(3) 한반도 평화 鳥瞰圖

지난 1971년 7월 9일, Kissinger의 중공 방문, 그리고 주은래와의 회합은 미-중공 간의 화해로 이어졌고, 당시 이것을 추진했던 Kissinger는 워싱턴의 정가에서는 현실주의자(Realist)로 평가받고 있고, 지금도 그는 미-중국 간의 경쟁관계 속에서 전쟁은 피할 수 있는 것으로, 따라서 평화적인 공존이 가능하다고 주장하고 있다.

최근 남중국해에서의 미-중 간에 벌어지는 최신 줌발트 미사일함 등을 동원한 미-중 간의 군사적 활동은 자유 항해를 내세운 미국과 영토 주권의 수호를 내세우는 중국 간에 공존을 위한 새로운 관례를 정립하려는 치열한 경합의 산물이다.

중공은 1964년 첫 핵실험을 했고, 67년에는 수폭실험, 그리고 1996년까지 핵실험을 계속하다가 핵실험 금지조약을 조인했다. 이보다 앞서 중공은 1970년 1월 20일 핵무기 비확산조약에 가입하였고, 1971년 핵탄두를 장착한 DF-3A 16기(3,000km)를 배치하였다.

1970년대 초부터 UN에서의 중국 대표권을 획득하기 위한 중공의 노력은 비동맹국가(77그룹, 제3세계)들의 지지를 얻어 1971년 10월 25일, 알바니아의 결의안을 통해 그 목적을 달성하였다.

70년대 초반에 중국은 핵무기의 확보, 그리고 비동맹세력을 동원한 UN에서의 지지세력을 이용하여 미국을 압박하고 있었던 상태에서, Kissinger의 현실주의는 중국과의 관계 정상화를 가져오고, 이를 통해 미-소 관계에서 중-소 분쟁을 이용하여 소련을 견제하는 이득을 가져왔다.

7차 당 대회를 개최하면서 김정은을 비롯한 핵심세력들이 가장 관심을 두었던 것은 무엇일까? 김정은이 2013년 3월 당 중앙 전원회의에서 강조한 병진노선이 그 대상이라고 할 수 있으나 그 관심의 내용은 각기 차이가 있다. 7차 대회 결정서에서도 나와 있는 것처럼 병진 정책은 일시적인 것이 아니라 항구적, 전략적인 노선이며, 이를 계속 철저히 관철시켜야 할 것으로 제시하고 있다. 그러나 현재로서는 오직 핵노선만이 정책 자산으로 활용할 수 있을 뿐이다.

A. 김정은과 핵 무력의 문제

북한의 핵무기 문제는 김정일 때로부터 제기되어 1차, 2차의 핵실험을 감행해왔다. 2011년 12월 30일부터 권력을 승계하기 시작한 김정은은 3차(2013), 4차(2016)의 핵실험을 하면서 수소탄, 광명성 4호 발사 등을 내세워 핵 무력 건설에 몰두했다. 북한의 핵 문제의 해결을 위해 중국이 발의했던 6자 회담은 2008년 12월 이후 더 이상 열리지 못했고, 북한의 핵실험은 계속되었다. 김정은이 집권한 이후인 2012년 4월 13일 북한은 그 헌법을 개정하여, 핵 국가임을 명시하면서, 2013년부터 북한의 핵 프로그램은 협상의 대상이 아님을 명백히 하였다.

북한의 핵실험 및 그 프로그램이 주는 위협에 대해 유엔 안보리는 그 위협 행위에 대한 제재를 결정하여 결의안을 채택하여 왔다. 북한의 핵 프로그램과 관련하여 유엔 안보리는 2006년부터 지난 3월까지 총 12차례의 결의안을 채택하여 북한을 고립시키면서 포기하도록 압박을 가해왔다.

북한의 핵 위협은 핵탄두의 소형화를 통한 미사일에 의한 공격 가능성과 관련되는 것으로 소형화와 미사일의 개발은 필수적인 요소라고 할 수 있다. 북한이 현재 보유하고 있는 미사일 중 은하 3호, 대포동 3호 등은 12,000km의 사정거리로 미국 서부지역을 위협할 수 있는 것이며, 최근에 발사에 실패했던 무수단 미사일은 3,000km의 사정거리를 가지고 있어 괌지역의 미국을 공격권 내에 두고 있다.

　북한의 노동당 대회를 앞두고 4월에 한국 정부는 북한의 5차 핵실험의 가능성을 언급한 바 있는데, 중요한 것은 북한의 핵무기 프로그램의 추구는 계속될 것이라는 것이다. 핵탄두의 소형화, 그리고 이동 탄도미사일(KN-8, KN-14 등)의 개발 등이 계속되고 있는 정황을 지난 3월 Gortney Jr. 제독의(미국 북부 사령관) 의회 증언에서 알 수 있고, 다른 한편으로는 지난 당 대회 개최 직전에 실패로 끝난 무수단 미사일의 발사, 그리고 Gorae급 잠수함에 의한 SLBM 미사일 발사 시도 등의 의도들이 목표로 하고 있는 것이 무엇인지를 짐작케 하고 있다.

　북한이 핵 중심의 무력을 강화하는 입장에서 지난 당 대회 후에 한국에 제의한 군사회담은 어떤 내용을, 또 의미를 가지는 것인지 관심을 집중하게 하고 있다. 5월 당 대회에서 북한은 당 규약에 핵 국가임을 명확히 하고 핵무기가 협상의 대상이 되지 않을 것을 밝힌 것은 핵을 포기할 의사가 당분간은 없다는 것을 강조한 것으로 보아야 할 것이다.

　당 대회에서 북한이 핵무기를 먼저 사용하지 않을 것, 그리고 '다른 핵무기 국가가 북한의 주권을 침해하지 않으면'이라는 전제로 사용하지 않을 것, 그리고 비확산의 의무를 지킬 것 등을 선언한 것은 핵 보유국으로서 핵 군축에 관한 논의에서 유리한 입장을 확보하기 위한 것이라고 볼 수 있다.

　특히 김정은의 등장 직후 Obama 대통령이 북한과의 협상 의사를 밝혔음(leapday agreement)에도 불구하고 2013년 2월 핵실험을 단행한 것은 북한의 의도를 잘 알 수 있는 대목이다. 2009년 Prague에서 제시한 negative security assurance는 북한이 제기한 미국의 핵 위협에 대한 보장으로 Obama 대통령이 언급한 것이었다.(No. 209, 2014. 2. 18.

동숭 칼럼 www.dongsoong.65.net 참조)

5월 2일자 NYT 사설은 북한이 현재 핵폭탄 20여 기에 충분한 핵분열 물질을 보유한 것으로 보고 있고, 특히 올해에 핵 활동을 강화한 것을 주목하면서 핵로켓 엔진의 강력화와 핵탄두 소형화의 성공 가능성을 지적하면서 북한의 핵 위협과 야망에 경계를 할 것을 경고하고 있다.

B. 경제 발전의 추구

김정은의 병진정책에서 의미를 부여하자면, 실제적으로 핵 정책은 김정일 이래의 계승적 의미가 강한 것으로 볼 수 있고, 오히려 경제문제에 관한 입장이 김정은이 강력하게 추진하려는 정책으로 의미를 부여해야 하는 것으로 볼 수도 있다.

김정은의 현지 지도의 보도를 보면, 식량문제, 산림 황폐화의 문제 등을 거침없이 지적하고 인민의 생활경제가 뒤떨어진 것을 한탄한 것 등, 그 정책 실패를 언급한 것으로 볼 때, 그러한 문제들이 장기적으로 보았을 경우 정권의 안정에 중요하다는 것을 인식하고 있다는 것으로 볼 수 있다. 김정은이 1990년대에 청소년 시절, 서구에서 해외유학을 7~8년간 한 경험은 이러한 인식을 지니도록 영향을 준 것으로 보인다.

7차 당 대회에서 언급한 5개년 경제발전계획이 2020년(8차 당 대회 예정)에 끝나는 것으로 되어 있어 그 상세내용이 매우 궁금한 상황이나 일부 연구자들은 김정은의 시각이 종전의 생산 중심의 성과 발표에 중점을 두었던(예를 들어 ○○% 목표 달성 등) 경제계획이 소비자 중심의 상품을 강조하는 것으로 보려는 것으로 분석하고 있다.(Ruediger Frank, 38 North May 20, 2016)

그는 김정은이 매우 현실적인 입장에서 이 계획을 추구하고 있는 것으로 보고 있으나 국제적 제재가 강화되고 있는 만큼 자체 조달, 자력 경제 등이 반복 강조될 수밖에 없으며, 그 계획에 필요한 해외로부터의 자본 유치, 또는 외국과의 무역문제는 현재의 유엔 안보리의 제재상태에서는 어려울 것으로 보인다.

다른 한편으로 Michael Madden은 당 대회에 따른 당 제도의 변화, 예를 들어 비서국을 폐지하고 정무국을 신설한 것 등이 김정은의 경제적인 실질적 활동을 추구하기 위한 당의 제도적 장치의 변화로 보고 있다.(38 North May 20, 2016)

경제 운용에 있어서도 기업 중심적인 언급, 또 개인 텃밭 생산의 시장과의 연결, 그리고 에너지 문제의 중소 규모의 시설 강조 등을 통해 분권적인 방법으로 추진될 것으로 보는 외국 연구자들도 있다.

다만 북한의 이러한 계획에 따른 발전은 한국의 개입의 가능성을 필요로 하는 것이고, 또 남-북 간의 또 다른 경제협력을 요구하는 것이라고 볼 수 있어 장기적으로 남-북 관계의 개선, 협력이 중요한 의미를 가질 수도 있는 것으로 보인다.

중국이 80년대 초에 경제 현대화를 추구할 때 외국 연구자들이나 언론은 중국의 시장 자본주의화를 성급하게 예단했던 것을 볼 수 있었는데, 지금의 중국의 상태는 그와는 매우 다른 모습을 보여주고 있고, 북한도 당 대회에서 사회주의를 강조한 것을 염두에 둘 필요가 있을 것이다.

마지막으로 언급해야 할 것은 김정은의 당 대회 최종 연설에서 "인민을 우선"하고, 인민에게 봉사하는 것 등을 강조한 내용을 외국 분석가들이 주목하고 있다는 것이다. 이들은 일상적으로 당을 강조하고 지도자들을 강조하는 충성으로 끝나는 것이 아닌 것을 지적하고 있다.

C. 남-북한의 정책적 갈등(Clapper의 방문)

당 대회가 끝난 직후부터 북한은 한국에 대해 대화-협상 공세를 펼치고 있다. 북한 당 중앙위원회, 국방위원회, 대남기구 등 다양한 채널을 통해 대화-협상을 제의하고 있으나, 내용에 있어서는 정치-군사적 도발, 전쟁연습 등의 중지, 연방제 방식에 의한 통일의 실현 등 종전의 사항을 그대로 담고 있다.

관심을 끄는 것은 22일자로 발표된 조평통 서기국장의 담화에서 북한은 "핵 포기" 등의 전제를 달지 않고 대화와 협상에 나오라고 한국에 통보한 것이다. 이것은 20일 국방부의 명의로 북한의 대화 제의에 대해 "비핵화의 우선적 조치"를 강조한 것에 대한 반응으로 나온 것이다. 북한의 기존의 입장은 핵 문제는 미국과의 논제로만 다루려는 것이었고, "핵 포기"를 전제로 하지 말라는 것은 핵 문제를 제외한 남-북한 간의 군사회담을 의미한 것이라고 볼 수 있다.

북한은 이 제의를 6·25 이전에 회담을 할 것으로 예정한 시한을 제시하고 있는데, 그 제의 후반에는 곧 북한의 "과감한 실천적 조치가" 있을 것, 또 제2의 6·25 전쟁 등을 언급하면서 위협적 언사를 사용하고 있는 것을 볼 수 있다.

일부 언론은 북한의 제의를 한 번 들어보고 판단해도 늦지 않는다는 입장에서 회담을 받아들일 것을 권하고 있다. 핵과 미사일의 무장으로 강력해진 북한의 입장에서 군사회담은 북한으로서는 잃을 것이 없는 것으로 판단했을 수도 있다. 핵을 제외한 군사회담에서 논의될 내용은 북한의 강조해온 "전쟁연습의 중지(한-미 군사훈련을 지칭)", 더 나아가 미군의 철수 등이 대표적인 의제일 수밖에 없으며, 여기에 남-북의 상호비방 금지의 합의를 파기하고 남북한 간에 진행되는 긴장적 상황에 대한 책임 전가를 위한 논의의 전개 등이 추가될 수 있을 것이다.

이와 아울러 북한은 남-북한 간의 회담이 열리는 것을 통해 국제사회에 남-북 긴장을 완화시키는 북한의 역할을 강조함으로써, 봉쇄와 고립의 국제적 망을 돌파하려는 의도에서 효과를 기대할 수도 있을 것이다.

이러한 협상 공세가 별 효과를 보지 못할 때 취할 수 있는 북한의 가능한 대안은? Clapper 국장의 한국 방문은 많은 여운을 남기고 있다. 2016년 5월 4일부터 1박 2일의 일정으로 방문한 Clapper는 한국의 안보 관계자들과 만나며 한반도 안보상황에 대한 평가를 위주로 논의를 한 것으로 알려졌으나, 일부 언론에 의하면 Clapper가 미-북한 간의 평화협정에 관한 논의가 있을 경우 한국이 어느 정도까지 양보할 수 있느냐는 취지의 문의도 있었다고 한다.

지난해 10월 이수용 북한 외무상이 평화협정 문제를 거론한 후 지난해 말에 북한이 미국에게 이 문제를 들고 접촉을 시도한 바 있었고, 이를 WSJ이 2월에 보도한 바 있으며, 이는 다시 왕이 중국 외교부장이 올 2월에 비핵화와 평화협정의 병행 논의를 제의하면서 쟁점화되었다.

미국은 북한의 제의에 비핵화를 행동으로 먼저 보여주기를 요구하는 입장에 변화가 없음을 밝혔으나, NYT는 5월 2일자 사설에서 북한의 평화협정의 제의를 민첩하게 받아들이고, 그 제의를 창조적으로 논의할 수 있어야 한다고 지적하였다.

이 제의를 하는 NYT는 김정은이 당 대회를 통해 정권의 안정을 기하고 핵 억지에 자신감을 느끼면서 평화협정을 제의할 것으로 전문가들의 입장을 들어 주장하였고, 여기에 지난 4월에 있었던 무수단 발사 시도를 언급하면서 북한에 대한 제재만으로 그 위협을 경감시킬 수 없다고 강조하였다. 김정은을 경험 없고, 무모한 지도자로 보면서 NYT는 그를 코너로 몰아가는 것은 위험하며, 한국과 일본을 겨냥하여 더 위험한 반응으로 나아갈 수도 있다고 지적하고 있었다.

NYT는 미-일-한-중-러는 북한의 핵 프로그램을 저지하기 위한 협상을 재개하는 방법을 찾아내야 한다고 주장하였다. 오바마 정권 말기의 선거상황을 앞두고 있다는 것을 언급하면서도 이 사설은 그 기회를 당 대회 이후로 언급하고 있었다

D. 고도를 높이며

미국이 평화협정의 논의를 거론하는 것은 한반도의 평화를 위해 긍정적인 신호로 보아야 하는가? 남-북한 간의 상시적인 정책 갈등, 대립의 차원을 떠나서 한반도의 평화를 구상하는 것은 구름을 잡으려는 것과 같은 것인가?

미국은 북한이 당 대회를 끝낸 후 협상 공세로 나올 것을 예상했고, 북한도 당 대회 후 한국에 대한 대화 공세를 퍼붓고 있다. 늘 그렇듯이 한반도에서의 긴장 완화의 신호로 남-북 대화가 열리면, 미-북한 간의 논의도 열리는 방식은 북한도 이제는 충분히 이용하고 있다.

여기에서 한반도 문제 논의를 위한 몇 가지 필수적으로 고려해야 할 논의의 명제를 살펴보고자 한다. 우선 그 첫째는 NYT도 암시하듯이 제시한 6자 회담의 형식이다. 누누이 강조된 사실이지만 이 회담의 틀은 2003년 중국의 장쩌민의 제안으로 나와 처음은 3자 형식으로 시작되었으며, 북한의 비핵화를 위한 6자 회담의 형식으로 2009년까지 열렸으나 그 이후 북한은 이 회의에 불참하고 있다. 그러나 중국은 이 형식의 회의를 북핵에만 제한시킨 것이 아니라 동북아 안정을 강조하는 안보 협의체로 보면서 중국이 필요로 하는 경제 발전을 위

한 안정과 평화의 협의기구로 발전시킬 것을 의도하고 있다. 북한이 6자 회담에 응할 것인가? 북한의 평화협정의 논의는 그 대상을 미국으로 한 것임은 재론할 필요가 없다.

둘째는 비핵화와 평화협정의 우선순위다. 미국은 비핵화를 위한 북한의 행동을 우선적으로 요구하고 있는 반면, 북한은 핵 문제가 협상의 대상이 될 수 없음을 강조하고 있다. 그러나 이 대립의 포인트는 쉽게 해결될 접점이 있다. 그것은 우선적으로 미국이 요구하는 행동으로 북한이 IAEA의 감독을 받아들이거나, 또는 NPT에의 가입을 선언하는 것 등에서 첫 고비를 넘길 수는 있다. 그러나 중국의 왕이가 제시한 병행논의(비핵화와 평화협정)는 북한의 입장에서 바람직한 것일 수 있다.

셋째는 Clapper가 언급한 것으로 알려진 한국 정부의 양보의 한계이다. 이런 질문이 내포하고 있는 것은 미국 내에서 미-북한의 협상에 관한 협의가 진행되고 있는 듯한 인상이다. 미-북한 간의 관계는 1994년의 Agreed Framework를 체결한 내용에서 대부분 그 관계의 진전을 짐작할 수는 있으나 구태여 양보라는 의미를 들어 의견을 묻는 것은 이러한 통상적인 문제를 넘어서는 것에 대한 협의를 암시하고 있다. 가장 가능성이 높은 것은 핵 문제에 관한 미-북한 논의의 합의의 정도에 관한 것일 것으로 보인다. 사실상 핵 문제와 평화협정의 병행 논의가 진행되더라도, 핵 문제에 관한 완전한, 또는 핵무기의 제거를 포함하는 합의는 상당한 시간을 요하는 문제이므로 그것의 병행 논의는 실제로 그 시작에만 의미가 있을 뿐 결과까지 포함하는 것은 아니다.

넷째는 미국의 정책적 개입의 폭의 문제이다. 동북아에서의 미국의 기본적 정책은 북한의 위협을 대상으로 하여 미-일 동맹을 강화하는 것이었다. 결과적으로는 미-중 간의 경쟁을 위한 봉쇄적인 측면에서 일본의 기여를 미국이 노리는 측면이 강하지만, 실제적인 일본의 기여를 강화하기 위해서는 북한의 일본에 대한 위협이 미-일 동맹의 전제로 되어 왔다는 사실이다.

따라서 미-북한의 접근은 미-일 동맹을 주축으로 이 지역의 안보를 구상해왔던 미국의 정책적 개입의 Nexus를 근본적으로 수정을 요구하는 것이라고 할 수 있다. CFR의 Haass가 우려했던 통일 후의 한반도의 정책적 향방에서 볼 때, 북한에 대한 미국의 성공적인 접근과 문제 해결은 한반도의 통일 이후에 한반도와 미국의 관계를 미국의 정책적, 전략적 안정성의 입장에서, 특히 중국과의 관계에서, 바람직한 것으로 할 수 있을 것이다.

맺으며

최근 미디어들은 북한의 대화 공세에 응해야 한다는 입장으로 돌아서고 있고, 시간이 갈수록 이 입장은 강화되고 있다. 정부의 입장은 그와 반대로 더욱 경직되어 가고 있는 느낌이다.

회고해보건대, 정부의 북한의 핵 문제에 대한 정책적 입장은 단순화되고 신축성이 없었던 것으로 보인다. 북한이 2009년부터 6자 회담을 거부하고 4차에 걸친 핵실험을 하는 과정에서 정책적 돌파구를 마련할 의지나 자신감마저 상실한 상태이며, 북한과의 관계를 어떤 맥락에서 유지를 하고 그 관계를 끌고 나아갈 것인지에 대한 목적과 방향을 유실한 채 표류하고 있는 것 같다. 이제 북한과의 정책적 접근과 협의를 할 전략적 자산도 상실한 상태에서 미-북한 간의 협의가 시작되는 경우 어떤 위치를 설정할 것인가의 문제가 당장 닥칠 것이다.

매스콤들은 우리가 주도를 해야 한다고 외치고 있으나 그 논리는 빈약하기 그지 없다. 변화를 채택할 용기와 그것을 끈기 있게 추진해 나갈 강력한 의지가 아쉬운 지금의 상황에서 정책적 불모의 풍토만 탓할 수는 없지 않은가?

비핵화의 길은 오랜 시간을 요구하는 과정을 포함하고 있다. 이란의 경우와 다른 것은 북한이 비핵화의 길로 나선다고 하더라도 핵무기의 폐기까지 실현을 하기에는 많은 비용과 시간을 필요로 한다는 것이다. 그러나 이것은 Threat Reduction의 차원에서 구소련의 연방국들이 보유하고 있던 핵무기를 폐기하는 방법으로 처리할 수 있는 문제이다. 그 처리의 방법, 기술, 자금은 미국이 지원하고 있었다.

위기는 기회를 수반한다는 말이 있듯이 현재 한반도에는 긴장이 지속되는 가운데 대화의 제의가 나오고 있다. 시간을 두고 재촉하는 북한의 제의에 대해 시간의 여유를 두고 대응을 하는 것도 하나의 방법이 될 수 있다. 예를 들어 7월 초를 그 접촉의 시기로 제의를 하는 것이다.

통일의 문제는 어느 개인의 영욕의 대상이나 전유물이 될 수는 없다. 민족의 염원을 담은 신성한 목표를 달성하기 위한 모든 국민의 경건하고 헌신적인 기여만이 필요할 뿐이다. 통일문제가 나올 때마다 거론되는 독일의 통일은 시각에 따라 여러 가지로 해석될 수 있겠지만 독일 통일의 4주역들의 공통분모는 한결같은 통일에의 헌신, 그리고 그것을 달성하려는 확고한 의지의 실천이었고, 그 결과가 통일이었다.

(4) 세계 전략적 미-러의 관계와 THAAD

정확히 33년 전, 나는 주프랑스 소련 대사관으로 가는 길을 따라가면서, "살인자 안드로포브"를 외치는 한국인들의 대열에 끼어 있었다.

1983년 9월 1일, 뉴욕을 떠나 서울로 향하던 KAL 007기가 알라스카에서 급유를 한 후 서울로 비행 중, 소련의 전투기 SU-15에 의해 격추되었다.

소련의 주장에 의하면, KAL 007기가 항로를 벗어나 소련 영공으로 비행하면서 캄차카 근해를 지나감에 따라 소련의 SU-15기 두 대가 급발진하여, KAL 007기와 통신을 시도하였으나, 불통이 되고 두 번째로 발진한 SU-15 두 대 중 한 대가 지상의 명령으로 KAL 007기를 격추하였다.

소련의 전투기가 민간 항공여객기를 공격하여 승무원을 합해 총 269명의 승객이 사망한 이 사건에 대해 당시 레이건 대통령은 이를 "인류에 대한 범죄"라고 규탄하였다. 격추 지점은 울라디보스톡에서 멀지 않은 모네론섬(사할린)(일본 혹가이도 근해) 상공이었고, 여기에는 미국 하원의원(조지아 주)을 포함하여 61명의 미국인이 타고 있었다.

당시에 미국 내에서는 소련에 대한 대응책이 논의되었고, 국방장관 와인버거는 강경하게 소련과의 관계 단절을 주장했고, 국무장관 슐츠는 당시 소련과 군축을 논의할 것을 주장하고 있었던 레이건 대통령의 의사를 지지하면서 소련을 압박하는 정책을 건의하였다. 사실상 레이건 행정부 말기에 나타난 소련의 붕괴를 가져온 단초는 이 사건에서부터 비롯되었다고 할 수 있다.

A. 핵 문제에서의 러시아의 입장

2016년 2월에 쓴 글에서 키씬저는 러시아를 새로운 세계적 균형을 위한 필수적 요소로 인식할 것을 주장하면서, 갈등을 키우기보다 미래의 형성을 위한 대화의 가능성을 추구할 것을 강조하고 있다. 이것을 위해 양측은 서로의 이익과 중대한 가치를 존중할 것을 필요로 하며, 양국, 더 나아가 세계가 당면할 더 큰 도전을 기꺼이 넘어설 의사가 있어야 한다고 하고 있다.(The National Interest, Feb. 4. 2016)

그러나 양국관계의 현실은 냉전의 종식 이전보다 더 악화되어 있다고 키씬저는 평가하면서, 일례로 냉전시대의 양국관계에서는 전략적 동반자의 전망이 있었으나, 지금은 협력보다는 대립이, 세계적 분쟁의 심화 등으로 전략적 안정성과 대량파괴무기의 확산의 방지 등이 위협을 받고 있다고 하면서 미-러 간에는 새로운 냉전이 벌어지고 있다고 지적하고 있다.

그럼에도 불구하고 이 시대의 도전은 새로운 세계 질서를 위한 법적, 지정학적 전망을 러시아와 함께하면서, 이런 전망을 달성하기 위한, 질서를 모색하기 위한 노력을 경주해야 한다는 데 있다고 그는 강조하고 있다.

오늘날 동북아의 군사적 상황은 매우 긴장되어 있으며, 남-북한, 미국, 중국, 러시아, 일본 등 나라들이 안보를 추구하는 과정에서 군비경쟁의 가열적 현상을 보이고 있는 것은 주지의 사실이다. 이러한 위기적 상황은 미-러 간의 관계에서 경쟁이 관리될 수 있는 전략적 개념이 개발되어야 할 것이 요구되며, 그런 의미에서 키씬저는 러시아를 위협적이라고 보기보다는 균형을 위한 필수적 요소로 인식해야 한다는 결론을 내리고 있었다.

지난 3월 미국에서 열렸던 핵 정상회의에 Putin은 불참했다. 미국인들은 이 불참을 러시아가 군비축소, 통제에 대한 관심이 없는 것으로 판단했다. 2009년 프라그 회의에서 핵무기 철폐를 강조해온 Obama 대통령은 러시아와의 협력이 절대적으로 필요했고, 무엇보다도 핵무기 기술이 테러 집단에게 들어가는 것을 막기 위해 러시아와의 합의가 필요했다.

2915년 11월, Putin은 그 군부 지도자들 앞에서 미국이 유럽(루마니아, 2018년에는 Poland에)에서 러시아 미사일을 대상으로 한 "미사일 방어체계"를 구축함으로서 러시아의 핵무기를 무력화시켰다고 하면서, 이 방어체계를 뚫을 수 있는 공격체제를 개발하는 것과 전략적 핵 군사력을 강화할 것이라고 밝혔다.(Simon Shuster, TIME, Apr. 4, 2016)

이때에 제시된 Status-6(대양 다목적 시스템) 핵 프로그램은 핵폭발로 모든 생물의 파괴를 가져오는 요소를 포함하는, 따라서 장기간 거주가 불가능한 지역으로 방사능 오염의 확대지역을 설정하는 것을 포함하는, 상대국의 주요 경제 거점을 해양에서부터 파괴하는 옛 소련의 산물이 재등장된 프로그램이었다.(The Washington Post, Dec. 27, 2015 참조)

2009년 Obama의 핵 폐기 선언이 나오기 전에 시작된 New Start 조약의 협의과정에서 러시아인들은 Obama의 안에 대해 냉소적이었으며, 이들은 핵무기 폐기 후 미국은 재래식 무기로 지배적인 위치에 있으려는 의도라고 보고 있었다.

미국 국방부 고위관리인 David Ochmanek는 2009년부터 2014년까지 러시아는 핵 군사력의 준비상태를 높이며, 그 현대화에 집중적인 관심을 기울여왔다고 하였고, 이미 2000년 봄에 Putin은 소련이 핵 선제공격을 안 하겠다고 한 선언을 거부하면서, 신군사 독트린을 발표하였다.

이 독트린은 러시아의 핵무기만이 미국의 재래식 무기의 광범한 우월한 힘을 대응할 수 있기 때문이라고 하면서, 미-러 간의 New Start 조약의 협상에서부터 이것을 적용하기 시작하였다. 이 과정을 통해 러시아는 미국과의 핵 동등성 확보에 효과를 보았고, 동시에 러시아의 전략 현대화 프로그램의 실현(S-400, S-500 등 방어체계)을 가져왔다.

미 핵 전문가인 Gary Samore는 Obama 대통령이 러시아의 미국에 대한 두려움, 그리고 Status-6에 이르는 러시아의 방위 안보체제의 강화를 통한 현대화 계획의 추구를 제대로 평가하지 못했다고 지적하고 있다.

B. 중국의 THAAD에 관한 입장

지난 8월에 발표된 Arms Control의 fact sheet에 따르면, 미국과 러시아는 핵탄두의 양에서 각각 7,000기를 넘는 상태에서 다른 핵 보유 국가를 압도하고 있는 것을 볼 수 있다. 그 뒤를 프랑스(300기), 중국(260기)이 뒤따르고 있고, 북한이 그 마지막으로 8기를 보유하는 것으로 되어 있다.(Updated, August 2016)

중국이 그 군사적 부문에서 2nd Artillery를 앞세우고 DF-21 등 미사일, 항공모함, 그리고 잠수함 등에서 부분적인 괄목할 발전을 이룩했다고 하고 있으나, 미국이 평가하기에는 지역적인 승패에서만 어느 정도 방어적 효과가 있을 것으로 보고 있으며, 전체적으로 C4IRS 체제를 통합한 전투 수행능력은 아직도 더 시간을 필요로 하는 것으로 알려졌다. 중국과 북한이 러시아로부터의 미사일 방어체제, 예를 들어 S-400, S-300 등의 미사일 방어 시스템에 대한 지원을 요구하는 것은 이러한 상황을 반영하고 있다고 보인다.

한-러 정상회담에서 논의되지는 않았으나, Putin이 유럽의 방어체제에 대해 보였던 반응은 한국에 배치되는 THAAD에 대해서도 같은 입장을 보일 것으로 보인다. 러시아의 이에 대한 반응이 어떤 것으로 나타날 것인지 두고 볼 문제지만 올해 안으로 중국에 배치될 것으로 예정된 S-400의 의미와 귀추가 궁금할 뿐이다.

최근에 언론에 보도되는 한국의 THAAD 배치와 관련된 중국의 태도는 과장되거나 잘못된 계산에 의한 반응이라는 생각이 들 정도

인데, Douglas Paal이 지적하는 대로 중국이 공개적으로 주권국가로서의 결정을 무시하려는 전술적 "실수"라고 볼 수 있다.(Carnegie Endowment, July 13, 2016)

예를 들어 환구시보에 실렸던 것으로 보도되고 있는 것은, 이 상황을 마치 1962년의 쿠바 미사일 위기에 비유하면서 미-중 간의 핵 대치를 언급하고 있는 것이다. 더 황당한 것은 이 한국의 THAAD가 이른바 중국의 "Surgical Strike"의 목표가 될 수 있다고 중국의 관용 언론들이 보도하고 있다는 것이다.(NBC News, July 21, 2016) 이것은 한국이 한국 전쟁 이후 지난 60여 년간 미국과 군사동맹을 맺고 있다는 사실, 또 그만큼 오랜 기간의 한-미 간의 정치, 경제, 문화적 교류가 있어 왔다는 사실에 대한 무지에서 나온 것이다.

어떤 한국 일간신문에는 이러한 중국의 반응을 中華主義로 표현하는 글이 실렸지만, 그 中華의 의미는 조금 심각하게 고려할 필요가 있다. 이른바 중국이 세계의 중심이라는 전통적인 자기 중심적인 사유는 중국의 근세를 근대화로 이끌지 못하고 피폐로 몰고 가는 결과를 가져왔음을 그 역사를 통해 볼 수 있다.

1840년부터 중국에서 시작된 유럽 국가들과의 분쟁은 이러한 전통적 관례들을 고집하면서 교류를 소홀히 하고, 폐쇄적이고 고립적인 오만한 태도를 보인 결과였다고 할 수 있다. 地大物博을 내세우면서 외국 사신들에게 전통적인 중국의 예법을 강요했던 중국의 태도는 결국 외국들의 반감을 초래했던 것이다. 최근 동, 남 지나해 등에서 일어나고 있는 분쟁들은 이러한 자기 중심적, 폐쇄적 사고의 결과이며, 주변 국가들로부터 소외되는 현상을 초래할 수 있는 상황이다.

지난 2010년경을 전후하여 미국 조야에서 논의되었던 중국과의 G-2 관계 설정의 문제는 2009년 11월 Obama 대통령 방문 이후 새로운 시대의 관계 진전을 합의하는 등 급진전을 하는 듯했으나, 2010년 2월 미국의 중국에 대한 무역제재 등의 악화로 무산되고 말았다.

중국의 청화대학 교수인 Yan Xuetong이 이 문제를 다룬 글을 썼는데, 그가 보기에는 그 무산의 이유가 하나는 중국의 민족주의적 태도, 그리고 다른 하나는 1990년대 냉전붕괴 후 권력 공백이 있었던 기간에 중국이 그 국력 신장에 힘입어 더 대담한(bolder) 태도를 취한 것이라고 하고 있다.(The instability of China-US Relations, Chinese Jounal of Int'l Politics, 2010(3))

그는 민족주의적인 태도보다는 이 대담한 태도가 더 큰 이유라고 하면서, 겉으로는 우호적이라고 한 표현은 하나 중-미 관계에서는 진정한 우호관계가 아니라 피상적인 관계만 있었다고 지적하고 있었다. 이러한 분석은 현재 중국이 주변 국가와, 특히 한국과 벌이고 있는 갈등적 상황에도 적용될 수 있다.

지난 70년대 말, 미래에 대한 예지를 제시하면서 현대화를 이끌어온 등소평 이후, 중국의 지도자들이 보인 태도는 그만한 통찰력과 지혜를 보여주지 못하고 있는 것으로 보인다. 그들이 중국의 경제 발전을 위해 필요하다던 정세의 안정이 그들 스스로에 의해 침식당하고 있는 형국을 초래하고 있다.

맺으며

Blackwill과 Tellis가 쓴 CFR 보고서(no. 72 March 2015)에 따르면, 미국은 중국과의 대화에서 중국이 잠재적으로 장기적, 전략적 의미에서 라이벌 관계로 될 가능성이 높은 것으로 판단했고, 대화를 통해 낙관적인 전망이 아닌 압력과 경쟁에 의존하는 전략적 경쟁을 몰고 올 위험성을 느꼈으며, 따라서 그들은 중국의 국력의 상승을 돕기보다 그 상승을 균형 잡는 데 중심을 둔 대전략으로의 수정을 권고하고 있었다.

이번 사태를 계기로 한-중 관계의 잠재적 갈등의 문제들이 표출되고 있는 것을 볼 수 있는데, 예를 들어 서해에서의 영해문제, 또 역사적인 간도의 문제 등이 그것인데, 이외에도 최근 미 해군대학 교수인 Andrew Erickson이 제기하는 중국의 해상 민병대(militia)의 문제는 앞으로 중국과의 관계에서 더 큰 분란을 일으킬 가능성이 있다.

일부 학자들은 중국과의 관계에서 경제적인 의존의 관계를 강조하고 있으나, 그 관계는 상대적인 것임을 직시할 필요가 있으며, 우리의 의연한 대응 태도가 중요한 것임을 인식할 필요가 있다.

최근에 계속 보도되고 있는 바와 같이 북한이 최근에 발사한 무수단, SLBM 등이 중국의 것과 유사하다든가, 더 나아가 러시아의 지원에 의한 것이라는 사실이 밝혀지고 있다.(David Wright가 2010년 9월 8일에 쓴 논문에서 북한의 SLBM은 소련이 직접 제작한 150여 개의 미사일 중 Nunn-Lugar 프로그램에 의한 잔여 미사일로 북한의 은하-2의 2단계에 사용된(2009) SS-N-6이라고 주장하고 있다.)

이와 더불어 2016년에 발표된 Steven Pifer와 James Tyson이 쓴 "제3국의 핵 군사력과 다자적 무기 통제" 보고서에는 2013년부터 러시아가 핵무기 축소 회담이 다수 국가가 참석되어 열릴 것을 제의하고 있으며, 이 제의에 대해 미국은 미-러 양국 간의 핵 감축 합의를 얻어내기 위해 러시아의 요구를 들어줄 가능성이 높다고 보고 있었다. 만약 이것이 성사되면, 북한의 참석 가능성의 문제가 본격화될 수도 있을 것이다.(Third-Country Nuclear Forces and Possible Measures for Multilateral Arme Control, Arms Control and Non-Proliferation Series, Papers 12, August 2016)

Pifer는 미국이 유럽에서 미사일 방어체계를 구축한 것에 대해 러시아가 이 지역에 Iskander 탄도미사일 방어체제(단거리)를 구축하는 것으로 대응할 것으로 보고 있는데, 이것은 러시아의 한국 THAAD 배치에 대한 대응으로 이 지역에 미사일 방어체제를 구축할 것과 관련되어 시사하는 바가 크다.

그는 러시아의 지도자들이 소규모, 또는 적은 양의 핵폭탄의 사용으로 갈등 관리가 가능하다고 보고 있는 것에 비해, 미국은 작은 폭탄이라도 핵 문턱을 넘어서는 것은 잠재적으로 예측할 수 없는 엄청난 결과를 가져오는 판도라의 상자를 여는 것과 같은 것이라고 보고 있다고 하면서 미국이 러시아의 이러한 개념을 바꿔놓아야 한다고 지적하고 있다.(Steven Pifer, June 2, May 10, 2016 Brookings)

다시 한 번 미-러 양국 간에 미래를 형성하는 데서 상호의 이익과 가치관을 존중하면서 "대화"를 추구하려는 노력의 필요성을 강조하는 Kissinger의 견해를 되풀이하면서, 전 세계의 미래의 도전에 대응해야 하는 것의 의미를 공유하는 태도를 견지할 것을 천명하고자 한다.

(5) 중국의 苦悶

클린턴 행정부에서 정책 부문의 고위직을 역임했던 William Overholt는 1993년에 쓴 The Rise of China에서 중국의 등소평이 중국의 경제 발전을 추구하면서 박정희 대통령의 경제 발전을 그 모델로 하고자 했던 것을 밝히고 있다. 등소평의 이런 견해는 그 후 여러 사람에 의해 확인되었다. 그의 아들인 Deng Pufang도 1980년에 등소평이 2000년에 1인당 GNP ○○○○$를 달성하려고 제시했던 것이 한국경제를 모방한 것이며, 당시 등소평은 박정희 대통령의 경제 발전 전략에 특별한 관심을 두고 있었다고 하고 있다. 특히 1980년 12

월 14일 Hu Yaobang은 당기관지와의 인터뷰에서 중국의 문호개방 정책은 사실상 한국경제가 이룩한 업적과 경험을 토대로 한 것이라고 하면서 한국의 경제 발전 경험을 연구하고 있음을 밝혔다.

한-중 수교 25주년을 맞게 되면서, 그 관계를 돌아보고 다음 25년을 대비하는 것이 바람직하다는 의미에서, 이제 THAAD 문제를 통해 제기된 양국 간의 갈등적 상황을 극복하고 새로운 양국관계의 전개를 추구하기 위한 전망을 정리해보고자 한다.

어느 서방의 학자는 지난 1/4세기의 중국의 경제 발전을 역사상 유례 없는 연평균 8%를 넘는 고성장을 이룩한 경우로 그 업적을 높이 평가하고 있다. 2014년의 세계 통계를 보면, 중국은 전 세계 총 수출의 12.33%, 총 수입의 10.26%로 세계 1위를 기록하고 있고, 총 교역량에서도 중국은 2007년에 1,600억$를 기록하여 우리나라와 수교를 한 1992년의 32배에 이르고 있다.

A. 칠흑 같았던 톈진의 밤하늘

1989년, 한-중 수교를 3년 앞두고 공산권 방문 교수단의 일원으로 중국을 볼 기회가 있었다. 물론 당시는 직행 항공 노선도 없던 때이기도 했지만 그 여정은 김포를 떠난 후 홍콩을 거치고 다시 북쪽으로 올라가 톈진에서 입국 수속과 항공 화물을 체크하도록 되었다.

우리가 탄 항공기는 톈진에 도착했으나 그 하늘은 칠흑 같은 어둠으로 덮여 있었고, 그 상공을 선회하자 이윽고 활주로를 밝히는 전등이 들어왔고, 착륙 후 수속을 끝내고 다시 탑승하여 이륙하자마자 활주로와 공항은 다시 깜깜해졌다. 그 당시 중국은 에너지 부족이 매우 심각했던 것으로 보였다.

그다음 날부터 일행은 북경대학, 도서관, 기숙사, 강의실 등을 둘러

보았고, 북경대 교수들과 환담도 나누었는데 그 중 일부 교수는 홍콩대학에서 공부를 한 사람도 있었다. 그 당시에는 숙박시설도 충분치 못했고, 시설도 좋지 않아 추운 겨울 날씨에 어려움을 겪었던 기억이 남는다.

지방에도 방문을 해 소주, 항주 등지를 둘러보았다. 이 지역은 관광과 더불어 재래식 산업경제가 살아나는 모습으로 보였고, 이미 일본 기업인들의 방문이 있었던 것으로 보였다. 지방을 다니면서 일부분은 도로를 이용하였는데, 고속도로의 형식이라고 하지만 차량이나 시설이 매우 빈약한 상태였다.

우리나라의 50년대 후반기를 연상시키는 모습들이었고, 관광지라는 특색은 그 종사자들이 달러($)에 대한 강한 욕구만 앞세우는 상술로 연결되고 있었다. 그러나 오늘의 중국은 1인당 GDP에서 6,400$(2015)의 중진국이지만 총 GDP에서는 미국에 이어 세계 2위에 이르고, 한국과의 관계에서 중국의 총 수출에서 4위(2014 기준), 수입에서는 1위를 기록하는 등 긴밀한 관계에 있으며, 중국은 한국의 수출에서 25.36%, 수입에서는 17.14%를 차지하고 있는 것을 볼 수 있다.

산업 분야별로 보면 중국의 조선, 철강 등이 한국을 위협하고 있고, 최근 중국 화웨이의 삼성전자에 대한 소송건에서 보듯이 전기, 전자 분야에서도 대등한 경쟁 입장에 있다.

B. THAAD와 한-중 관계

한-미의 THAAD 배치 결정이 발표된 7월 8일 이후 중-러의 반응은 매우 거칠었으며, 그 비판의 내용은(THAAD 배치가) 중국의 전략적 억지력에 영향을 주고 중국의 안보 이익을 위협하는 것으로 보는 것에서부터 시작하여, 만약 전쟁이 발생하면, THAAD가 가장 우선적으로 중국과 "러시아"에 의해 파괴될 것이라는 위협을 서슴지 않고 있다.

이뿐 아니라 중국의 언론은 한국이 군사적 문제에서 어떤 자주권도 가지고 있지 못하며, 앞으로 THAAD가 필리핀, 대만 등지에 배치될 선례가 될 것을 우려하면서, 북한은 바로 이러한 국제적 분열 속에서 핵과 미사일 프로그램을 발전시켜 왔고, 그런 기회를 다시 얻게 될 것이라는 북한의 핵을 옹호하는 듯한 발언을 하고 있으며, 북한에 대한 유엔제재의 이행에 대해서도 소극적인 태도를 보이고 있다.

공식적인 관계에서는 한-중은 지난 아시아 포럼에서 외무장관 간의 회담이 개최되는 등 종전의 관계가 지속되는 듯한 모습을 보였다. 하지만 최근에 보도되고 있는 전반적인 한-중 관계는, 특히 문화적, 경제적 측면에서 관계의 소원화 내지 종전에 보여주었던 남-북한 관계에서의 등거리적인 관계 유지의 원칙이 친북적인 내용으로 변화되는 모습을 보여주고 있다.

최근에 전개되고 있는 정부 대변인들 간의 논쟁점을 보면, 중국 측에서 강조하는 것은 북한 핵을 이유로 한 THAAD 배치는 THAAD가 지니는 성격과 비중이 과하다는 입장이며, 이것은 중국의 입장에서 보면 한반도에서 보는 미-중의 관계에 대한 인식의 차이와도 다른 것이라고 강조하고 있다. 반면, 한국 정부는 THAAD의 배치가 무엇보다도 북한의 핵과 미사일 계획에 대한 한국의 자위적 조치임을 강조하면서 북한에 대한 적극적인 억지의 의미의 중국의 대북정책을 촉구하고 있다.

당분간은 중국으로부터 북한 핵미사일 프로그램으로부터 촉발된 안보리 제재 결의안의 계속된 강력한 이행을 기대하는 것은 어려울 것으로 보인다. 특히 THAAD의 문제를 남-북 관계를 벗어난 미-중 간의 전략적 입장에서 중국이 보려는 입장을 견지할 때, 한-중 간에

THAAD를 둘러싼 다툼은 조만간 쉽게 가라앉을 것 같지는 않다. 그것은 중국 자체에 문제가 있는 미사일 방어체계의 문제점과도 관계가 있기 때문이다.

C. 중국의 미사일 방어체계

Reuter 통신에 따르면, 7월 28일 중국의 국방장관이 국영 TV에 출연하여 한국의 THAAD 배치 결정에 분노를 표하며, 중국의 미사일 방어체계 시험을 계속해 나갈 것을 확인했다고 보도하고 있다. 이 보도에서 THAAD 앞에는 "Advanced US system"이라는 표현을 쓰고 있다.

중국이 미사일 요격 장면을 TV에 방영한 것은 2010년 이래 세 번째라는 것을 밝힌 중국 국방부 대변인은 중국이 그 국가 안보를 유지하기 위해 중국 자체의 적절한 미사일 방어능력을 발전시키는 것이 필요하다고 말했다. 이 사실에서 미루어볼 때 중국이 아직 자체 미사일 방어 시스템을 보유하고 있지 못하다는 사실을 확인할 수 있다.

중국이 현재 보유하고 있는 HQ-9, 신세대 중-장거리 미사일 방어체계는 강력한 레이더와 미사일로 구성된 것으로 러시아의 S-300 미사일 방어체계와 유사하나 그 범위를 230km까지 장거리로 확대한 것이다. 이 방어체계는 지상, 함대형으로 나뉘어져 있고 수직 발사도 가능한 것으로 알려졌으며, FT-2000은 수출용으로 개발된 것이다. 이것은 2009년 처음 공개되었고, 2013년에는 터키와 수출 협의를 벌이기도 하였다.

HQ-9는 장거리 지대공 미사일로 개발된 것으로 그 개발의 지침은 러시아의 S-300에 두었고, 부분적으로 미국의 Patriot 미사일의 유도체계를 모방했다. 중국은 1991년부터 1994년까지 러시아로부터 S-300 포대와 미사일을 구입하였고, Patriot 미사일 기술은 이스라엘로부터 획득한 것으로 알려졌다.

그러나 중국은 레이더 시스템에서 문제에 봉착한 것으로 알려졌고, 또 스피드에서도 HQ-9는 미-러의 미사일과 비교하여 뒤떨어지는 것으로 알려졌으며, 레이다 전자장비도 더 발전을 해야 할 것으로 전해진다. 또한 실제 전투상황에서의 이 전자 정보체계의 운용의 문제는 그 통합적 실적에서 미-러의 방어체계보다는 한 세대 뒤진 것이라는 평가를 받는 것으로 알려졌다.

중국은 2010년부터 150km의 범위를 커버하는 S-300 16개 포대를 배치하고 200km의 S-300 8개 포대를 배치하였으나 그 목적이 무엇인지를 검토해볼 필요가 있다.

D. 중국의 좌절

2015년에 나온 RAND의 보고서(중-미 간의 군사적 평가, 1996~2017), 그리고 FAS의 보고서(Understanding the Dragon Shield)에서 미국은 중국의 군사적 도전을, 2000년대 중반을 넘어서야 비로소 그 군사적 현대화의 성숙으로 인해 미국의 지역적 우세에 도전을 할 것으로 보고 있다.

특히 FAS 보고서에는 중국이 자체 탄도미사일 방어체계(BMD)를 전개할 것인가에 대해 중국 전략가들이 당장 급한 것으로 보지 않는다든가, 이제 성숙 단계에 도달했다고 보고 있다고 지적하고 있다. 또한 미국 전략가들은 중국의 미사일 방어가 기껏해야 "제한된"(Thin) BMD가 될 것으로 보고 있는데, 그것은 중국의 BMD가 미국에 대한 방어를 한다는 것 자체가 미국의 전략 자산을 고려할 때 의미가 없는 것이라는 것이 중국 전문가들의 지배적인 견해였다고 하고 있다.

이 보고서는 중국이 자체 BMD를 구축한다고 하는 것이 핵공격을 막는 데 있기보다는 ① 중국 국내적인 정부의 권위를 위해, ② 아시아에서의 중국의 권위, ③ 중국이 일정한 기술적 수준에 도달했다는 의미, ④ 미래 군축 협상에서의 우위를 점하기 위한 것에 있는 것으로 지적하고 있다.

중국이 보이는 THAAD 한국 배치에 대한 반응은 사실상 아시아지역뿐 아니라 세계적인 전략적 전망에 대한 자기 실망의 표현이기도 하다. 환구일보에서 마지막으로 언급했던 시간이 가지는 의미는 중국의 정책과 여론의 추이를 조용히 지켜보는 것이 그 해결책일 수도 있다는 의미일 것이다. 중국이 올해 말까지로 예정되어 있는 러시아로부터의 S-400 방어체계의 지원을 기대하고 있는 것도 그 시간에 포함될 수 있을 것이다.

중국이 신뢰관계가 깨졌다고 한 것이 그들의 너무 이른 평가로 결론이 날 수 있도록 양국관계에 성실과 끈기로 중국을 지켜보는 것이 상책일 것으로 보인다.

(6) Russian Scheme

2016년 3월 초에 유엔 안보리에서 북한의 핵실험과 미사일 발사와 관련된 제재를 결의하는 과정에서 러시아가 그 제재내용의 검토를 위한 시간을 요구하여 그 결의안의 채택이 지연되는 결과를 가져왔다. 이를 두고 국내 뉴스 매체는 "러시아가 몽니를 부린다."고 표현했다.

몽니는 "정당한 대우를 받지 못할 때, 권리를 주장하기 위하여 심술을 부리는 성질"이라고 풀이되며, 여기서 심술은 "온당하지 못한 고집을 부리거나 남이 잘못되는 것을 좋아하는 마음보"라고 표현되어, 러시아가 의도적으로 미-중의 주도로 작성된 결의안에 대한 불쾌 내지 소외감을 드러내고 있는 것으로 보고 있는 듯하다.

이 뉴스 매체들은 그 분석에서 러시아의 이러한 행보들의 배후에 깔린 전략적 계산이 있을 수 있고, 또 앞으로 있을 북핵 등을 둘러싼 각종 국제회의에서 그 영향력 행사를 위한 외교적 여지를 확보하려는 측면도 있다고 지적했다.

정부는 3월 8일 독자적 대북 제재안을 발표하면서, 러시아에 남-북-러 협력사업인 "나진-하산 프로젝트"의 중단을 통보했다고 발표했다.(KBS 뉴스 2016. 3. 8.) 이 뉴스는 정부가 북한 나진항에서 러시아 석탄을 실은 제3국 선박이 국내로 입항할 수 없게 된 것을 러시아 측에 설명한 것으로 전해졌다고 했다.

그것이 통보, 또는 설명의 방법이든 간에, 러시아로서는 안보리의 대북 결의안의 내용을 검토하면서 강조했던, "북한 주민의 생활에 영향을 미치는" 그리고 "민간경제 분야에서 이루어지는 합법적 관계에 해를 끼쳐서는 안 된다."고 했던 입장은 그 의미를 상실할 수밖에 없었다.

러시아의 외교관 출신 학자인 Georgy Toloraya는 유엔 안보리의 결의안 채택으로 북한과 국제 공동체 간의 관계에서 북한의 주요 지도자들이 그 전략적 입장에서 커다란 영향을 받게 되는 분기점에 도달하게 되었다고 보면서, 특히 러시아는 한반도에서의 경제적, 안보적 이해관계에서 상당한 상처를 받았다고 지적하고 있다.(UNSCR 2270: 38 North, March 5. 2016)

그러나 Toloraya는 그보다 며칠 전에 쓴 글에서 북한 핵 사태에서 러시아가 중국보다 한층 더 강력하게 북한을 비판했던 것을 지적하면서 이런 태도는 중국과의 관계에서 긴장을 낳을 수도 있다는 것을 언급하면서, 이런 비판과 안보리 결의안의 수정을 요구했던 러시아의 태도를 Conundrum으로 표현하고, 더 나아가 러시아의 비판적 입장을 제시하고 있다.

A. Putin의 "Pivot to the East"

Obama의 Pivot to Asia 정책과 반드시 비교할 필요는 없으나, 또 경제적 측면에서 중국의 비상이 몰고 온 미-중 관계로 인해 미-러의 관계는 냉전시대의 미-소 양극체제와는 많은 차이가 있으나, 전략적 측면에서, 특히 핵무기와 같은 전략무기 체계에서 미-러의 관계는 세계 정치, 군사적으로 아직도 중요한 의미를 가지고 있다.

냉전시에 소련은 아시아 지역에서 군사적인 측면을 제외하고는 가장 소외된 국가였으나, Putin은 2012년 9월 Vladivostok에서 APEC 회의를 개최하면서 동아시아로의 정책을 천명하고 접근을 시도하였다. 그는 이 자리에서 경제 성장을 언급하고 1,000억$의 대외거래를 달성할 것 등을 목표로 제시하였다. 그러나 실제적으로 이것을 추진한 것은 2013년 6월에 있었던 St. Petersburg 국제회의 이후였고, Anthony Rinna에 의하면, 러시아의 동진으로의 전환에서 우크라이나 사태(2013~2014)로 인한 서방과의 관계 악화가 중요 역할을 한 것으로 지적되고 있다.(North Korea-Russia Defense Relations, March 2, 2016)

Anthony Rinna에 의하면 러시아의 동아시아로의 진출에서 그 거점을 확보하기 위해 고려한 것은 안보, 경제, 그리고 외교적 측면에서 그 입장을 강화할 대상이 필요하다는 점, 그리고 군사-기술적 측면에서 높은 협력을 확보하고 반미적인 대결을 끌어나갈 동반자(partnership)가 필요하다는 점이었다.

러시아로서는 한반도는 2중의 목적을 가진 대상이었다.(RIAC의 분석) 그 하나는 북한의 핵 문제로 야기된 이 지역에서의 긴장된 안보상황으로 인해 러시아 극동지역이 안보 취약성을 보이고 있다는 것이다. 다른 하나는 한국 시장에의 접근이 가능한 한반도에의 평화적 접근의 측면이다. 이를 위해 러시아는 2014년 4월 30일, 의회에서 북한이 진빚 110억$를 탕감하는 비준안을 통과시켰고, 2015년 3월에는 2015년을 "북-러의 친선의 해"로 선언하면서 접근정책을 전개시켜 나갔다.

더구나 2015년 5월에 열리는 러시아 전승절에의 김정은의 참석을 위한 북-러 간의 협의가 진행되는 등 그 관계가 급격하게 진전되었으나, 그 회담의 결렬로 북-러의 관계는 잠시 정돈상태에 빠지게 된다. 이 과정에는 군사적인 문제가 결부되어 있는데, 그 중 하나가 북한이 러시아에게 S-300 미사일 방어체제를 요구하였으나 러시아는 남-북한 관계에서의 러시아의 균형적 입장을 들어 이를 거부한 것이다.(동숭칼럼 No. 298 참조) 그러나 이로 인한 북-러의 소강상태는 북한이 러시아로부터 지원받아 SS-N-6 SLBM 실험에 성공한 것에 의해 극복되었고, 오히려 북-러 관계는 2015년에 양측 군사대표단의 방문이 계속되면서 강화된 느낌을 주었다.(예를 들어 러시아 군사대표단이 2015년 2월, 11월에 각각 평양을 방문)

B. 러시아의 동아시아에서의 전략적 입장

이미 2014년 7월부터 러시아는 THAAD가 한국과 관련하여 언급되는 것을 "MD 시스템의 한반도 출현"으로 간주하면서, 이런 상황의 전개가 동북아 지역의 전략적 정세에 영향을 미치고 군비경쟁을 촉발해 한반도 핵 문제의 해결에도 어려움을 초래할 것으로 보면서 반대를 표명하였다.

중국도 2015년 2월에 있었던 한-중 국방장관 회담에서 THAAD의 한국 배치 가능성에 우려를 표했고, 시진핑도 7월의 정상회담에서 신중한 처리를 당부했다. 이러한 러-중의 한국의 THAAD에 대한 입장은 한국 정부로부터 통보받은 지 3일 후인 지난 3월 11~12일 Moscow에서 열린 중-러 외무장관 회담에서 더 분명하게 표현되었고, 오히려 러시아가 더 한층 그 반대의 논리를 제시하고 있는 것을 볼 수 있다. 이 자리에서 Lavrov 러시아 외무장관은 중국과 같은 입장임을 밝히고, 특히 북한의 핵으로부터 올 수도 있는 어떤 가능한 위협보다도 미국의 THAAD 한국 배치 계획은 그것을 넘어서는 것이라고 강조하면서, 이 문제를 UN에서 국제적 논의에 부칠 것을 강조하였다.

그는 유럽에 배치한 미국의 미사일 방어체제를 언급하면서, 이러한 방어체제의 배치 계획에 대한 이유가 결여되어 있고, 이것은 세계적인 미-러 간의 전략적 안정성, 동등성을 붕괴시키는 위협이라고 하면서, 미국에게 정직하고 공개적인 논의를 할 것을 제의한다고 하고 있다.

그는 또한 중-러 간에 국제문제와 관련된 세계 정책에서의 협력을 요구하는 상황이 점증하고 있다는 것을 지적하고 양국 간의 협력은 국제문제를 해결하는 데서 균형 잡힌 접근을 보여주는 것임을 강조하였다. 그는 북한을 다시 협상테이블로 돌아오도록 희망을 하면서 3월 2일의 UN 결의안은 이런 접근을 촉구하는 중요한 역할을 하도록 해야 한다고 하면서, 누구도 북한을 질식시키도록 할 수도 없으며, 협상을 위한 문호를 개방할 것을 주장하였다.

이보다 일주일 전인 3월 4일, 중국의 국가인민회의 대변인인 Fu Ying은 중-러의 신뢰관계는 양국 역사상 최고의 관계에 있으며, 이것은 제3국으로부터 영향을 받지 않으며, 양국관계가 중국으로서 매우 중요하다는 것은 역사적 교훈과 경험으로부터 증명되는 것이라고 강조하였다. 그는 양국관계가 상호 간 압력이 아닌 대화를 통한 협력을 논의하는 데 집중되어 있다고 하면서, 국내외적으로 어려운 이 상황에서 중-러 협약은 매우 중요하며, 양국의 신뢰를 쌓아가는 데 힘씀으로써 양국이 더 큰 이익을 얻을 수 있음을 강조하였다.

3월 3일 중-러 양국은 런던에서 러시아의 Gazprom과 중국은행 간에 20억 Euro에 달하는 신용에 관한 합의가 체결되었으며, 실제로 양국은 러시아가 중국에 30년간 가스공급을 하는 400Billion$에 달하는 계약을 체결하였고, 2015년에는 러시아의 SU-35 전투기 24대(20억$ 상당), S-400 미사일 방어체제를 2016년 말까지 4개 대대를 인도하는 것(The Diplomat, Apr. 14, 2015, Catherine Putz의 기사)으로 되어 있어서 중-러 간의 군사 과학 기술 분야에서의 협력이 강화되고 있었다.

양국 간에는 Conference on Interaction and Confidence Building in Asia(CICA)를 통한 협력의 강화를 약속하면서 미-일에 대항하는 새로운 Asia-Pacific 안보의 기초를 마련하는 발전을 통해 포괄적 동반자 관계에 도달하는 과정에 이르렀고, 2015년 9월 2일 Putin은 중-러 관계가 역사적 단계를 맞이하였음을 선언하였다.

러시아의 이러한 입장은 군사적으로도 강력히 뒷받침되고 있는데, 러시아는 S-400 미사일 방어체제를 이미 캄차카 반도, Vladivostok, 그리고 Nakhodka에 집중 배치함으로써, 극동지역에서의 전략적 입장을 강화하였다.(쿠릴 열도에도 추가 배치할 것으로 발표)

THAAD의 한국 배치가 기정사실로 됨에 따라 중국이 곧 S-400 미사일 방어체제를 도입하게 되는 시점에서, 그리고 김정은의 러시아 방문이 논의되는 과정에서 나왔던 북한의 S-300 미사일 방어체제의 도입 요구 등은 그 당시 러시아가 거부하면서 지적했던 한반도에서의 균형적 상황을 다시 평가하게 되는 경우 북한에 대한 S-300의 배치가 가능할 수도 있다.

Toloraya는 현재 상황에서 러시아가 중국보다 더 그 입장을 강력히 제시하는 이유를 ① 미국의 THAAD 배치, ② 러시아가 북한 미사일 계획을 도왔다는 주장에 대해 러시아 당국은 이를 부인했으나, Toloraya는 동구라파 국가를 통한 기술 유출의 가능성을 지적하면서 러시아가 나진-하산 계획의 중단에 매우 실망한 사실을 지적하고 있다.

마지막으로 언급해야 할 것은 2015년 11월 11~12일에 평양을 방문한 러시아 군사대표단(Nikolay Bogdanovsky)과 북한군 대표단(오금철) 간에 합의된 것에 관한 분석이다. 이런 분석 중에 관심을 끄는 것은 비록 공식적 의제는 확인된 것은 없었으나, "전문가에 의하면"이라는 전제하에, Brinda Banerjee는 러시아와 북한 간에 Defence Agreement가, "위험한 군사적 활동을 방지하는 것"과 관련된 협정이, 조인되었다고 보고 있다.(Russia's Military Arrives in North Korea, Nov. 12, 2015) 한편 Leo Byrne은 이것을 군사협정으로 보고 있다.

맺으며

지금 미국에서는 제4차 핵 안보 정상회의가 개최되고 있다. 2012년에 한국에서 2차 회의가 열렸던 바도 있다. 올해를 마지막으로 끝나게 되는 이 회의는 핵 물질 및 핵 시설 방호, 핵 물질 불법거래 방지를 위한 정책적 원칙을 천명할 것으로 전망되는데, 핵심적인 것은 핵 물질 등이 테러 집단에게 유출되는 것을 막자는 데 있다. 러시아는 3차 회의(네델란드)부터 외무장관을 보내는 등 소극적이었고, 이번에는 참석을 거부했다. 그 이유는 이 회의를 정상급으로 할 필요가 없다는 것, 그리고 개최되는 나라별로 새로운 주제가 등장하는 것 등에 대한 불만, 그리고 이 문제는 UN이나 IAEA 등 국제기구에 맡기는 것이 더 적절할 것으로 보는 것 등이다. 그러나 러시아는 이 회의를 보이콧하는 것은 아니고, 핵 물질 등의 테러 집단에의 유출을 막는 데에는 동의를 하고 있다.

북한 핵을 어떻게 처리할 것인가? 최근의 한반도의 상황은 최악의 상태로 긴장되어 있고, 그 정세도 불투명하고, 불확실, 불안정하며, 그 전망도 어려울 정도다. 남-북한 양측이 비난을 위해 상대방에게 쓰고 있는 용어는, 또 양측의 군사적 활동의 수준은 이미 극한에 이르렀다고 보아도 과장이 아닐 것이다. 국민들은 무감각 상태에 젖어 있는 것으로 보인다. 이런 위기를 또 다른 기회로 보자고 하는 것은 너무 타성적인 사고방식인가?

이런 상황을 극복하는 가장 중요한 방법은 한반도 정세의 형성에 중요한 기본적 사실들을 다시 한 번 확인, 정리하는 일이다. 그리고 장기적인 전망에서 변화를 추구하려는 포괄적인 정책 전개가 요구되며, 역동적 안정성을 확보하는 정책을 탐구해내야 할 것이다. 예를 들어 북핵의 제거는 장기적으로 미국이 러시아 지역의 핵무기 제거를 위해 적용하는 Threat Reduction 등의 조치의 고려를 통한 사전 작업의 추진도 고려해볼 만하다.

03 미-북한의 핵 교섭

(1) 베를린 장벽의 붕괴 25주년의 의미

흔히 무엇을 기념하는 일은 대체로 50주년, 또는 100주년 등으로 행해지는 것이 일반인데, 최근에 우크라이나 사태를 두고 80이 넘은 고르바쵸프, 그리고 키씬저와 같은 정치인들이 미국-러시아 간에 새로운 냉전이 시작되고 있다는 언급이 있은 후, 베를린 장벽의 붕괴로 냉전이 종식되었다고 보는 입장에서 이것이 다시 화제로 되고 있는 것 같다.

1989년 11월 9일 저녁, 이 날은 베를린 장벽이 붕괴되기 시작하는 첫 날이다. 미국 언론 중에는 이것을 하나의 해프닝처럼 보도하려는 태도가 보이는데, 그것은 동독 공산당의 간부 Gunther Shabowski가 회의내용을 발표하는 가운데, 동독인들이 외국을 방문할 수 있는 증명서가 발급되며, 이것으로 자유롭게 서독을 비롯한 자유국가들을 방문할 수 있다고 하였고, 이에 대해 기자들이 언제부터 시작되는가 하고 물었을 때, 당황한 이 간부가 곧 실시될 것이라고 대답한 것이 발단이 되어 동독인들이 거리로 쏟아져 나왔기 때문이다.

A. 베를린 장벽 붕괴의 기념

11월 9일의 붕괴의 날을 앞두고 왜, 어떻게 베를린 벽이 붕괴되었는가를 주제로 한 여러 글들이 쏟아져 나왔는데, 그 중에 두 여교수가 쓴 글들은 통일을 갈망하는 우리의 관심을 촉구하고 있다. 이외에도 통신사 기자들의 글, 주로 유럽에 근거를 두었던 기자들의 글들이 베를린의 장벽의 붕괴를 기념하기 위한 내용들을 담고 있다.

1989년의 장벽의 붕괴와 동-서독의 통합은 거의 일 년의 시차를 두고 있다. 동-서독의 완전 통합이 법적 효과와 더불어 실제 완성된 것은 1990년 10월 3일 자정을 기해서였다. 먼저 동독 의회는 1989년 8월 23일, 동독의 5개 주를 서독에 승계하는 결의안을 통과시켰고(이것은 서독의 기본법 23에 의거한 것임), 8월 31일에는 동-서독 간에 통일조약이 조인되었다. 이 조약은 다시 동-서독 의회에서 각각 9월 20일에 통과되어 이에 따른 내부적 조치를 거쳐 통일조약의 규정에 따라 10월 3일부터 발효되게 되었다.

1년간의 시차는 있었지만 베를린 장벽의 붕괴와 독일의 통합은 Barbara Elliott 교수에 따르면, 멀게는 1953년의 동독에서의 봉기부터, 1956년의 헝가리 사태, 1968년의 체코슬로바키아 사태들을 통해 동유럽인들은 소련의 지배를 받아들이려고 하지 않았다는 역사적 사실에서 예견되어 있었다.

장벽의 붕괴 25주년을 기념하는 축제는 11월 7일부터 3일간 계속되었는데, 베를린 오케스트라의 "환희" 연주를 포함하여 영국의 연극공연, 그리고 장벽이 있었던 15km를 따라 빛이 나는 8,000개의 헬리움 풍선을 3.5m의 높이로 달아놓고, 평화와 비폭력적인 혁명을 상징하는 의미로 하나씩 줄을 끊어 풍선을 날리는 연출을 했다.

독일 수상 메르켈은 그 자리에 장미를 가져다 놓으면서 이 장벽의 붕괴는 세상 사람들에게 "꿈은 실현될 수 있다."는 것을 보여주었다고 말했다. 그 첫 풍선을 끊어 하늘로 날리면서 Klaus Wowereit 베를린 시장은 "25년 전, 우리는 세상에서 가장 행복한 사람이었으며, 베를린 장벽을 무너뜨린 전율을 맛보았다."고 말했다. 그는 또 "자유의 길을 누구도 막을 수 없다."고 말했다.

1961년, 동독이 자유를 위해 탈출하는 동독인을 묶어두기 위해 160km를 흰 콘크리트 벽으로 쌓아 서베를린을 포위했던 이 장벽은 28년 만에 사라져야 했다.

B. 왜 붕괴했나?

B. Elliot 교수의 경력은 70~80년대, 유럽에 근거를 둔 기자생활에서부터 출발하여, 휴스턴을 중심으로 한 사회활동을 거쳐, 대학의 강단에서 기독교의 신앙에 바탕을 둔 도덕적 교화를 통한 새로운 사회의 건설을 추구하는 정력적인 활동에 이르고 있다.

그는 왜 1989년의 평화적 혁명을 통해 소비에트 공산주의가 붕괴하였가라는 질문 아래 그 당시 보도된 붕괴의 이유를 8가지로 제시하고 있는데, 여기에서는 ① 소련 자체의 경제체제가 붕괴되었다는 점, ② 미국과 NATO의 군사적 구축이 소련을 파산시키는 데 효과를 가져왔다는 점, ③ 소비에트 제국의 확장이 결국은 그 효과적 통치를 불가능하게 했고, 결과적으로 역기능적이었다는 점, ④ 통제경제에 대한 자유 시장경제의 승리, 동구인들은 시장경제를 원했다는 점 등으로 요약할 수 있겠다.

Elliott 교수는 여기에 요한 바오로 Ⅱ세, 레이건 대통령, 고르바쵸프 등 역사적 인물들의 기여를 추가했다. 특히 그는 이 평화적 혁명의 주역인 동유럽인들을 인터뷰하면서 그들이 단순히 소비에트의 정치, 경제에의 저항만이 아닌 도덕적, 정신적 차원에서의 종교적 동기가 중심적 원인이었다고 기술하고 있다.

그는 1979년 여름, 교황 요한 바오로 Ⅱ세의 Poland 고향 방문이 이들에게 결정적 영향을 주었는데, 그는 이 방문을 통해 "두려워하지 말라."라는 격려로 이들의 용기를 강화시켰고, 이것은 그 이웃인 체코, 헝가리 등에도 파급효과를 주었다고 하고 있다. 이들 동유럽인들에게 소비에트 지배 이전의 전통적 가치, 문화를 일깨워주면서 건전한 문화는 신념에 뿌리를 둔 인간 영혼의 열매임을 강조하면서 이들을 이끌었다. 이때부터 저항운동은 지하화되어 각 개인을 통해 이 문화가 파급되었다는 것이 Elliott 교수의 주장이다.

Solidarnocz라는 깨어난 양심은 동유럽 전체에 위협과 탄압에 맞서게 하였다는 것이다. Elliott 교수는 1989년 10월의 독일 Leipzig에서의 기도를 앞세운 용감한 사람들의 시위에 동독 군인들은 발포를 명령받았으나 70,000명의 사람들(이들 전부가 다 기독교인은 아니었다.)이 예배를 시작하면서 이들은 그 군인들을 지나 Stasi(비밀경찰)의 도발에도 비폭력 시위를 이어갔다고 기술하고 있다.

C. 어떻게 냉전은 끝났나?

USC의 Mary Sarotte 교수는 2009년에 "1989" 제하의 저서를 냈고, 올해에는 "The Collapse: The Accidental Opening of the Berlin Wall"을 출간했다. 25주년을 기념하는 행사의 일환으로 Sarotte 교수는 Council of Foreign Relations의 후원으로 자기 저서에 도움을 준 R. Blackwill 전 대사, Churkin 주유엔 러시아 대사, Elbe 대사(Genscher 측근)들을 초청, 상기 제목의 좌담회 형식으로 진행하였다.

미국, 소련, 독일의 입장을 회고하는 이들의 발언을 통해 관심을 끄는 내용들을 보면, 베를린 장벽 붕괴 6개월 전만 해도 누구도 이것을 예측하지 못했었다는 것, 또 Kissinger는 독일의 동방정책과 그 지도자들을 의심하고 있었다는 것 등이다.

먼저 Blackwill 대사는 미국 측 대통령 Bush, 국무장관 Baker 등은 독일의 사태를 1989년 봄부터 시작된 하나의 Process로 보고 있었고, 미국은 이 사태를 "추인하고 이용하려는" 입장에 있었다고 하고 있다. 다만 이 Berlin 장벽의 붕괴는 Gorbachev의 결정과 관련된 것으로 보고 있었다.

한편 당시 소련 외무장관 Shevardnadze의 측근이었던 Churkin은 동독을 포함하여 소련은 혼수상태에 있었고, 특히 소련은 근본적인 변화를 필요로 하고 있었으나, 미국에 그 원인이 있는 잘못된 국제관계로 소련의 미국에 대한 기대에도 불구하고 그 변화를 가져올 수 없는 상태에 있었다고 지적하고 있다. Gorbachev는 1987년 "New Thinking for the Country and for the World" 저서를 내면서 미-소는 서로를 적으로 볼 필요가 없다는 것을 강조하고 따라서 냉전은 끝낼 수 있다고 보았었다.

반면 서부 독일은 당시 Genscher 수상에 의해 NATO와 Warsaw와의 접촉을 통해 군사적 안정을 취해야 했고, 미국(Blackwill이 인정했듯이)은 Gorbachev가 중대한 역할을 했다고 보고 있었고, Berlin 사태를 관망하면서 독일과의 긴밀한 접촉(특히 Bush-Kohl)을 유지하고 있었다. Bush와 Baker, 그리고 Kohl과 Genscher, Gorvachev와 Shevardnadge, 그리고 이들 상호 간에는 깊은 신뢰관계가 존재하고 있었다는 사실이 지적되고 있었다.

사실상 전 동독 수상 Honecker가 소련의 압력으로 물러난 후 후임 수상이 임명되었으나 내정을 장악, 통제할 상태가 못 된 상태에서, 종전의 예로 보면 소련의 군사적 개입이 예견되는 상황이었으나 Gorbachev는 이 두 가지 대안 "힘을 사용하느냐? 아니면 그대로 내버려두느냐?" 중에서 후자를 택할 수밖에 없었다는 것이 Churkin의 견해였다. 그로서는 유럽에서, 그리고 미국과의 관계에서 새로운 "modus vivendi"를 선택하고자 했다는 것이다.

D. 장벽 붕괴에서 독일 통일까지의 300일

1990년 3월부터 2(동-서독)+4(미, 영, 불, 소) 회담이 열리고 있었으나 미국은 Gorbachev 측으로부터의 정책 선언을 듣고자 했고, 그러나 그는 미국으로부터 경제적 지원을 얻어내려는 것 외에 뚜렷한 전략이 없었다는 것이(적어도 1989년 봄부터 1990년 9월까지) 미국 측의 판단이었다.

1989년 12월 12일 Baker 국무장관으로부터 통일된 독일이 NATO에 가입하는 조건에서 통일을 받아들인다는 선언이 나왔고, 이에 따라 소련 내부의 정치적 흐름에 영향을 받을 염려가 있었던(실각의 위험) Gorbachev는 1990년 2월 7일 Kohl과 만난 자리에서 동의를 하였다. 그 후의 일은 2+4 조약에서 동의를 얻는 절차를 거치고 양 독일 내의 법적인 절차를 거치는 일만 남게 되었다. 독일의 통일로 냉전은 사실상 종결되었다는 것이 이들 참석자들의 결론이다.

베를린 장벽이 허물어지던 날 New York Times는 "독일 청년들이 그 증오하던 Berlin 장벽 위에서 춤을 추고 있다. 그들은 즐거움을 위해, 역사를 위해 추고 있다. 그들은 75년 전 유럽을 뒤흔들어 놓았던(1차 대전을 의미) 재난의 비극적 순환이 이제 드디어 끝나가고 있기 때문에 추었다."고 표현하였다. 그러면서 "우리는 비록 혼란, 갈등, 그리고 고통이 결코 정말로 끝날 수 없다는 것을 알면서도 지금도 즐길 수 있다."고 하였다.(1989. Nov. 11)

지금의 베를린은 25년 전에 기대되던 아이덴티티를 완전히 실현시킨 것 같지는 않다는 평이지만 어떤 사람에 의하면, "베를린은 지금도 진행 중이며, 때로는 현실이 그 궤도를 튀어나와 혼돈으로 가거나, 아니면 새로운 기쁨을 제시하기도 한다. 모든 것은 우리가 예언하지 않은 방법으로 변한다는 것, 이것이 우리가 베를린 장벽으로부터 배운 것이 아닌가?"(NYT, Nov. 17)

E. 他山之石을 우리는 매우 소중히 한다.

베를린 장벽의 붕괴는 메르켈 수상의 말대로 꿈은 실현된다는 말을 그대로 받아들이면 될 것 같다. 그 Process를 우리가 그대로 반복하는 것은 마치 Wall이 아닌 긴 DMZ를 Wall처럼 허물려고 하는 것과 같다. 한반도의 독특한 성격은 무엇인가? 그 통일의 접점은 무엇인가? 우리가 지금 추구하고 있는 통일을, 그리고 그 정책을 좀 더 넓고 원대한 시각에서 재조명해볼 필요가 있다.

Elliott 교수는 소련에서 samizdat(일종의 쪽지 소식지) 같은 것을 이용하여, 성경을 보급하거나 새로운 소식들을 전해주는 활동이 그 붕괴에 중대한 영향을 준 것을 강조하고 있는데, 이것은 'Utopie au Pouvoir'를 쓴 Heller 교수도 강조하는 부분이다.

최근에 북한의 대학생들, 특히 집안이 좋은 학생들 간에서 이른바 Subversive books들이 돌고 있다는 뉴스가 Daily NK를 통해 전해지고 있다.(2014. 11. 17. Daily NK) 일본에서부터 흘러 들어온 것으로 추정되는 이 책자들은 그러나 ambivalent한 측면이 있을 수 있어 신중한 검토가 필요한 부분이다.

(2) 북한의 붕괴: 허상과 실상

외국학자들과의 한반도 주변 정세에 대한 간담에서 흔히 겪는 일이지만, 현실주의적인 입장에서 정세를 보려는 이들은 통일문제와 연결된 맥락에서 정세를 정리하려는 한국 학자들에게 그 지루한 의견 교환을 끝내기 위해서 준비된 질문을 던진다. "통일은 가능하다고 보는가?" 이 질문에 답을 하기도 전에 이들은 "그렇다면 언제쯤 가능하다고 보는가?"로 재촉한다.

통일에 관한 견해와 관련하여, 실제 통일이 시도되는 경우 여기에 필요한 이른바 '통일비용'의 문제 제기도 사실상 통일의 불가능을 예견하는 견해로 간주되는 때도 있었다. 예를 들어 1997년에 나온 Marcus Noland의 한국 통일의 비용문제는 97년 당시로서는 높은 북한으로부터의 이주율 등 한국이 감당할 수 없는 문제로 여겨졌다.

최근에 Kristine Kim이 쓴 논문에서 통일은, 통일원 자료를 이용하여 제시한 것을 보면, 2012년 GDP(1,15Trillion$)의 7%인 80,62Billion$의 통일비용을 감안하면 대체적으로 2020년에 통일이 가능한 것으로 제시되고 있다. 이러한 과학적인 경제적 수치를 이용한 분석은 그러나 통일에의 국민적 의지와 연관된 맥락에서 볼 때 달라질 수 있다.

위의 Noland가 분석한 것에서도 누차 지적되는 것이지만 이른바 '독일의 교훈'이 한국 통일문제에 주는 압력이다. 물론 한국의 경우에는 달라질 수 있다는 것을 지적하는 학자도 있지만, 한반도에의 무차별적인 유추나 적용은 주의할 필요가 있다. 또 독일의 경우에 겪었던 어려움을 피할 수 있는 방법을 강구하는 문제도 중요하며, 이러한 의미에서 독일의 경우는 우리에게 많은 도움을 주고 있다.

A. 냉전 종식의 경제적 환경

1989~1990년의 동부 유럽 국가들의 체제적 변화를 설명하는 데서 강조되는 것은 정치적 요인을 중심으로 한 냉전의 종식에 있었다. 그러나 그 요인들을 경제적 환경으로 확대해서 고려해볼 필요가 있다. 예를 들어서 1990년 당시의 독일을 포함한 동부 유럽 국가들의 경제적 상황을 보면, 동독의 1인당 GDP는 9,679$로 이것은 당시의 소련(6,871$)보다도 높은 수준이었다. 당시에 체코는 3,100$, 헝가리 2,800$, 불가리아 2,200$, 폴란드 1,700$ 등이고, 냉전 종식에서 거의 폭력적인 정변을 겪은 루마니아는 1,600$로 제일 낮은 수준에 있었다.

이것은 이 나라들에서 기본적인 먹는 문제는 해결되고 있었다는 것을 말하며, 이것을 넘어선 자유의 주장은 이것을 바탕으로 제기되었다는 것이다. 당시 상황에서 비교적 체제 변화가 쉽게, 또는 순조롭게 일어날 수 있었던 배경에는 이러한 경제적 상황이(에스토니아 10,733$, 라트비아 9,841$, 리투아니아 8,571$) 영향을 주었던 것으로 보인다.

가장 혼란이 심했던 루마니아에서 볼 수 있었던 내분에 의한 권력쟁투 등이 체제변화 과정에서 노정될 수 있다는 것은 쉽게 예견될 수 있는 것이지만, 그 경제적 환경이 달랐고, 또 기독교의 공통적 배경을 지닌 이들 국가의 경우 예외적인 것이 되었다.

B. 북한의 상황과 딜레마

올 12월 17일 통계청이 발표한 자료에 의하면, 북한의 1인당 GNI(2013년 기준)는 138만원으로 조사되었는데, 이것은 통계청의 계산에 의하면 1,252$에 해당한다. 이 수치는 한국의 1인당 GDI 2,870만원에 비교하면 1/20도 안 되는 것이며, 냉전 종식 당시의 동유럽 국가들에 비하면 큰 차이가 있는 것을 알 수 있다.

동-서독 통합 당시(1990년)의 GDP의 차이는 동독과 서독이 9,679$ 대 15,300$로 서독이 동독의 2배가 조금 못 된다. 따라서 20배가 넘는 현재의 남-북한 간의 경제적 격차는 통일 이후 잠시 경제적 어려움을 겪었던 독일의 경우보다는 훨씬 유리한 입장에 있다고 할 수 있다.

그러나 먹는 문제의 해결을 통해 그것을 넘어서는 자유의 주장의 단계로 나가기 위해서는 동유럽의 경우를 감안하면, 적어도 북한의 1인당 소득이 1,500~2,000$ 이상의 수준에 이르러야 가능하다고 할 수 있겠다. 부분적으로 북한의 배급체계가 붕괴되고, 텃밭에 대한 조치가 허용되고 있으나 지금의 수준으로는 아직까지 배급제도가 주요한 역할을 하고 있다고 보아야 할 것이다.

북한은 얼마 전부터 군사-경제 병진정책을 강조하고 있다. 지금 현재의 북한의 경제는 위에서 제시한 수치에서 보듯이 오랜 기간 동안의 경제계획에도 불구하고 그 원인이 자연재해 등에도 원인이 있겠지만 북한이 1970년대의 수준에 머무르고 있는 것을 알 수 있다.

어떻게 보면 북한은 간신히 먹고 사는 문제를 해결하는 수준에 머무르게 함으로써 더 이상의 요구(예를 들면 자유, 인권 문제)를 할 수 없게 하고자 했는지도 모른다. 이제 경제문제의 해결을 시도하는 것은 또 다른 요구의 제시를 가능하게 하는 상태로의 변화를 가져오게 할 것이다.

C. 북한에 대한 정치, 사회적 분석

이것보다 중요한 것은 정치, 사회적인 북한의 분석이다. 소련 말기에 소련의 분석에서 많이 쓰이던 용어 가운데 하나가 Nomenklatura인데 이들은 소련에서 당을 장악하고 지배적인 위치에 있던 새로운 지배계급을 지칭한 것이다. 소련의 경우 소련 공산당원 1,700만 중에서 여기에 해당되는 숫자는 750,000명으로 이들이 지도적 권력을 행사하고 있었고, 결국 평등을 지향한다는 공산사회에서 새로운 지배계급으로 등장한 이들은 전체 국민들과의 의견 차이를 노정시키면서 사회적 괴리현상을 초래한 것으로 지적되고 있다.

Pipes가 지적한 대로 어느 관료적 지배국가도 안정된 것은 없고, 배신과 파산, 아니면 겉으로는 강하고 안정된 것처럼 보이나 내부적으로는 심각한 신경증적 불안과 불안정한 상태를 보이고 있다는 것이다. 특히 이들 중 지배적 위치에 있는 당 Apparatchik(관료)들은 세계 혁명을 내세우면서 자기들의 국가적 목적을 촉진하는 것만이 대의라고 보고, 또 도덕적 의무라고 생각하고 있다는 것이다. 이들의 최우선 강조점은 긴장 완화를 반대하고 정치적 안보를 강조하면서 정부의 정당성에 대한 시민의 신뢰를 훼손시키지 않도록 하는 데 있다는 것이다.

얼마 전에 있었던 장성택과 그 일파에 대한 숙청은 단순한 권력싸움이라기보다는 장성택을 중심으로 한 현실주의적 세력, 곧 새로운 세력으로 부상하게 될 집단에 대한 대대적인 제거와 관련된 것으로 보아야 할 것이다. 그러나 김정은의 안정적 집권이 진행되면 이 세력들은 다시 소생할 수밖에 없다.

이와 관련해서 언급해야 할 것은 이른바 Mirror Image이다. 이것도 역시 소련에 대해 미국인들이 보였던 하나의 경향에 대한 지적에서 나온 것인데, 예를 들어 미국인 지식인들 가운데 '소련인들도 우리와 같이 생각하고 행동할 것이다.'라는 인식을 두고 말하는 것이다.

당시 소련의 프로파간다는 미국인들이 지닌 Mirror Image를 진흥시키면서, 자기에게 유리한 환경을 조성하며, 소련의 궁극적 목표에 대한 미국 정책 결정자들의 인식을 혼란스럽게 하는 2중적 방법을 쓰고 있었다. 이로 인한 정책 실패는 소련의 목표나 동기에 대한 파악이 안 된 상태에서 혼란이 지속되어 결국은 공산국가들에 대한 체계적 이해가 결여되었고, 이러한 실상에 대한 혼란으로 소련에 대한 효과적이고 일관된 정책이 강구되지 못하고 선제적인 정책 조치를 취할 수가 없게 되었다는 것이 Pipes의 지적이다.

최근에 북한의 권력서열에서 3위에 있던 최용해의 2인자로의 부상을 놓고 일부에서 이것이 마치 김정은의 부인과 최용해의 부인 간의 친밀한 관계에서 일어난 가능성을 중시하려는 견해가 나돌고 있으나 이것은 권력의 핵심문제를 놓친 견해일 뿐이다. 오히려 가능한 추리를 하자면, 황병서를 보좌하고 인천에 왔던 최용해는 남측으로부터 국회의원으로 있는 임수경의 인사를 받는, 과거의 관계에 대한 보상을 받았던 것이 더 주효했을 것으로 보인다.

한국 내에 자기들에 친근한 세력을 확보하고 있다는 사실은 그들로서는 어떤 것보다도 더 중요한 의미로 해석되어질 수 있는 것이다.

D. 북한의 실상 파악에 도움을 주는 이해

이미 70~80년대부터 북한은 Autarchy의 대표적 국가로 경제학자 Amin에 의해 지적되어 왔다. 이른바 자급자족 경제체제를 갖추어야 할 이유는 국제사회로부터 고립된 60년대부터 시작되었다고 해야 할 것이다. 세계적으로 냉전이 종식되었다고 할 수 있는 1990년에 마지막 이웃인 중국마저 체제 개방을 추구하는 변화를 하였지만 북한은 계속 고립적, 폐쇄적 경제체제를 유지하여 왔다. 핵무기 보유를 위한 20여 년간의 국제체제와의 대립 갈등을 겪으면서 그 고립, 제재는 계속되었고, 그 이웃 국가들로부터 부채를 탕감받는 상태에 놓이게 되었다.

고립된 상태에서 그 삶의 전부를 안보를 위해 사로잡히게 된 북한의 주민들은 만성적 식량부족과 경제적 빈곤을 겪어야 했다. 겉으로는 핵전쟁에서의 승리를 외치지만 내부적으로는 치명적인 약점을 안고 있는 것이 북한의 실정이다.

최근에 북한은 한국의 통일정책에 대해 '흡수통일'을 추구하는 것이라고 비난을 하였고, 어제 신년사에서는 '제도통일'에 대한 반대를 표명했다. 어제부터는 북한에서 중국, 러시아의 영화 상영을 금지시켰다는 보도가 있었다. 소련의 말기에 보였던 증상들, Pipes에 의하면, 미국의 정책에 대한 신경증적 반응, 국가의 전망에 대한 절망적 표출, 경제적 파탄, 그리고 마지막으로 배신 등이 서서히 노정되고 있다.

한국은 북한이 당면하고 있는 딜레마에 대한 처방을 내려야 할 것으로 보인다. 북한 주민의 생활을 개선하는 일은, 또는 경제적 발전을 위한 투자는 결과적으로 그 열매로 북한 주민들의 자아 발견으로 이끌어질 것이고, 그것이 아무리 지역적으로 그 발전의 효과를 차단한다고 하는 방법(예를 들어 경제특구 등)이라고 하더라도 그 파급을 멈출 수는 없을 것이다.

독일의 경험을 빌리면, 대화와 교류를 더욱 적극적, 긍정적으로 이용을 하는 것이 무엇보다도 중요하다고 할 수 있다. 무분별한 북한 주민의 유입을 차단하는 방법으로 그들 자체로 자생력을 키우도록 도움을 주는 것도 좋은 방법이 될 수도 있다. 북한 주민들에 대한 계몽적 '자유' 광고도 중요하지만, 당 Apprachik에 대하여 '개방적 사고', '변화의 태도'만이 그들을 자유롭게 할 것이라고 설득하는 것도 못지않게 중요하다.

특히 북한 주민에 대한 접근에서 지배계급에 대한 저항을 촉구하는 방법에서 그 "깨어난 양심"의 구심점을 어디에 둘 것인지를 잘 모색해

볼 필요가 있다. 그것은 동유럽처럼 종교적인 것에 기반을 둘 수 없는 만큼, 민족주의 또는 전통적 윤리의식 등에 의존하는 것도 생각해볼 만하다.

  아무리 많은 제한과 조건이 제시되더라도 이제 시간은 우리 편이라는 자세가 필요하며, 북한 전역을 공단이나 특구로 뒤덮는다는 각오로 정책을 역동적으로 집행하면 통일의 과정은 단축될 수 있을 것이다.

④
2017년, 희망과 불안

 희망은 새로운 출발을 앞두고 있는 인간은 누구든 소망적인 바람을 나타내는 데에서 가장 많이 이용되고 있는 용어인데 어떤 철학자들은 이것을 하나의 힘의 원천으로 보고 있는가 하면, 다른 사람들은 이것을 인간의 나약함을 보여주는 것으로 파악하기도 한다.
 인간이 내세우는 미래의 세상을 악한 것으로 표현하는 사람은 없을 것이다. 희망을 내세우면서 선한 세상을 그리는 것은, 비록 실제 인간의 삶이 고통을 내포하고 있는 것일지라도, 그가 살고 있는 세상과 그가 그리고 있는 선한 세상이 분열되어 있고, 그 분열 속에서 고통을 느낄 줄 알고, 그것을 해결하려는 지혜를 동경하며, 지혜에 가까워지려는 노력 속에서 나타나는 자연적인 현상이다.

A. 內憂外患의 시대 (1)

 최근의 매스콤들은 올해를 내우외환의 해로 묘사하고 있다. 內憂는 올해 곧 닥쳐올 대통령 선거, 경제적 어려움, 그리고 이것을 해결하기 위한 정당별 대안들의 경쟁적 상황, 그리고 이것과 필연적으로 결부되어 나타날 국제적 경쟁관계의 거센 파도로 요동을 겪을 대외관계

등이 外患에 해당되는 것들이다. 이미 10여 명의 대선 출마(또는 예상)자들이 언급되고 있고, 부분적으로는 개헌이 거론되고 있다. 이들 후보자 중 두 사람을 제외하고는 대부분 50대에 속해 있다.

최근에 어느 매체가 이들 후보자들을 인터뷰한 것을 소개한 것을 보았는데, 이들이 거의 전부가 어느 한 유명인의 경구를 들어가면서 자기를 홍보하는 방식을 취하고 있었다. 이들에게 조언을 하자면, 어느 한 유명인만의 시각을 통해 보려는 것도 그나마 타인의 견해를 고려하지 않으려는 것보다는 나은 것이지만, 그보다는 조금 더 많은 사람들의 식견을 폭넓게 참고로 하고, 그것을 그 자신의 것으로 종합하려는 시도를 해보라는 것이다.

어느 학자의 말에 의하면, 오늘날의 매스컴은 광고, 홍보 등의 매체가 자리를 잡고 있으면서, 다시 말하자면 현대적인 설득의 기술들이 자리를 차지하고, 思考, 곧 생각하는 작용이 그 설 자리를 잃고 있다는 지적이다. 자잘구레한 현대생활의 편리성만을 나열하는 것만을 위주로 한 기술은 이 사회가 경쟁, 권력 숭앙, 소유 과시, 성공의 향유 등을 강조할 뿐이라는 것이다.

이러한 목적 아닌 목적들을 추구함으로써 나타나는 퇴폐적이고 도착적인 현상들은 결국 개인의 타락, 부패를 낳고, 이것이 사회를 지배하고 나라의 운명을 장악하게 되는 것이다. 이러한 사회, 개인을 정치인들은 자기의 출세를 위한(민주주의라는 방식을 이용하면서) 국민의 동의를 얻어내기 위해, 또는 승리를 얻어내기 위해, 이른바 국민을 동원하는 것이다.

1970년대 초에 탄핵의 문제로 고민하고 있던 Nixon 대통령이 Kirk 교수에게 미국에게 희망이 있느냐고 물었다고 한다. Kirk는 그것은 신념의 문제에 달려 있다고 대답했다고 한다. Kirk는 현실적 불만에 빠져서 절망하고 있는 미국인들에게 사회적 상황의 심각성을 인식, 인정하도록 하고 혼란의 바다에 맞서서 무기를 잡고 희망을 가지고 역동적인 시민성을 회복시키면 또 다른 도약의 시대로 들어가게 될 것이라고 그를 설득하였다. 그는 미국 시민들이 보유하고 있는 시민정신, 그 정연함(Orderliness)에 의해 결정하도록 하는 것이 중요하며, 그들은 미국 문화의 갱생을 통해 진실한 것, 선한 것에 가까이 가려는 노력으로 그 절망, 불만을 극복할 것이라고 하였다.

이 소란스러운 현실 속에서 상실 대신에 희망을 가진다는 것은 깊이 있고, 사려 깊은 신념을 전제로 하고 있으며, 국민들에게 그들의 大義에 호소하는 설득을 통해 인격적 품위와 폭넓음을 발휘하도록 하는 것에서 희망을 가지도록 하는 것이 중요하다.

B. 內憂外患의 시대 (2)

Kirk는 대외관계에서 중요한 것은 신중함(Prudence)과 자기억제(self-restaint)라고 지적한 바 있다. 현재 한반도를 둘러싼 국제관계의 심각한 문제는 먼저 북핵의 문제가 부과하는 이 지역에서의 갈등 악화의 가능성, 그리고 한-미 관계의 동맹적 관계의 심화에 대한 중-러-북한의 도전이다. 이 두 문제가 현실적으로는 한국에 THAAD를 배치하는 문제를 둘러싼 갈등에서 겹치게 되는데, 이 문제에 대한 주변국들의 태도는 기본적으로는 각국의 국가 이익이라는 차원에서 비롯되기는 하나 더 중요한 것은 이 지역에서의 국제적 상황, 무엇보다도 군사적, 전략적 고려가 더 비중을 차지하고 있다고 보아야 할 것이다.

최근에 미국의 Carnegie Center의 Alexander Gabuev는 동북아 정세에 관한 러시아의 입장을 분석한 글에서 흥미 있는 주장을 하고 있다. 그는 세계 전략적 입장에서 보면, 미국의 THAAD 배치문제는 러시아의 관심 대상이라는 점을 지적하고 있고, 이것은 최근 유럽 국가와의 관계 악화가 증명하고 있다.(Carnegie Moscow Center, Russia-China Relations After the Ukraina Crisis 2016. 6. 29.)

그러나 THAAD의 한국 배치문제는 현재 중국이 한국에 문제를 제기하는 것으로 되어 있고, 이것은 현재로서는 Putin의 Pivot to Asia에도 불구하고, 이 지역에서의 중국의 군사적, 전력적 태도에 아직도 확실한 입장을 러시아가 취하지 않고 있으며, 그가 보기에는 러시아가 중국의 센가쿠섬에 대한 입장에 연루되지 않으려는 태도, 중국의 러시아 첨단무기 구입, 모방에 대한 제한적 태도 등에서 Putin이 소극적인 입장을 취하고 있다고 지적하고 있는 것을 볼 수 있다.

러-중의 관계는 지난 Ukraina 사태 이후 러시아에 대한 제재정책으로 러시아는 중국과의 관계에서 그 돌파구를 찾으려고 하는 과정에서 많은 진전을 보이고는 있으나, 투자문제에서의 장애 등으로 진척이 잘 안 되고 있으며, 2015년에는 러-중의 무역관계가 악화되어 2014년보다 25%가 축소되었고, 오히려 중국의 수출이 35% 감소되어 중국이 적자를 기록하게 되었다.

2016년 12월까지 러시아가 중국에 제공하도록 되어 있었던 S-400 미사일 방어 시스템은 Anatolana Isaykin에 따르면 2018년에야 그 일부를 공급하도록 지체되게 되었다. 러시아의 이런 결정에는 중국과 인도와의 군사 전략적 균형관계, 그리고 대만문제와의 관계가 고려된 것으로 알려졌다. Gabuev의 설명에 따르면, 러시아는 이미 이보다는 더 진전된 S-500 System을 개발하고 있는 상태이기 때문에 중국이 이를 자체 모방 개발에 이용하는 것에 문제가 없을 것으로 보고 있다. 따라서 이는 러-중의 관계에서 동북아에서의 전략적 입장의 이해에 문제가 있다는 것으로 보고 있다. 중국은 S-400을 도입하는 경우 인도와의 관계를 고려해 산동반도에 배치할 것으로 보이는데 이것은 항공 통제를 통해 대만문제에 영향을 줄 수 있는 문제로 그는 지적하고 있다.

중국이 S-400을 제공받도록 되어 있었던 2016년 12월이 지나면서 한국에 대한 THAAD 배치를 빌미로 한 보복 조치를 2017년 초부터 강화하기 시작한 것은 결코 우연한 시기 일치의 것으로 보기는 힘들다.(동숭 칼럼 No. 378, 중국의 고민, 2016. 8. 8. 참조)

또 다른 러시아 전문가인 Anthony Rinna는 최근에 러시아가 이 지역에서의 미국의 군사적 움직임으로 한반도에서의 갈등이 폭발될 가능성을 두려워하고 있다고 분석하고 있다. 북한이 정권 수립일 등에 중국보다는 러시아의 축전을 먼저 소개하는 것을 주목해보는 것도 의미가 있을 것이다.

정세의 불확실성, 불안정성은 정책의 결정에 어려움을 줄 수는 있으나 절망을 할 필요는 없다. 기본적인 사실관계를 확인하고 이에 충실하는 정책을 모색하는 것이 최선의 방법이다. 이것은 우리 자신에게도 중요하지만 상대방에게도 우리의 확고한 입장과 단호한 태도를 강하게 인식시키는 것에서 더 커다란 결과를 얻을 수 있는 방안이기도 하다.

C. 미국의 보수주의, 공화당 그리고 Trump

희망이란 믿지 않는다면 존재하지도 않는 것이지만 희망을 믿으면 항상 희망이 있다는 사실을 기억할 필요가 있다. 결국 이러한 자세는 누가 더 사고를 깊이 하며, 그 가운데 상상력을 동원할 수 있느냐의 문제로 귀결된다. 정책의 창조적인 면은 여기에서 증명되는 것이다.(김영식)

최근 보도되고 있는 미국 대통령 선거전을 보면 선거 하루 전날까지도 공화당의 패배가 거의 확실한 것으로 미국 언론들은 평가하고 있다.(NYT는 11월 8일, 85 대 15로 Clinton의 우세를 예측했다.) Trump 공화당 후보는 이민정책의 문제에서 뿐만 아니라, 미국의 동맹국들과의 관계에서도 방위비 문제를 언급하면서 정책적 신뢰도를 상실한 것으로 보았고, 인종차별, 여성비하 및 성희롱 문제에서도 수세에 몰려 있었다. 일부 정치인들은 그의 자질을 문제 삼기도 하고, 심지어 대통령 후보를 교체할 것을 요구하는 경우도 있었다.

미국의 Pew Research사의 여론조사에서는 민주제도에 대한 존중을 기준으로 내세워 이 두 후보를 비교하고 있는데, Hillery는 이에 대한 높은 존중을 보이는 것으로 평가된 반면, Trump는 이에 대한 최소한의 존중도 보이지 않는 것으로 평가되고 있었다.

공화당의 패색이 짙게 나타나는 것과 더불어 그 집권이 10년 후로 미루어지는 상황이 예상됨에 따라 공화당으로서도 집권을 위한 Trump 이후의 공화당을 재구축하기 위한 노력이 강조되고 있었고, 그 중에서 상하원을 장악하고 있는 공화당의 사회적 지배력을 확대시키는 방법을 모색하고 있는 것으로 보였다.

(1) Trump의 勝氣

보수적 Think-Tank 등을 통해 다시 미국 시민의 마음을 사로잡는 방법은, 개별 시민의 특정적 가치를 전체 미국 시민의 보편적 가치로 연결시키는 것으로 Imagination을 이용하고 있는데(이들은 통찰력이라는 지혜는 imagination을 사용하는 데서 얻어진다고 하고 있다.) 이것은 미국 보수주의의 대부인 Russell Kirk에 의하면, 인간이 전체를 부분과 관련하여 파악하고 그 차이를 줄이는 것이다. Kirk는 1953년에 쓴 The

Conservative Mind에서 Conservative의 identity를 회복하는 것의 중요성을 강조하고 있는데, 2차 대전 후 50여 년이 지난 시기에 보수주의가 정책 실패로 선거에서 패퇴가 연속하는 것을 극복하고자 하면서 보수주의의 원칙을 재검토, 확인할 필요를 강조했다.

2012년 대통령 선거에서 공화당이 패배한 후 James Kurth는 미국의 보수주의가 그 초창기의 전통적인 것에서 1930년대의 경제 불경기로 쇠퇴를 하였다가 Reagan 시기에 다시 부활했으나 2007년부터 계속된 경제불황으로 다시 쇠퇴하였다고 지적하면서, 미국의 보수주의, 그리고 공화당의 재창조를, 그리고 유권자들에의 새로운 호소를 하지 않으면 사라지게 될 것이라고 경고를 하였다.(The Crisis of American Conservatism, Dec. 19. 2012, FPRI)

그는 근래의 미국정치의 흐름을 보수주의자들이 분석하는 데서 ① 경제적, 재정적 보수주의자, ② 사회, 종교적 보수주의자, ③ 국가안보, 방위문제 보수주의자로 나누는 방법을 통해, 비록 이 세 요소가 다 동등한 비중을 가지는 것은 아니나, 이것들이 정책의 형성에서 주도적인 입장에 있었음을 지적하고 있다. 이러한 분석에서 보수주의 정당이 다시 재창조되기 위해서는 ① 대기업을 중심으로 한 Wall Street의 주도적 경제 운용은 빈-부의 격차, 불평등의 가속화를 가져왔으며, 이제는 Maine Street의 중소기업을 중심으로 그 활성화를 통한 재창조를 가져오는 것의 중요성, ② 중-소 도시의 중산계층과 농촌을 중심으로 한 중산계층의 소득 증대와 Dignity의 회복, ③ 국방비 증액의 억제와 해외전쟁 개입의 축소 등의 문제를 그 정책의 형성에서 현실감을 가지도록 추진하는 것을 강조하였다.

그는 이 세 가지를 잘 융합한 Reagan의 융합주의적 전략의 성공으로 그 대공산 전략의 성공을 볼 수 있었음을 강조하였으나, 그 이후로 지도자의 빈곤과 더불어 Neo-con의 득세로 다시 해외 개입과 전쟁의 확대로 나아가게 된 것이 결국은 공화당의 실세로 이어졌다고 분석하고 있었다.(그는 Neo-con을 Anti-conservatism으로 부르고 있다.)

여기에 그는 또 미국 내의 인구학적 변동이 이런 추세를 가속화시켰다고 보고 있었고, 여기에서 이민, 특히 불법이민이 이런 변화를 일으킨 주요 요인으로 간주하였다. 이미 1970년대부터 증가하기 시작한 히스파닉계 이민은 80~90년대에 들어서면서 미국 인구의 5%에 불과했던 것이, 2000년 후반에 들어서는 미국 흑인 인구를 능가하는 15%를 점하게 되었다는 것이다.(이들은 2010년대 민주당에 지지 투표)

그는 미국 보수주의의 전통을 Monroe 주의와 연결시키면서, 고립주의를 전통적인 요소로 강조하면서 중동에의 개입을 미국의 국가 이익이 불분명한 지역으로의 개입이라고 지적하였다.

그가 이 글을 쓴 것이 2012년 대선에서 패배한 후였기 때문에 그 상태에서 보수주의 지지자들은 30%에 불과했고, 따라서 그대로 다시 선거를 치른다면 승산이 없다고 보았다. 따라서 그는 당시의 편협되고 일관성이 없는 낡아빠진 정책은 더 넓고 강력한 지지 기반을 형성하기 위한 당 정책의 재창조를 통해 변화되어야만 한다고 주장했다.

여기에서 그가 눈을 돌린 것이 Race의 문제였다. 미국의 남-북 전쟁에서 승기를 잡고 그 후 70년간의 상승세를 이어온 것은 바로 Race의 문제였다. 1960년대부터 흑인은 시민권 운동을 통해 민주당에 투표를 해왔고, 남부의 백인들은 공화당에 투표를 해왔다. 이러한 새로운 Race의 정체성과 정당의 성격은 공화당을 백인당으로 보게 만들었고, 이 현실은 반세기를 지속해왔다.

민주당 정부하에서 주택, 의료 부문 등에서 흑인과 히스패닉에게 주어진 우선권 등에 반발을 보이기 시작한 백인 보수주의자들이 나타나기 시작했고, 이것은 중산층들에게 고통스러운 부담이 되었다. 공화당으로서는 남부에서의 백인 공화당을 미국 전체에서의 백인 공화당으로 기반을 확대하는 것이 중요한 일이 되었다. 2012년 대선에서 Romney는 백인의 60%의 투표를 받았다.(오바마는 38% 백인의 지지)

Kurth는 백인 중심의 선거 전략을 제시하면서 마지막으로 강조한 것이 여성들에 대한 연합의 확대였다. 이것은 백인 여성들에게 집중되어 있으나, 그 전략은 전통적으로 소홀히 해왔던 노동계층 여자와 사회 종교적 요소에서의 중산계층 여성(주로 민주당에 투표해왔던)들에게 연합을 호소하는 것이었다. 선거가 시작되기 직전에 NYT는 Cortney O'Brien이 쓴 글에서 Trump의 승리 가능성을 90%로 제시하면서 Florida, Pennsylvania에서의 승리가 관건이 될 것이라고 하였다.

(2) 선거 결과와 Trump의 전략

선거에서 승리가 확정된 후 Trump가 강조한 것은 두 가지로 요약될 수 있다. 하나는 "가족"이고, 다른 하나는 "Middle Class"였다. Trump는 선거 유세를 통해 거칠고, 위협적인 언사들을 계속 사용하여, Peter Wehner로부터 그의 자질마저 의심받고(J. Vance, Can America Move Beyond Trump?, NYT, 2016. Oct. 20) 때로는 교체설까지 나돌기는 했으나 결국은 선거에서 승리를 거두었다. 그는 한국과 같은 동맹국과의 관계를 언급하면서 한국이 더 부담을 해야 한다고 하거나 자유무역 협정의 재협상을 거론했고, TPP에서의 탈퇴, 그리고 불법 이민자의 추방 등을 주장하며 이웃 국가들에 대해 위협을 가하기도 하였다.

그의 등장을 공화당의 분열을 가져오는 것으로 보거나, 중요 문제에서 당 지도층과 차이를 보이거나 맞지 않는 것으로 보는 사람도 있었다.(Caldwell, Sarlin, NBC Beyond Trump, Aug. 25, 2016 NBC)

그러나 그의 의견이 과격하게 표현되기는 했으나 그것을 당의 진로, 또는 보수주의적 원칙과 비교하여 어느 정도 일탈된 것이냐를 살펴보는 것도 유익할 것이다. 먼저 당의 진로와 관련하여 보면, 보수주의자들은 공화당이 이상적인 측면에서 자유기업, 개인책임, 제한정부, 그리고 가족과 국가안보와 같은 가치에 의해 이끌리는 정당으로 보고 있다.

실제적으로 Trump가 제시한 것은 백인 노동자, 중산층들의 요구를 받아들인 상태에서 중요한 것은 국방비를 줄이거나, 해외 개입을 줄여야 한다는 것으로 나타났고, 무역협정에 관한 주장 등은 전통적인 고립주의 입장과 일치하는 것으로 볼 수 있다. 공화당의 정통적 입장을 거부한 것이라든가, 공화당의 종말이라는 비판을 한 계층은 Palin 등과 Tea Party에 속해 있는 neo-con들로서 경색된 보수주의자들이다.

이러한 비판보다는 Trump 자신이 선거 승리 후 다시 확인한 것처럼 잊혀진 사람, 곧 중산계층의 Dignity를 되돌려주려는 것에 더 의미를 부여해야 할 것이다.(Arthur Brooks, AEI) 그는 미국의 문제점으로 불평등의 증가, 잘 조직된 이익단체들에 의한 정치체제 장악을 제시하면서 이들에게 접근했다.

Trump가 공화당의 지지 기반의 확대, 그리고 그들의 단합된 행동들이 승리를 가져오게 했다고 할 수는 있으나 이것 이외에 더 결정적인 영향을 준 것은 심리적 요인들이었다.

M. Gelfend과 J. C. Jackson은 선거 직후 발표한 글에서, 이미 선거 전에 Trump의 승리의 Sign은 있었지만 잘못된 견해들의 제시로 이것을 놓쳤다고 하면서, Trump의 선거운동은 문화, 심리적 연구에서 나타난 과학적 원칙들을 이용한 것이었고, Trump가 무뢰한이나 국외자

가 아닌 기본적이고 심각한 문제제기를 한 것으로 보아야 한다고 주장했다.

이들은 2016년 4월에 Conversation에 실은 글에서 Trump는 문화적 운동을 통한 사회적 분석을 위해 사회의 성격을 Tight와 Loose로 나누고, 공동체가 전쟁, 기근, 자연재해 등으로 위협을 느낄수록 강한 규칙과 엄한 처벌을 내세워 질서를 이끌어가는 사회를 Tight 사회로 보고 이런 사회일수록 더욱 명확한 행동 규칙과 강력한 리더십을 요구하게 됨을 강조했다.(Trump Won, Huffpost(World), 2016. 11. 10.)

테러 위협에 시달리는 미국인들에게 Trump는 열렬한 민족주의, 그리고 대외적 적대감을 통해 이들을 사로잡고 그 반대자들에 대한 대항 연합을 형성하는 전략을 구사했다는 것이 이들의 분석이다. 따라서 Trump는 이런 위협에 대한 해결자로서의 지도적 능력, 독립적 결정 등을 미국인들에게 강력하게 인식시킴으로써 그들의 신뢰를 얻고 지지자로 확보하게 했다는 것이다.

Trump의 Tight Culture를 앞세운 선거운동은 ① 외부로부터의 위협을 강조, ② 백인들에 대한 피해의식, 약자의 입장 강조, ③ 현재의 대기업 중심경제, 연방준비제도, TPP 등의 제도적 장치를 공격하면서 Trump Image를 조성하는 것, ④ 이런 질서를 돌파하기 위한 강력한 지도자로 미국인들에게 확신을 주는 문제, ⑤ 문화를 바꾸기 위한 강력한 지도자에의 복종과 단합의 필요성 등을 강조하였다.

맺으며

인구적 요소를 먼저 살펴볼 필요가 있다. 미국의 인구 구성을 보면, 단순히 백인이라는 요소로 선거의 승리를 말할 수는 없다. 우선 Trump가 말하는 백인은 히스패닉계를 제외한 것이다. 미국의 총 인구 중 백인은 72.4%에 달하지만 여기서 히스패닉계(8.7%)를 빼면 62.4%이고, 이들을 세분해보면 Trump와 같은 독일계가 16.5%로 가장 많고, Irish 11.9%, 이태리계 5.5%, 프랑스계 4% 등으로 대부분 유럽에서 이민을 온 그 후예들이다.

지난 2012년 대선에서 공화당의 롬니 후보가 백인의 60% 지지를 받은 것은 대단한 결과임을 알 수 있으나 그것만으로는 부족했다고 볼 수밖에 없다. 백인 노동자뿐만 아니라 미국 중-서부에 위치한 농업 중심 가공업을 위주로 하는 농촌 기반 백인들에 대한, 그리고 백인 여성들에 대한 노력이 중요한 역할을 했다고 볼 수 있다.

Pew Research의 조사 결과를 보면, 50세 미만의 백인들 중 Clinton을 지지한 것은 48%에 불과했고, 또 이들(특히 여성들)은 여성 대통령 선출의 중요성을 의미 있는 것으로 보지 않고 있었다.

Missourie, Florida, Ohio 등에서 Trump는 선전을 했고, 56.9%의 투표율에도 불구하고(Clinton 지지자들보다 Trump 지지자들의 높은 투표율) 또 총 투표에서 Clinton에게 뒤졌음에도 불구하고 그는 대의원 표 수에서 대통령에 선출될 수가 있었다.

정통적 보수주의 정당으로서의 미국 공화당은 단순히 과거의 전통만을 고집하는 정당이 아니라, 또 어떤 한 Idea에만 영원히 매달리는 경향만 강조되는 정당이 아니라, 정치 사회적인 현상에서의 변화와 반응이라는, 필요와 적합성이라는 것에서 일어나는 가장 융통성 있는 실용주의적 정치철학의 성채로서 미래와 과거를 둘 다 보게 하는 정당인 것이다.

미국 현대 보수주의의 증인으로 자타가 인정하던 Russell Kirk가 1992년 Bush 행정부의 중동전 개입을 비판하고, 1994년 타계하는 과정에서 Neo-con의 권력 장악 시도로 공화당, 그리고 보수주의 운동에 커다란 어려움이 있었으나, Trump의 성공은 미국 보수주의의 새로운 도약을 가져온 것으로 보인다. Lee Edwards에 의하면 공화당은 대통령 선거, 상-하원 선거, 그리고 주지사 선거(33명의 공화당 주지사)에서도 승리를 거두어 역사적 승리를 기록하였다고 하고 있다.

1980년 레이건 대통령의 취임시에 "Mandate for Leadership"이라는 지침을 제시했던 Heritage 재단이 다시 Trump 정권 인수팀의 요청에 따라 정책 및 인사 분야에서 공동 작업을 하고 있는 것으로 알려졌다.

참고로 Kirk가 1953년에 쓴 Conservative Mind에서 제시하는 진정한 보수주의자들이 보이는 6가지 특징을 소개하고자 한다. 그는 서두에 보수주의, 진보주의 등의 이해에서 이것들을 이념으로 파악하지 말 것을 강조하고 있다. 그것은 이념적 대립과 갈등에서 비롯되는 사회적 폐해를 지양하고자 하는 취지에서 나오는 것으로 설명될 수 있고, 그는 이념적인 것으로 보이는 정치적 갈등은 오히려 "Prudence" 개념에 의한 해결이 중요한 것임을 강조하면서, 이것을 사회를 보는 시각, 성향, 기질 등으로 파악하는 것을 중요시했다.

그가 강조하는 6가지 특징은 미국의 문화에 깔려있는 기독교적 윤리의 바탕 위에서 ① 인간사회에는 전통적 관습, 자연법 등 인간의 양심은 물론 사회를 지배하는 초월적 질서에 대한 믿음이 있어야 하고, 따라서 도덕적 상대주의를 거부하는, 사회에는 진실하고 옳은 것, 잘못된 것을 구분하는 명백한 기준이 중요성을 가져야 한다는 것, ② 인간 존재의 다양성, 경험의 다양성과 신비성에 대한 애정을 지니고, 인간에 대해 편협한 일체성, 동일성을 강요하거나 특정적 추상적 개념을 강요하는 것의 거부, ③ 시민사회는 법의 지배와 질서를 필요로 하며, 자연적 구분을 강조하는 사회계층의 존재에 대한 확신, ④ 개인의 자유와 사유재산을 밀접하게 연결시킨 사회의 존재와 그에 따른 의무의 인정과 정부의 제한성에 대한 인식, ⑤ 전통적 관습, 관례에 대한 신뢰와 어떠한 추상적 개념이나 계획에 의한 사회 구성을 계획하는 것에 대한 불신, ⑥ Prudence의 정치적 가치에 대한 인정, 쇄신이나 변화는 전통과 관습에 연결되어야 하며, 성급하거나 파괴적이 아니어야 하며, 열정보다 조심스러운 개혁적 접근의 중요성 등이다.

⑤ 북한의 비핵화 교섭 (1)

A. 미-러-중의 삼각관계와 세력 균형: 중국의 제약

지난 4월 6~7일에 있었던 미국의 팜비치에서의 미-중 회담은 회담이 끝나고 발표된 것이 미국의 시리아 공격의 뉴스에 의해 압도되면서 그 의미가 증발되는 듯 보였으나, 그 뒤에 밝혀지는 회담에 관련된 내용과 트럼프와 시진평 간에 계속된 통화를 통해 뉴욕에서의 Xi-Trump 간의 논의가 한반도에 관한 상당히 심각한 수준의 논의가 있었음을 알 수 있었다.

국내 일간신문들의 보도는 한반도의 전쟁을 초점을 두고 일부는 미국의 북한 공격을, 다른 매체는 북한의 남한에 대한 재래식 무기에 의한 공격을 그 위협 요소로 제시하고 있는 것을 볼 수 있는데, 오히려 미-중 회담에 대한 논평에 중점을 둔다면, 트럼프와의 회담에서 쩔쩔매었던 시진평의 모습을 시사적으로 그린 보도가 더 사실에 가까운 것으로 보였다.

어줍잖은 정책 토론을 내세우면서 의지가 실린 정책의 경쟁을 가리우고, 당리당략, 지역주의를 배경으로 한 초점 없고 결론이 날 것 같지 않은 난삽한 공론만을 일삼는 대선과정을 치르면서, 국가의 장래에 관한 강대국들 간의 논의를 Korea Passing이라는 유식한 "남의 표현"을 거리낌 없이 쓰면서, 진행되는 강대국가들의 논의내용을 단순히 매체들의 취사선택에 의해 국민들에게 알아주도록 방치하는 주무부서를 비롯한 정부나 이들을 끌어내서 정확한 정보의 파악을 채근질 해야 할 국회는 거의 직무유기에 가까운 상태에 들어간 느낌을 주고 있다.

B. Kissinger의 중-러와의 세력 균형적 관계 설정

1970년대는 Nixon 대통령의 "아시아는 아시아인에게로"의 정책을 통한 월남전의 종결을 선언하고 철수를 하는 과정과 중국의 UN 대표권을 실현하려는 노력의 현실화를 통해 중국의 세계 무대에의 진출을 가져올 커다란 국제정치적 변화를 수용해야 할 시기였다.

Kissinger의 세력 균형론에 입각한 중-러와의 관계의 새로운 설정은 먼저 중국과의 Rapprochement, 그리고 소련과의 Detente를 통해 이러한 세계정치의 안정된 정착을 가져오게 할 수 있었다. Kissinger의 이러한 국제관계의 전략적 사고는 냉전 속에서 형성된 것이었다.

당시의 미-소 간의 핵무기를 둘러싼 갈등은 어느 때보다도 위협이 컸으며, 양측의 전략적 입장은 우발적 또는 기타의 방법에 의해 핵 분쟁이 일어날 수 있다는 심각한 상태에 도달해 있었고, 따라서 피할 수 없는 갈등에 대한 가능한 기본적 입장을 가지고 핵 분쟁을 피할 방법을 찾아내야 할 의무가 있었다.

Kissinger는 문명을 종식시킬 수도 있는 이 상황을 현실주의적 입장에서 필요하다면 힘을 쏟을 준비를 하면서 그러나 마지막 수단으로 힘을 중심으로 한 정치적 맥락에서 감정 없이 세력 균형 게임에 의해 이 방법을 마련한 것이다.

Kissinger는 군사력을 위주로 한 러시아의 정책적 행동을 제어하고 교훈을 주기 위해 중국을 필요로 했다. 지난번 동숭 칼럼에서(No. 419, 2017. 1. 10.) 이미 언급한 것처럼 Kissinger는 Trump 행정부와도 긴밀하게 접촉을 유지하면서 역대 공화당 정권 닉슨, 포드, 레이건, 부시 등의 정권에서 한 것처럼, 중요한 정책적 참모의 역할을 하고 있다.

1970년대에 시도했던 것과 유사하게 Kissinger는 Trump 시대에 새로운 환경을 조성하면서 러시아를 그 미래에 적합하도록 끌어넣기 위한 전략을 구사하는 데서 먼저 세계 공동체의 하나가 되도록 하고 세계 질서의 유지에 필요한 요소로 협력관계를 형성하여 전략적 안정성을 확보하도록 하였다.

특히 아시아에서 러시아는 또 다른 균형의 요소로 중국과의 관계를 형성하도록 하는 데서 중-러 간의 화해의 가능성, 또는 접근의 가능성을 대비하되, Kissinger는 중-러 양국의 접근 가능성은 그 두 나라의 역사적 성격상 그럴 가능성은 적은 것으로 보고 있고(예를 들자면, 1960~1989년 기간 내에 있었던 중-소 Split), 미국이 그 접근 가능성을 이용해야 함을 강조하고 있다.

중국은 전통적으로 中華(Sino-Centrism)적 사상이 강하지만 그렇다고 하더라도 그 영향이 세계적인 경우 그것에 책임지도록 해야 하는 것이 중요함을 강조하면서 미국이 그렇게 하도록 조성하는 것을 정책적 기본으로 할 것을 강조하고 있다.

Kissinger의 전략적 구상의 기반은 Metternich 오스트리아 재상의 구주협조 체제와 같은 평화와 안정을 유지하기 위한 체제적 장치를 형성하는 데 있고, 또 실제적으로 이 협조체제는 1815년부터 1차 대전 발발시(1914년)까지 거의 1세기 동안 평화를 유지시켜 왔다는 사실에서 성공적이었다고 할 수 있으나, 이에 비판적인 학자들은

Kissinger의 가장 중요한 약점은 인권 문제, 민주주의의 문제 등을 고려하지 못한 점을 지적하고 있다.

이러한 내용들은 Kissinger가 베를린 장벽의 붕괴, 소련의 붕괴를 전혀 예상하지 못하고 있었다는 것을 밝히고 있는 데서 확인할 수 있다. 2014년 4월에 있었던 CFR의 모임에서 Kissinger는 베를린 장벽의 붕괴나 소련의 붕괴에 대해, 그는 동구 위성국가들이 소련에서 떨어져 나올 것은 장기적으로 가능할 것으로 보았으나 독일의 통합이나 소련의 붕괴는 머나먼 장래의 일로 생각했었음을 밝히고 있다.

사업가 출신의 공화당 대통령인 Trump에게, 권력정치의 현실주의적인 접근을 통해 국가 이익을 앞세우고 체제적 안정을 확보하려는 Kissinger의 전략은 개인적인 취향에서도 더욱 호감을 가지게 하는 요소로 받아들이게 하고 있다.

C. 시리아 공격, 시진핑, 그리고 북한

2017년, 팜비치의 개인 호텔에서 열린 XI-Trump의 회담은 잘 짜여진 각본에 따라 연출된 작품이라고 할 수도 있을 만큼 계획적이었던 것으로 보인다. 우선 회담 직전에 Trump는 동부 지중해에 있었던 두 척의 구축함에게 시리아의 공군기지를 공격하도록 명령을 내렸다. 이 시리아 공군기지에는 무고한 민간인에게 사린 등 화학무기로 공격한 MIG-23, SU-22 등의 전투기들의 기지가 있던 곳이다.

USS Porter, Ross 등의 두 구축함은 총 59발의 Tomahawk 미사일을 발사하였다. 러시아 측이 주장하는 정보에 따르면, 목표에 도달한 Tomahawk는 23발에 불과하여 성공율이 38%로 나타났다. 이에 비하여 러시아 측이 주장하는 KH-101 크루즈 미사일은 아프가니스탄 공격에서 성공율이 80%를 상회하는 것으로 제시하였고, 미국 측이 아프가니스탄 공격에서 사용하였던 고성능 폭탄, 이른바 "Mother of Bomb"에 대해 러시아는 그보다 더 우세한 "Father of Bomb"를 보유하고 있음을 밝혔다.

이에 대해 미국 측은 자체 정보에 의해 적어도 44발은 적중했을 것으로 주장하면서 이 공격으로 시리아 공군력의 20%를 파괴했다고 주장했다. 공격 이전에 미국 측은 그 기지의 러시아군에 사전 통보를 하였다고 밝혔으나 러시아 측은 연락망을 끊어버렸다.

이 공군기지에는 러시아가 제공한 S-300 미사일 방어체제가 있었으나 미사일 방어는 없었고, 최근 이스라엘 전투기의 공격에는 지대공 미사일 방어가 시도되었다고 한다.

팜비치 회담의 모두에서 Trump는 시리아 공격 명령을 내린 것을 시진핑에게 알렸고, 당연히 시진핑의 입장은 자신의 당황한 자세를 추스릴 필요가 있었고, 따라서 회담 분위기는 숙연해질 수밖에 없었을 것으로 보인다.

이미 2011년부터 중국은 러시아를 지지하여 시리아에 대한 유엔 안보리의 결의안 채택에서 6번 불참하여 왔으나, 지난 4월 12일에 있었던 시리아의 화학무기 공격에 대해 비난하는 미국이 주동한 결의안의 투표에도 불참하여 러시아만이 Veto를 행사하게 되었다.

중국은 2014년부터 러시아로부터 SU-35기 등의 첨단무기를 제공받기로 합의를 했었고, 특히 S-400 미사일 방어체제를 2016년까지 공급받기로 협정을 체결하였으나 이것이 2년 연기됨에 따라 러시아와의 관계에 매우 조심스런 태도를 보이고 있었다.

무엇보다도 러시아가 우크라이나 사태, 크리미아 합병 등으로 인해 유럽 국가들로부터 제재를 받고 있는 상황에서 중국과의 경제관계에서 돌파구를 찾으려는 의도에서 러-중 양국 간에 체결된 개발투자 협정, 그리고 상하이 조약기구를 통한 중앙 아시아로의 경제적 진출을 위해 러시아와의 협력이 필요한 상황 등은 중국의 러시아 관계에서의 진전이 필수적인 것이다.

금번 팜비치 회담의 주제는 북핵문제였었고, 미국으로서는 북한의 ICBM 발사, 6차 핵실험 등을 無爲로 끝나도록 하는 데서 중국의 지원 내지 협력을 확보하는 데 있었다. 구체적으로는 중국이 북한에 압박을 가해 핵실험 등을 하지 못하게 하여, 미국에 대한 북핵으로부터의 위협을 막자는 데 있었고, 이에 따라 중국은 북한에 대한 원유공급 중단, 북한과의 국경으로의 대규모 군사력 이동 등을 시도하고 있었다.

미국 자체로부터 북한에 대한 압박 조치로 항모전단, 핵잠수함 등을 한반도로 파견하는 것은 물론이고, 중국에게는 환율조작국이라는 명칭을 사용하여 경제적 압박을 가하고, 두 나라 간의 무역 역조를 시정하라는 요구를 통해 중국이 북한에 대한 적극적 제재와 압박에 나설 것을 강요하고 있었다.

미국의 시리아 공격은 단순히 민간인에 대한 화학무기에 의한 공격이 그 주요 원인이라고만 할 수는 없다. 여기에 또 추가해야 할 것은 북한-시리아 관계이다. 앞에서 잠깐 언급했지만 미국의 시리아 공격에서 주요하게 고려된 것이 시리아의 화학무기에 의한 공격이라는 사실이다. 가장 최근에 발표된 논문에 의하면, 북한은 1973년에 이집트와 체결한 군사지원 협정에 의해 1,500명에 달하는 군사지원단, 조종사를 포함한 공군지원단 등을 파견하였는데, 여기에는 2000년 미국과의 관계 협의를 위해 미국을 방문했던 조명록이 군 참모장으로 참여했고, Nui song에 의하면 이러한 북한-시리아 간의 군사적 교류는 2016년까지 계속된 것으로 되어 있다.

Bruce Bechtol에 의하면, 북한-시리아 간의 관계에서 두 가지 형태의 대량살상무기 프로그램이 운영되었는데 그 중 하나는 Chemical Weapon Program, 다른 하나는 Plutonium Nuclear Weapon Program 이었다.(Korea and Syria, The Korean Journal of Defense Analysis, Vol. 27, No. 3, sep. 2015) Niu Song은 얼마 전에 사망한 북한의 김격식이 2015년까지 중동에서 머물러 있었던 것으로 파악하고 있다.(Israel Journal of Foreign Affairs, 10: 1, May 18 2016, North Korea's Middle East Diplomacy and the Arab Spring)

D. 러시아의 존재감

유라시아 대륙을 꿰뚫는 철도를 한반도까지 연결시키려는 의도를 보였던 러시아는 한국과의 협의가 무산된 후 한반도 문제에서는 평화적 방법에 의한 해결만을 언급할 뿐 그 이상의 외교적 진전은 없다. 다만 냉전시에도 그랬지만 군사적인 측면에서 러시아가 동아시아 지역에서의 전략적 균형을 앞세우면서 개입하려는 의사를 보여왔다.

러시아가 보유한 첨단무기를 비롯한 미사일 방어체제는 중국, 인도 등이 경쟁적으로 접근해왔던 것이다. 그러나 중국에 대한 S-400 미사일 방어체제는 러시아가 스스로 전략적 균형을 고려하여, 중국에의 제공을 2년 연기한 상태이고, 인도는 방향을 이스라엘로 바꾸어 20억\$에 달하는 지대공 미사일 체계의 계약을 체결한 것을 지난 4월 7일 발표함으로써 미국에의 접근을 암시하고 있다.

러시아는 연해주 지역 등 동아시아 지역에 막강한 군사력을 유지하고 있다. 특히 러시아가 자랑하는 미사일 방어체제를 캄차카 반도 지역, 북한과 인접한 Vladivostok, 그리고 Nakhodka 등지에는 S-400 방어체제를, 그리고 Amur와 Sakhalin에는 각각 S-300(이동식)을 배치해놓고 있다. 이들 방어체제의 작동 범위는 800km에서 1,600km

에 달하는 것으로 북한은 물론 북경까지도 포괄하고 있다. Steven Pifer(Brookings Institute)는 러시아의 전략가들은 전술핵의 사용에 의한 핵전쟁이 가능함을 주장하고 있는 것을 지적하고 있다.

중국이 반드시 의도했던 것은 아니지만 결과적으로 시리아 문제에서 러시아와 멀어지게 된 것과 유사하게 한반도 문제에서도 미국과 접근하는 태도를 보인 것은, 결과적으로 북핵 문제와 미사일 문제와 관련하여 UN에서의 북한제재 등의 문제에서 러시아는 중국보다는 부정적인 태도를 보여왔던 것을 고려한다면, 중국과 러시아의 견해 차이가 노정될 수 있는 것으로 보인다.

이미 4월 7일에 발표된 "Thinking Beyond China When Dealing with North Korea: Is There a Role for Russia?"라는 글에서 Vladivostok에 있는 Far Eastern Federal University의 소장학자인 Artyom Lukin은 우선 미국이 한반도 위기문제의 해결에서, 특히 북한핵의 문제에서 중국만이 유일한 해결책인 것처럼 행동하는 것이 또 다른 요소로서의 러시아의 영향과 기여를 무시하는 경향이 있는 것임을 지적하고 있다.

그는 러시아가 평양과 다소 우호적인 관계를 유지하고 있는 유일한 강대국임을 주장하고, 무엇보다도 경제적인 측면에서 북한의 노동자들을 수입하면서 북한에 자금을 공급하고 있는 사실을 들고 있다. 그는 역설적으로 북한과의 관계에서 덜 불신 받고 있다는 측면에서 북한문제에서의 잠재적인 외교적 역할을 할 수 있을 것으로 보고 있다. 러시아는 또한 평양에 대해 군사적 옵션을 비롯한 고도의 압력을 지지하지 않고 있음을 강조하면서 이것들이 동북아 지역의 예측할 수 없는 결과를 가져올 수 있음을 지적하고 있다.

러시아는 북한의 비핵화를 지지하나 이것은 장기적인 목표이며, 현재의 현실적인 목표는 북핵과 미사일의 Moratorium, 동결에 두어야 함을 지적하고 있다. 그는 북한의 문제는 동북아의 지정학적 형세의 문제와 분리될 수 없는 것으로서 러시아는 미국의 우세도 반대하지만 중국의 지역적 헤게모니도 거부하고 있음을 강조하고 있다.

다른 측면에서 러시아는 북한 핵이 세계적 비확산 체제를 위협하는 것을 우려하면서, Lukin은 여기에서 미-러 간에 협력의 가능성을 열어두고 있다. 그러나 마지막으로 그는 북한에 대한 미-러 간의 협력의 전망은 미-러 양국관계에 어느 정도 의존하고 있음을 지적함으로써 한반도 문제에서의 미-러 간의 협력의 가능성을 받아들이고 있다.

맺으며

어제 미국의 국방, 국무 그리고 정보계통의 수장 등이 공동으로 북한에 대한 마지막 결단을 요구하는 성명을 발표했다. 여기에는 북한의 미국에 대한 위협을 명확하게 기록하고 있다. 북한이 어떤 결정을 내릴지 예단하는 일은 쉽지 않은 일이다. 그러나 북한이 어떤 결정을 내릴지 우선적으로 고려할 사항을 살펴보면 그렇게 난해한 문제는 아니다. 북한이 미국의 제의를 받아들이는 데서 고려할 사항은 우선 국내적 반응이다. 또 다른 시도를 하는 것도, 예를 들어 6차 핵실험을 하는 것도 이 국내적 영향을 우선 고려하는 것일 수도 있다.

김정은이 중요시 하는 것은 그 지도력에 대한 지지 기반의 확고한 구축이다. 이것이 확보되면 미국과의 협상이든 6차 핵실험이든 문제될 것이 없을 것이다. 중국은 이미 한반도 문제, 특히 북한과의 관계에서 쓸 카드를 다 소진한 상태로 보아야 한다. 따라서 Trump가 시진평의 한반도 역사를 10분간 듣고 난 후 평가한 "쉬운 일이 아니다."라는 말은 이제 자기가 단독으로 처리해야 할 것으로 판단했다는 것으로 보인다.

시진평의 역사 인식을 위해 그에게 말해주고 싶은 사실, 그 하나는 중국의 역사상 가장 위대하다는 당나라 시대, 당 태종이 고구려를 침공하던 중 안시성에서 그 성주였던 양만춘이 쏜 화살을 눈에 맞고 패퇴하였던 것. 다른 하나는 1948년에 장개석 국부군에게 쫓겨 만주에 갇혀 있었던 중국 공산군에게 소련이 무기를 지원해주고, 그 당시 정권을 수립하고 있었던 북한이 중국 공산군에게 전투력을 제공하여 국부군을 만주로부터 최종적으로 축출했던 사실 등이다. 이 사실은 북한과 중국과의 군사적 관계를 이해하는 데서 매우 중요한 의미를 가지는 것이다.

시진평으로서도 그 어려운 Trump와의 담판에서 중국의 경제를 지키려는 필사적인 노력을 경주한 것을 인정해주어야 한다. 그러나 시진평의 THAAD 배치 철회 요구를 듣는 순간 갑자기 Shakespeare의 "베니스의 상인"이라는 작품이 떠올랐다. 그 개요는 샤이록이라는 대금업자가 돈을 빌려주면서 만일 돈을 못 갚으면 빌린 사람의 심장에서 가장 가까운 근육 1파운드를 베어 가지겠다는 계약 아래 돈을 빌려준 데서 시작된다. 돈을 못 갚게 된 사람에게 샤이록은 재판을 통해 그 요구를 실현하려고 했으나 그 재판관은 그 요구를 들어주되 피는 한 방울도 흘려서는 안 된다고 하였다. 샤이록은 결국 패소를 하게 된다는 결과를 낳는다.

중국은 등소평을 통해 한국의 경제 발전 단계에 대한 정보를 요구했고, 그것을 실천에 옮기는 과정에서 체제가 다른 두 나라는 수교를 했다. 등소평에 이어 등장한 장제민 체제에서 양국경제는 그 어려운 환경에서도 폭발적인 변화를 가져왔고, 그 우호관계는 더욱 돈독해졌다. 체제가 다른 두 나라는 군사적 상황의 변화로 갈등적 상황에 빠지게 되었다. 군사적 안보를 위한 한국의 정책 선택에 대해 중국이 그 정책을 바꾸라고 하면서 경제적 보복을 주장한 것은 시대착오적인 발상이고, 샤일록이 요구한 것이 비인도적이고 비인간적인 것인 것처럼 무리한 논리적 확대를 정책인 것처럼 들이대고 있는 것이다.

우리는 현명하게 대처했다. 반발을 앞세우기보다는 그 정책의 옳고 그름을 떠나서 양국이 수교 이후 25년간 다져온 선린관계를 우리는 소중히 생각했다. 그렇다고 시간이 해결해줄 것으로 보지도 않았다. 지금 시진핑이 미국에게 매달리는 입장은 역지사지로 한국의 처지를 생각해볼 기회를 준 것으로 보아야 할 것이다. 앞으로의 북핵문제의 진전을 위해서는 미국과 러시아와의 협력을 살펴보는 것이 현명할 수도 있다.

베를린 장벽 붕괴 25주년을 기념하는 자리에서 Kissinger는 냉전 기간 동안 그가 상대했던 소련의 지도자들에 대한 단편적 생각을 피력하고 있다. 그는 Breznev, Gromyko, Podgorny 등의 당시 공산 지도층을 언급하면서, 그들은 "냉전에 지쳐 있었다."고 하고 그들은 긴장완화를 줄곧 주장했으나 그들은 그것을 벗어날 방법을 생각하지 못했다고 회고했다. 그들은 그것의 변화는 그 체제의 붕괴를 의미하는 것으로 이해하고 이를 두려워하고 있었다는 것이다.

Kissinger는 그러나 Gorbachev는 이들과 달랐다는 것을 강조하면서 붕괴 다음을 이야기할 수 있는 용기와 그 대책, 곧 "개혁"을 설득할 논리를 가지고 있었다고 하고 있다.

E. 국무장관의 한국 방문

지난 3월 15일에서 19일까지 신임 미 국무장관 Tillerson이 일-한-중 3국을 순방했다. 미국 매스컴들은 Tillerson이 이 방문에 기자단을 동반하지 않은 것을 핑계로 하여, 그를 외교문제의 Novice(초보자)라고 부르고, 그의 실수를 과장했다.(Daniel Drezner, Ely Ratner, David Ignatius 등의 기사)

언론에 이 방문에 대한 글을 쓴 사람들 간에 Tillerson의 방문이 낳은 문제점을 놓고 공방을 벌이는 가운데, 그 방문에 대한 의미를 전부는 아니지만 어느 정도 방문 목적 등 대략적인 윤곽이 파악되는 데 도움을 주었다.

그의 방문이 일-한-중의 순서로 이루어졌고, 각국이, 특히 일본과 중국이 각각 미국과의 관계에서 개별적인 문제들이 논의되는 상태에서(특히 남중국해에서의 대치상황을 둘러싼) 여러 가지가 논의되었으나, 그 방문의 핵심은 북한문제에 있었다. 일본에서의 기자회견에서 북한을 테러국가로 지명하는 문제가 질의 중에 제기되었으나 양측은 아무런 언급을 하지 않았다.

특히 한국과의 관계에서 만찬을 둘러싼 외교적 마찰이 있었던 것처럼 보도되는 것은 북한문제에 관한 협의의 과정을 반드시 숨기려는 의도보다는 신중하게 진행하려는 의도에서 흘린 연막일 수도 있다.

우선적으로 언급해야 할 것은 그 방문의 목적이다. 위에서 잠깐 언급했지만 일본과 중국은 Trump가 취임한 이래, 정상들 간의 만남, 전화통화 등을 통해 의견교환이 이루어져 왔고, 지난 2월에는 외무장관들 간에 협의가 많게는 2번 이상씩 있어 왔다.

Tillerson이 일본, 한국 등 방문지에서 언급한 방문의 목적은 "북한에 대한 새로운 접근"에 관한 협의였다. 그 내용은 북한의 핵무기와 미사일 프로그램의 진전(advance)을 막고 다른 진로의, 평화적인 길의 선택을 하도록 설득하는 데 있었다.

F. 爭點들

  38 North를 통해 친한적인 한반도 전문가 Leon Sigal과 David Sanger(NYT)의 논쟁으로 이어진 첫째 사항은 "미국이 북한과의 대화를 거부한 것이냐?"였다. 그것은 Tillerson이 북한과의 협상을 하기에는 아직 이르다(premature)고 언급한 것을 두고 Sanger는 Tillerson이 대화를 거부한 것으로 본 것에서 시작되었다. 이와 관련하여 고려해야 할 것은 Tillerson이 동결(freeze)과 관련하여 그 필요성을 부인한 것이다. 이 동결은 지난 2월 중국이 제안한 북핵 해결방안의 첫 단계였었고, 이란과의 핵 관계의 출발에서도 합의되었던 내용이다. 동결에 관한 Tillerson의 반응은 새로운 북핵에의 접근에서는 다른 과정을 필요로 하는 것으로 볼 필요가 있다.

  Tillerson이 언급한 내용의 중심은 북한의 미국에의 위협이 True, Clear한 상황에서 북한이 핵 문제를 미국과 포괄적으로 협상할 상황을 가정하고 있다는 것이다. 또 하나의 쟁점은 미국의 선제공격(pre-emptive action)을 할 가능성에 관한 것이다. Tillerson이 언급한 것은 북한이 그들의 핵 프로그램을 미국이 받아들일 수 없는 수준으로 위협의 수준을 높이는 경우에 이 선제공격을 하게 될 것이라고 했다. 그리고 그는 모든 선택 수단이 갖추어져 있음을 강조했다. 그러나 이 두 사람은 한반도에서의 전쟁이나 군사적 공격의 가능성은 부인하였다.

  무엇보다도 그가 마지막에 강조한 것은 모든 수단을 강구하되 북한을 설득(persuasion)하는 단계의 중요성이다. 이 사항은 지난번 Mattis 국방장관이 방한했을 때에도 확인된 것이다. David Ignatius에 따르면 Mattis와 Tillerson은 일주일에 한 번 정도로 아침을 같이 먹고, 수시로 전화통화로 협의하는 사이로 상황실에 들어가기 전에 공동보조를 취하는 것에 합의를 보고 있다는 것이다.

전 주한대사 C. Hill이 지적한 대로 "모든 대안이 준비되어 있다."는 것은 아직 결정이 된 것이 없다고 볼 수 있다는 말이지만, 북한의 핵이 미국에 도달할 가능성에 대한 대비를 강조한 것은 조금 늦은 감이 있고, Krepon이 지적하듯이 무력을 동원한 대안을 언급한 것은 외교적 방법의 가치를 앞세우기 위한 페인트 모션이라는 것이 더 설득력이 있게 들린다.(Arms Control Wonk, March 26, 2017)

G. 미-중 간의 협의내용

이번 방문에서 Tillerson이 가장 많은 비판을 받은 것이 중국 방문에서 그가 언급한 내용이다. Tillerson의 3국 방문 중 가장 오래 머문 것이 중국이고, 왕이 장관, 시진평뿐 아니라 Yang Jiechi 당 고문까지 만났고, Ely Ratner에 따르면, Tillerson은 북한에 대해 상당히 절제된 어투를 사용하면서, 북경의 생각에 의도적인 것은 아니지만 끌려 들어간 듯한 용어를 계속 사용했다고 지적하고 있다.(Tillerson Bumbles Around Asia, Politico Magazine, March 20, 2017)

그가 지적하는 두 용어는 mutual respect, win-win solutions였다. Ratner는 Tillerson이 미-중 간의 긍정적 관계를 강조하면서 중국이 국제무대에서 강조하던 이 용어를 반복한 것은 중국으로서는 미국이 중국의 아시아에서의 영향권을 수용한다는 것을 의미하며, 미국이 대중국 관계에서 한 걸음 물러선 것이 아닌가 하는 의구심을 미국 동맹국들에게 준 것으로 해석될 여지가 있음을 지적하고 있다. 또 중국의 win-win 전략은 중국인들 가운데서 늘 중국이 두 번 이기는 의미로 해석되고 있는 것임을 지적하고 있다. 이런 인상까지 주면서 Tillerson이 중국으로부터 얻어낸 것은 무엇일까?

그는 미국의 북한에 대한 다른 (길을) 선택을 하도록 설득하는 데 왕이가 동의를 했으며, 양국이 건설적이고 실질적인 결과를 가져오기 위한 노력을 할 것을 합의함으로써, 미-중 간에 북핵에 관해 일반 원칙적인 측면에서 기본적 합의를 보았다고 주장하고 있다. 시진핑이 4월 6~7일로 예정된 방문에서 Trump와의 Florida 회담이 성사되면 사실상 양측 간에 협의된 북한 핵에 대한 새로운 접근의 내용이 어느 정도 윤곽을 들어낼 것으로 보인다.

맺으며

Tillerson의 한국 방문은 시간이나 그 내용이 너무 사무적이 아니었나 싶을 정도로 간략하고 단출했다. 그는 DMZ를 방문하고 북한의 도끼 만행이 있었던 지역의 미군 부대를 방문한 후, 황 대통령 대행을 접견하고, 그리고 윤 외무장관과의 기자회견을 가진 후 한-미 외무장관 회담을 가졌다.

일본 방문에서도 그랬듯이 통상적으로 장관들의 회담이 있은 후 기자회견을 통해 각각 발표문, 또는 합의문을 발표하는 형식이 채택되는 것에 반해, 이번 한-미 접촉은 먼저 기자회견을 가진 후 회담을 가지는 방식을 취했기 때문에 회담에서 논의된 내용을 확인할 길이 없다.

오히려 Tillerson은 중국에서 한국과의 만찬이 없었던 것을 불평하는 것 같은 언급을 해 한-미 간의 마찰이 있었던 것으로 오해할 소지를 남겼다. 미국 기자들 중에는 이것을 가지고 Tillerson이 한국 측을 거짓말쟁이로 몰았다는 식의 평을 하게 했고, 미국 국무성 대변인도 현명치 못한 일이었다고 논평을 했다.

TV 뉴스를 통해 한-미 양측이 회담에 들어가는 장면이 나왔는데, 윤 장관을 비롯한 한국 측은 화기애애한 회담을 표현하는 듯한 밝은 웃음을 짓고 있는데 반해 미국 측의 Tillerson을 비롯한 대표단은 회담 준비를 하면서 긴장 내지 무덤덤한 표정을 짓고 있었던 장면이 자꾸 연상이 된다.

위에서도 언급한 바 있지만 이번 방문의 목적은 북핵의 문제에 대한 새로운 접근을 협의하는 것이었다. 나중에 Tillerson이 밝힌 대로 그는 중국과 두 강대국으로서 한반도에 평화와 안정을 가져오기 위해 상호 협력할 것을 협의하였고, 중국과의 협력은 북한이 미국과의 대화를 추구하는 목적에서 잘못 생각할 수도 있으나, 그것은 Tillerson이 언급한 대로 미국과의 적대감을 끝내고, 북경에의 의존을 줄이는 데 있다.

중국은 오래전부터 미-북한의 핵 문제는 미-북 양자 간에 해결해야 할 것으로 언급해왔다. Tillerson은 지난 20년간 북한의 불법무기 프로그램이 부과한 위협을 제어하기 위한 노력이 실패한 것을 강조하면서, 안보리 결의안의 비핵화와 한반도 평화 안정을 위한 노력을 포괄적으로 수행하기 위한 준비가 되어 있고, 이제 그 회담을 시작할 방법을 찾기를 바란다고 언급하였다.

위의 협의에서도 언급된 바와 같이 북한 핵의 위협 축소(Threat Reduction)를 위한 미-중 간의 협력 합의는 이미 미국이 전 소련연방의 구성 국가들이 보유했던 핵무기의 폐기와 핵 물질의 처리를 위한 미국과 각각 소련연방 국가들의 협력관계에서 이미 시도되었던 패턴을 협의, 동의를 얻어낸 것으로 보인다.

06 북한의 비핵화 교섭 (2)

A. 전략적 모호성(Strategic Ambiguity)의 정책적 조명

전략적 모호성도 하나의 정책인가? 그럴 수는 없다. 원론적인 의미에서 정책(공공)이란 국민이 바라는 가치를 포함한 목표를 제시하고 이를 달성하기 위해 정부의 자원을 동원하여 활동하는 것을 포함한다. 국가의 전략이란 위에서 제시된 목표를 위해 자원을(tangible한 요소와 intangible한 요소를 조화시켜) 동원할 수 있는 능력으로서의 하나의 Art로 표현된다.

관련 분야의 학자들은 이 Strategic Ambiguity를 하나의 position, posture 또는 stance로 보고 있다. 이러한 정의와 관련된 의미를 살펴본 것은 어떤 사람들은 이 Strategic Ambiguity를 "의도적인 모호의 정책", 또는 "전략적 모호성의 정책"이라고 쓰고 있기 때문이다.

이것은 어느 나라가 대외정책의 특정적 양상에서 의도적으로 모호함을 보이는 실제적(예를 들어 대량파괴무기의 보유 여부를 놓고) 예에서 나타난다. 특히 상충되는 국내외 정책 목표를 가졌을 때, 또는 상대국(적국)에 대해 억지(deterrence) 전략을 구사하려 할 때, 위기를 회피하기 위한 잇점을 원할 때 이러한 용어를 사용하게 된다.

단순 평가를 통해 이 개념을 분석하면, 이 전략적 모호를 사용하는 나라의 의도를 상대국이 잘못 해석하거나, 오히려 그 나라가 원하는 것과 정반대의 행위로 이끌어질 가능성이 있다.

B. 文 政府의 "전략적 모호성"

전략적 모호성이 정당의 정책과 관련하여 언급되기 시작한 것은 대통령 선거를 앞두고 민주당 내에서 2017년 3월 6일 열린 대통령 예비후보자 토론회에서였다. 여기서는 당시 문재인 후보로서 THAAD의 한반도 배치와 관련하여 밝힌 내용만을 중심으로 요약하고자 한다.

더불어민주당 대표이면서 후보로 참석한 문재인 대표는 당시 "이런 문제(THAAD)는 오히려 전략적 모호성을 필요한 순간까지 유지할 필요도 있다. 그것이 외교다."라고 하면서 "전면적인 재검토를 통해 내부적 공론화와 국회비준 절차를 거치고, 대외적으로는 미국, 중국과 외교적으로 긴밀히 협의를 끝내면서 해야 한다."고 강조했다.

사실상 THAAD에 관한 한-미 간의 합의는 박 정부하인 2016년 7월 8일 발표되었고, 중국 정부는 한 달 뒤인 8월 8일 중국 정부의 반대입장을 표명하였다. 이후부터 한-미 간의 협력하에 사드 배치로의 과정이 진행되고, 이에 대한 중국의 태도 표명이 이어지면서 문 대통령의 국회비준의 필요성, 환경평가 등의 언급이 그 견제적인 의미로 제시되었고, 이것은 위에서 문 후보가 언급했던 모호성의 유지 차원에서 작용을 하려는 의도였던 것으로 보인다.

그러나 이러한 THAAD 배치를 둘러싼 한-미-중의 연쇄작용 가운데서 중요한 의미를 던진 것은 북한의 2016년 9월 9일의 핵실험, 그리고 연속된 장거리를 포함한 미사일 발사였다. 북한의 이 행동은 문 정부의 모호성의 유지를 위한 국내외적 기반에 결정적인 영향을 주었다. 文 정부의 전략적 모호성은 미-중의 대립적 관계를 의식한 것이었지, 북한의 전략적 변화를 추구하려는 행동이 몰고 온 핵미사일 프로그램의 계속적인 전개는 고려하지 못한 것이었다.

미-중의 전략적 대립관계에서 볼 때 러-중 양측은 무엇보다도 미국의 핵 및 재래식 무기에서의 압도적인 우위를 기정사실화하고, 이 아래에서 중국은 지역적 우세를 노리는 억지 전략을 확보하려는 의도를 보이고 있고, 미국은 부분적인 전략적 손해를 보더라도 아-태 지역 전반에서의 우월적 입장을 유지하려는 전략을 구사하고 있다.

한반도 문제는 단순히 한반도의 안정의 문제로서가 아니라 미-중의 상호 억지적 전략에서 그 우열을 가르는 중요한 정치적인 무게를 지닌 의미에서 전략적 경쟁의 대상이었던 것이다.

C. 북한의 독립 변수로의 등장

文 정부의 전략적 모호성의 입장은 위에서 언급한 미-중의 전략적 대립의 관계에서 그 합리성을 주장할 수 있을지 모르나, 북한의 행동과 관련된 맥락에서는 그 충분성이 결핍된 것이다. 북한의 핵미사일 프로그램을 이용하여 한국의 국방을 강화한 것으로(THAAD의 도입과 같은) 그 성립이 끝난 것으로 주장할 수 있을지 모르나, 북한이 추구하는 것을 더 자세히 분석해볼 필요가 있다. 북한은 제네바 회담 이후 미국과의 종전을 위한 회담을 제기해왔고, 그 포괄적인 해결을 위하여 외교관계 수립 등을 주장해왔고, 부분적으로는 1990년대에 그 임시적인 합의를 끌어내기도 하였다. 북한이 90년대 이후 추구해온 핵미사일 프로그램의 전개는 또 다른 차원의 미-북한 관계를 설정하려는 의미를 실현하도록 했다.

Michael Krepon이 지적하는 것을 보면, 북한은 중-러가 압도적인 우위에 있는 미국의 군비를 상대로 하여 미국의 영토, 군사기지 등에 최소한의 파괴능력(minimal assured destruction)을 확보하고 이를 통해 미국에 대한 억지 전략의 능력을 보유한 것을 모방하려는 의도를 가지고 있다는 것이다.(Cooperative Threat Reduction, Missile Defense, and the Nuclear Future, A Henry Stimson Center Book, 2003, p.188)

북한이 5차례의 핵실험, 올해에만 10여 차례의 미사일 발사를 실험하면서 획득한 것은 미국의 군사기지, 그리고 미국 영토에 대한 위협의 가능성을 높이는 것이었다. 이러한 전략적 상황의 변화를 추구하는 북한을 방치한 채 전략적 모호성에만 매달리는 명분은 무엇인가?

Krepon은 미국이 확보하고 있는 Cooperative Threat Reduction의 경험을 북한에게 적용할 것을 강력히 촉구하고 있다. 이미 전 소련 영역의 국가들이 보유한 핵무기의 해체, 핵 물질의 통합적 관리 및 그 평화적 이용을 성공적으로 수행했던 경험은 미국만이 보유한 경험이다.

북한은 미국에 대한 위협을 최대화하면서 이 최종적인 협상을 준비하고 있다. 이것은 일상적으로 정보기관이 분석하는 상투적인 "협상에 대비한 유리한 고지"를 점유하려는 것이 아니다. 이것은 확실한 능력을 바탕으로 실질적인 억지의 전략을 구사하려는 결과의 산물이다.

한국의 대통령 당선자들이 의례적으로 하는 독일에서의 한반도 통일 구상 발표를 이번에도 7월 독일 G-20 회의에 참여하는 기회를 이용하여 발표하면서 군사, 경제 대화를 제의하였으나, 한국의 대화 제의에는 아랑곳하지도 않고 북한은 이러한 억지능력의 최종적 확보를 통한 미국과의 대화에 all-in하려는 모습을 보이고 있다.

D. THAAD와 모호성의 문제

그동안 Asia의 문제에서 이 전략적 모호성의 중요한 문제를 다룬 논문 가운데 미-중의 관계를 그 배경으로 한 것으로 2015년 7월에 발표된 Bilahari Kausikan(전 싱가포르 전권 대사)의 Asia's Strategic Challenge: Manoeuvering between US and China가 있다. 간략히 하자면, 그의 주장은 냉전시대가 지난 지금, 명확하게 이념적인 편가름을 하는 것이 아니고, 동아시아에서 미-중이 경쟁적 관계를 형성하는 환경 속에서 중소국들은 이 강대국들 사이에서 그 생존을 위한 움직임을 추구할 수밖에 없고, 따라서 그것은 양 대국들도 그들이 바라는 것이 무엇인지 명확히 제시한 것이 없는 만큼 가장 효과적인 것은 모호성 자체도 부인하면서 그것을 포용하는 것이라고 하고 있다.

Kausikan의 모호성에 비판적인 Geoffrey Barker는 Kausikan이 주장하는 모호성은 그 관련자들이 모두 만족하는 만족점(그는 이것을 Equilibrium이라고 하고 있음)이 있을 것으로 전제하면서 언급하고 있으나 과연 그런 만족점이 있을 것인가 하는 문제를 던지고 있다. Barker는 모호성을 요구하는 상황의 특색은 불확실성을 남겨두자는 데(강대국이나 약소국 모두에게) 있는 만큼 이러한 문제는 실제에 있어서 어느 한편을 굴복하게 하거나 아니면 유화적인 태도로 취한 것으로 보는 경향이 있게 된다는 것이다.

Barker는 첨단무기의 구입과 관련하여, 이렇게 막대한 예산과 큰 군사적 활동을 예상하는 것들은 상대방의 어떠한 교설이나 위협을 무릅쓸 의도나 준비가 되어 있는 것을 말하며, 모호성을 유지할 수는 없을 것으로 보고 있다.(Geoffrey Barker, Strategic Ambiguity, The Strategist, Oct. 20, 2015)

이스라엘의 전략무기를 다룬 Louis Rene Beres는 어느 나라나 자기의 군사력의 효과적 최대화를 추구하려고 하는 것이 당연하며, 그때 이를 뒷받침할 수 있는 군사 이론을 제시할 수 있어야 하는데, 여기에 포함된 군사정책은 敵에게 확실한 메시지를 전달하는 것이 중요하며, 특히 억지적 정책에 기반을 두는 경우 그 억지는 효과적이며, 신뢰적인 것에 기초를 둘 때 성공을 거둘 수 있다고 강조하고 있다. 그는 이 경우에 전면적인 모호성을 채택하는 것은 국가안보를 침해하는 결과를 가져올 수 있다고 하고 있다.(Israel's strategic nuclear doctrine, Oxford University Press, Louis Rene Beres, November 14, 2013)

상대국이 잘못 이해하거나 오해하는 경우 그 군사력이나 무기체계의 부적절성으로 판단되지 않도록 하기 위해서는 그것을 투명하게 밝히고 그 능력을 확대해야 할 것으로 지적하고 있다.

맺으며

며칠 전에 문 정부의 사드 배치와 관련된 정책이 오락가락한다고 진보적 언론인 경향신문(2017. 8. 1.)의 사설, 그리고 보수적 언론인 동아일보(2017. 8. 2.)의 사설이 똑같이 지적하는 것을 볼 수 있었다. 최근 미국 내에서는 북한의 미사일 발사에 대한 반응으로 거의 百家爭鳴식의 대북 제안이 제시되고 있다. 우선 가장 극한적인 군사력에 의한 방법을 제시하는 Sanger, Lefkowitz와 같은 neo-con들의 주장, 또 다른 측면에서 보면 한반도 당사자를 제외하고 미-중 간에 처리할 것을 주장하는 Kissinger파, 그리고 협상 무용론을 주장하는 Sue Mi Terry, 전 CIA 분석관 등이 그것으로 이것은 미국의 대북전략의 부재를 주장하는 Sam Nunn 전 상원의원의 견해를 반영하는 것으로 보인다.

이와 관련하여 기억해야 할 것은 지난 5월 미국과 2 Track 회담을 위해 북경을 방문했던 북한 외무성 미국국장 최선희는 Trump 행정부와 조건이 맞으면 협상을 할 수 있다고 밝혔다는 것이다. Kissinger가 베를린 장벽의 붕괴와 동-서독 통합을 전혀 예측하지 못했으며, 독일 지도자들과 그들의 동방정책을 오히려 의구심으로 보고 있었다는 학자들의 지적이 새삼스럽게 떠오른다.

관심을 끄는 것은 7월 30일 Trump와 전화를 통해 동맹강화를 확약받고 난 직후 일본 수상 아베는 이 위기를 협상에 의해 해결하는 것에 대해 회의를 나타냈다고 하는 외신의 보도이다.

미국과 소련이 냉전을 거치면서 그 관계를 안정적으로 발전시키기 위해 미국이 소련과 시작한 것이 군사적인 Confidence Building Measure였다. 적대적인 국가와 안정적 발전을 위해 신뢰관계를 구축하고자 했다는 것이 이상하게 들릴 수도 있으나 이것은 상대방에게 내 의도와 목표를 분명하게 하는 과정을 통해서 이룩할 수 있는 것이다.

E. 南-北 接近의 課題: 평창

新正에서 舊正에 이르기까지 당사자격인 남-북한은 물론 핵심적 동맹국이자 이 지역의 질서자로서의 위치를 확고히 하려는 미국까지도 신년에 들어서면서 각각의 정책적 입장을 발표하면서 한반도는 이들 세 나라의 정책적 nexus가 한데 어울려 어떻게 보면 混沌의 상태, 停滯의 상태에 빠져 있는 것으로 보일 수도 있다.

이미 평창올림픽이 예정되어 있는 상태에서 쏟아져 들어오는 정책적 정보들은 이 올림픽을 정점으로 하여, "위기"적 절정에로 나가려는 입장, 그리고 이 올림픽이 형성시킨 평화적, 화해적 모멘트를 그 이후로 계속 이어가려는 "기회"로 보려는 입장으로 크게 나누어볼 수 있다.

결국 이것을 위기의 연속으로 끌어가려는 입장과, 이와는 다르게 올림픽을 하나의 기회로 하여 문제의 평화적 해결로 연결시키려는 입장은 위기와 기회가 같이 내포하는 과정적 고비를 어느 측이 더 효과적, 또는 주도적으로 점유하느냐의 문제로 귀결될 것이다.

동아시아에서 전개되고 있는 정책적 쟁투에서 그 정책적 논의의 범위를 제한시킬 필요가 있다. 우선 핵 폐기의 논의의 효과적 전개를 위해 그 대상을 남-북한, 미국으로 잠정적으로 제한하고자 한다. 그 이유는 핵심적 사항의 논의에서 다양한 견해의 개진은 문제의 해결에는 도움을 주지 못하고 수많은 변수의 돌출로 핵심을 흐리게 할 수 있고, 또 예를 들어 동북아 문제 당사자로 키신저가 언급해온 일본, 중국, 러시아들은 논의 잇슈에 따라 그 입장을 개진하게 할 수 있기 때문이다.

또 다른 제한은 문제의 해결을 위한 논의에서는 주로 정책적 입장의 협상을 위한 논의가 중심으로 되도록 하며, 여기서는 군사적 정책의 의미는 이러한 협상과정의 실패를 의미하는 것으로 볼 수 있기 때문이다. 이러한 제한성을 강조하는 이유는 먼저 종전에 강조되던 동맹관계의 확대된 대립이 냉전시대의 산물이라는 것이며, 오늘날의 국제정치적 상황은, 먼저 한국의 경우를 보더라도 한-미 간의 외교, 경제 관계는 반드시 일치하는 입장에 기반을 둔 것이라고 할 수 없을 만큼 그 관계는 소원한 상태에 이르고 있다. 또한 미-일 간의 군사협력적 관계를 강화하기 위해 북한의 위협을 이용하려는 요소는 한국으로 하여금 긴장완화를 위한 남-북 간의 접촉, 대화를 가져오기 위하여 북한에 접근하려는 정책을 사용할 수 없는 것으로 요구하고 있기 때문이다.

다른 한편으로는 중국이나 러시아의 북한에 대한 영향력에서 상당한 제한성을 보이고 있다는 것에 유의할 필요가 있다. 최근 러시아로부터 S-400 미사일 체계를 공급받은 중국이 사드 보복으로 한국에 취했던 정책이 의미를 상실하자 정책의 정체적 현상이 한-중 관계를 지배하고 있다고 할 수 있다. 이와 아울러 고식적인 雙中斷 또는 通美封南 등의 구태의연한 표현으로 정책적 사고를 저해하는 태도를 버리고, 더 역동적(Dynamic)이고 Initiative를 끌어내는 창의적이고 적극적인 대외정책적 사고를 도출할 필요가 있다.

F. 키씬저의 논리

키씬저의 등장은 끝을 모르고 지루하게 계속되고 있었던 월남 전쟁을 끝나게 한 역할을 했다는 의미에서 각광을 받았으나, 그가 받는 정책적 환영의 내용은 빈약하기 짝이 없다. 그는 이 전쟁을 끝내기 위한 빠리평화협정의 체결(1973년)로 당시 북부의 월맹을 대표한 Le Duc Tho와 같이 노벨평화상을 수상하였으나 공동 대상자인 Le Duc Tho는 아직 평화가 이루어지지 않았다고 하면서 이를 거부하였다. 실제로 이 협정에 참여한 당사자들은 미국, 남월남, 월맹, 남월남 혁명정부 등이었고, 그 협정의 주요 골자인 미국의 철수가 이루어진 1975년에 남부 월남 정권은 붕괴되었다.

중공과의 관계를 정상화시켰다는 닉슨의 중공 방문(1972)도 미-중공의 정식 외교관계의 수립으로 이어진 것은 1979년 민주당 대통령 카터 행정부 아래에서 실현되었다. 앞의 글에서도 지적한 바 있는 것처럼 키씬저는 현실주의와 세력 균형의 논리에 입각한 강대국의 힘의 질서 논리에 그 기반을 두고 있다. 그가 존경해 마지않는 오스트리아의 재상 메테르니히는 1815년 프랑스의 나폴레옹을 굴복시키고 비엔나 회의를 통해 유럽에 새로운 질서를 가져왔다고 평가되고 있고, 어떤 사람들은 이때 수립된 강대국 간의 유럽협조 체제가 적어도 세계 1차 대전의 발발(1914년)까지 100년 동안 평화를 누리도록 했다고 보고 있다.

그러나 이 기간 동안에 유럽에서는 대표적으로 독일의 통합에로 이르기 위한 프러시아와 프랑스의 전쟁, 그리고 이태리 독립을 위한 전쟁이 계속되었고, 각 나라별로 자유민주적 개혁을 위한 진통이 계속되었다.

이 유럽협력 체제는 그 평화의 지속을 위해 군주체제의 왕정을 복고시켰고, 세력 균형을 위한 영토의 분할을 가져옴으로써 독-불 간의 계속된 전쟁(1870, 1914)을 야기시켰다. 역사가들은 프랑스의 공화정의 철폐를 가져온 것 등을 예로 들면서 복고주의적 경향을 띤, 시대를 역행한 것으로 보았다.

키씬저가 이러한 메테르니히를 존경한 것은 그대로 그의 국제정치관에도 나타나 있다. 사실상 그는 중공과의 접근을 위해 한반도에는 남-북한 간의 회담을 성사시켜 평화적인 분위기와 환경을 조성하는 방법에 의해 중공과의 관계개선의 신호로 삼았다. 결과적으로 이루어진 베트남의 월맹에 의한 통합은 그가 구상한 베트남 전체의 평화와는 거리가 먼 것이었다.

그가 레이건 공화당 정부를 방문하기도 했으나 그는 기용이 되지 못했고, 이 레이건 대통령의 집권시에 동-서독 통합과 소련의 붕괴가 일어났다. 위의 다른 글에서 언급했지만 그는 동-서독의 통합이나 소련의 붕괴에 대해 전혀 예측하고 있지 못했고, 오히려 독일의 동방정책에 의구심을 표하고 있었다.

그가 한반도의 문제에 제시했던 4자 회담 등은 그의 이런 논리에 바탕을 둔 것으로 그의 눈에는 한반도의 통일이 머나먼 일이 될 수밖에 없고, 미-중 관계의 평화적 유지를 위한 영향력 행사의 대상물들을 세력 균형의 의미로 다루고자 하고 있다. 지금도 간간이 언급되고 있는 6자 회담은 9·11 사태를 당한 미국 부시 행정부가 그 보복을 위한 군사행동을 중동에 전개하기 위한 전시외교로 북한에 대한 공격을 언급하면서 중국을 압박한 결과로 장쩌민이 제시한 것이다. 그는 동북아의 평화와 안정이 중국의 경제적 발전을 위해 중요한 것으로 보았고, 따라서 이 논의를 위한 6개국이 참여한 회담방식을 부시에게 제시한 것이다. 그로서는 북핵을 주요 대상으로 제시하였으나 평화와 안정을 원하는 중국의 입장을 강하게 반영한 것이다.

G. "평창"의 새로운 모멘텀

이런 논제에서 먼저 언급하고자 하는 것은 평창올림픽을 전후하여 나타난 종전과는 다른 국제정치적, 또는 남-북 관계적 의미를 부여할 필요가 있는 假題들이다. 먼저 지적하고 싶은 것은 현재 진행되고 있는 것이지만 북한 핵 문제에 대한 국제적 제재로 인해 중국과 러시아가 북한으로부터 그 관계적 의미에서 소외되기 시작했다는 사실이다. 이것은 북한이 핵을 능력화하는 과정에서 북한이 보인 태도에서 이미 보이기 시작한 것으로, 북한은 핵 문제를 미국과만 논의할 사항이라고 언급해왔던 것을 기억할 필요가 있다.

그리고 다른 하나는 가장 근접된 시기에 북한의 김여정의 언급으로 나온 것으로, 북한이 한국의 문재인 대통령에게 남-북 관계에서 주도해주기를 바란다는 것이다. 이 두 가제는 상호 연관된 것으로 볼 수도 있는 것이다. 다시 말하면 북한이 국제적 제재로 인해 국제적으로 고립된 상황과 이를 돌파하기 위한 한국으로의 접근을 의도하고 있다는 것이다. 여기에서 하나의 가제로 통합하면, 북한은 그 핵 보유로 인한 국가적 곤궁을 벗어나는 방법을 한국에 의존하려는 의도를 개진하고 있다는 것이다.

이 가제를 고식적으로, 또는 냉전적 사고의 연장에서 해석하려는 派들은 북한의 한-미 관계 이간을 위한, 또는 한국으로부터 금전적 지원을 얻어내려는, 결과적으로 국제제재를 모면하기 위한 것으로 보고, 이를 거부하도록 강경한 태도를 주문할 수도 있다.

1월 말에 발표된 Trump의 연두교서는 이 새로운 모멘텀의 고려에서 중요한 변화를 언급하고 있다. 다른 글에서도 언급했지만 Trump는 평창올림픽, 남-북 간의 접촉에 대해 아무런 언급이 없이 북한의 인권적 상황을 비난하는 것으로 일관하면서 다만 올림픽 기간 이후로 군사훈련을 연기하고 부통령을 단장으로 하여 대표단을 파견하였다. 일부 언론들과 전문가들은 Trump가 이런 변화를 군사적 옵션에서 인권문제로 방향을 전환하면서 북한에 대한 Regime Change로 나아갈 것으로 보는 견해를 제시하기도 하였다.

H. 한-미 관계의 정책적, 주도적 입장의 전개

김여정의 문 대통령과 영부인의 평양 초청은 김여정을 외신에서 올림픽의 주연으로 표현할 만큼 놀라운 일이었다. 국내 야당들의 반응은 제쳐 놓고라도 아베까지도 북한의 미소작전에 넘어가지 말 것을 강조하였다. 이 문제를 다루기 위해서는 정부에서의 대응책 논의보다는 국회 내의 여-야를 모두 포함한 정책 관련자들에 대한 인식의 변화를 가져오기 위한 조치가 더 필요할 것으로 보인다. 위에서 언급했던 것처럼 통상적 인식들을 새롭게 정비하고 미래를 내다보는 남-북 관계의 진취적 전망을 이들에게 생각하도록 Brainstorming 기법에 의한 쇄신적 남-북 관계의 인식으로 변화를 시킬 필요가 있다는 것이다.

이 기법에 의해 먼저 통일문제나 현재 남-북 관계의 현황에 대한 정확한 파악을 하도록 하고, 그다음에는 각자가 이 상황에 대한 인식에서 중요한 사항들을 요약하도록 한 후, 이 과정에서 상호 간에 비난이나 비판을 자제하고, 다른 사람의 견해라도 받아들일 수 있는 것은 취하도록 하여, 전체적인 통합된 남-북 관계에 대한 초당적인 의견을 도출하는 방법을 이용하게 한다.

이 기법의 중요성은 견해의 다양성, 조화성, 창조성, 통합성을 이끌어내는 데 있고, 결과적으로 새로운 아이디어를 끌어내어 정책적 쇄신을 기하고자 하는 데 있다. 또한 국회에서의 논의와 추진이 가져오는 효과는 정책문제로 행정부가 외국으로부터 겪는 압력과 갈등을 피할 수 있다는 것이다.

Trump의 이번 Regime Change로의 선회는 한반도에의 강력한 정책적 압력을 강조하는 입장이 언급되는 것과 같은 맥락에서 나타나는데, 이러한 내용은 2월 8일 Kissinger와의 단독 대담에서 영향을 받은 것으로 보인다.

이보다 앞서 1월 25일 Kissinger는 상원 군사위원회에서 증인으로 연설한 내용에서 한반도 문제를 상세히 언급하고 있는 것을 참고로 할 필요가 있다. 여기에서 Kissinger는 미국의 북한에 대한 선제공격에 대해 중국, 러시아의 입장을 들어 반대하였고, 북한이 미국에게 가장 직접적인 위협을 주는 것으로 제시하면서, 북한이 제시하는 한-미 군사훈련과 북핵실험, 그리고 미사일 발사를 같이 중단하는 것은 과거의 경험에 비추어볼 때 더 많은 북한의 요구를 하게 하는 결과를 가져올 수 있고, 또 안보리 제재대상이 되는 활동과 한-미 간 정당한 안보를 위한 활동을 동일시하는 것은 잘못된 것이라고 하면서, 북한 핵의 Freeze에 대해서도 반대를 강력히 주장하였고, 심지어 남-북 간의 예비회담도 핵무기 포기로 이어지는 전제에서 열려야 함을 강조하였다. 그가 가능성으로 언급한 것은 중국이 제시한 6자 회담뿐이었다.

이 증언에서 Kissinger는 아직도 세계는 미국의 지도력에 기대를 하고 있으나 미국이 그런 역할을 하기 위해서는 조건이 이루어져야만 한다고 언급하였다. 그는 세계 질서를 Balance of Power에 기반을 두어야 함을 강조하였으나 미국이 이 부담을 지고 나가기 위해서는 이 체제를 지지하기 위한 폭넓은 포용적 정책과 통합적 접근, 그리고 미국의 Initiative가 요구된다고 하고 있다. 이 조언은 Trump에게 어떤 의미로 받아들여질 것인가 궁금하다.

I. 한국의 과제

지난 30여 년간에 미-북한 간에 체결된 조약은 민주당의 Clinton 행정부 때의 Agreed Framework만이 있고, 이마저도 공화당 Bush 대통령 때 폐기되었고, 오바마 민주당 대통령 때에 북한의 핵 문제 해결에 노력을 했으나 결실을 맺지는 못했다.

공화당의 Trump 행정부에서 북한과 어떤 획기적인 합의를 가져올 수 있을지는 두고 보아야 할 일이고, Kissinger가 지적한 것처럼 미국이 지도력을 발휘하기 위해서는 포용적, 통합적 정책, 그리고 정책적 Initiative를 발휘할 수 있어야 한다.

한국이 평창올림픽을 통해 형성된 새로운 모멘텀을 제대로 활용하기 위해서는 무엇보다도 위에서 언급한 Brainstorming 기법을 이용하여 국회 내의 정책 담당자들의 의견 통합을 통해 초당적 국회의 의견을 도출하는 것이 무엇보다 중요하다.

이것이 가능한 전제에서 한국의 주도적 역할은 미-북한의 접촉 및 회담에로 이끌어낼 중재적 입장으로 임해야 하며, 이것은 마지막 단계에서 북한 핵의 폐기과정에 필요한 기금을 담당하는 적극적인 활동으로 이어져야 할 것이다. 핵 폐기의 기술적 문제와 경험은 이미 미국이 충분히 확보하고 있다는 것은 다른 논문에서 이미 지적한 내용이다.

한국이 북한을 국제사회로 끌어내고 미국과의 접촉을 이어줄 기회는 얼마든지 있다. 예를 들어 지난 2011년 북한이 UN 군축회의의 의장직을 맡았던 회의에 다시 참석하도록(이번 5월의 본회의를 앞두고 예비회의가 3월에 열린다.) 유도하는 것도 좋은 방법일 수 있다.

위에서 한-미-북의 관계에서 핵 폐기의 문제를 다룰 제한성을 강조한 것은 구 소련 영토에 있는 핵무기의 폐기를 미국이 기금을 지불하면서 미-러-해당 소련령 국가 등 3국이 Umbrella 협정을 체결하고 그 위협을 축소, 핵 폐기를 실현시킨 사례가 있기 때문이다.

맺으며

이 글을 끝내가는 단계에서 새로운 뉴스를 접하게 되었다. 그것은 이번 올림픽 기간 동안에 미국과 북한이 한국의 배석이 없이 청와대에서 회담을 가지도록 예정되었다는 것이다. 그 내용을 요약하자면 주로 Washington Post의 기사(2월 20일)를 통해 밝혀진 것이지만, 2월 초에 CIA의 정보를 통해 북한이 평창올림픽 기간 중에 미국과 회담을 가지기를 원했고, Trump는 이에 대해 2월 2일 수락하는 의사를 밝혔다는 것이다.

결과만 말하자면, 김여정은 2월 10일 문 대통령과 접견하고 문 대통령을 초청하는 자리에서 미국과의 회담을 취소하는 의사를 밝혔고, 한국 정부는 곧 이 사실을 미국에게 통보하였다는 것이다. 이에 관련된 기사는 WP뿐만 아니라 VOA, CNN, AP 등에도 실렸다.

먼저 AP 기자는 Pence가 평창을 떠나면서 의도적으로 김여정을 무시하였다고 하면서 "귀국한 지 일주일이 지난 후에 이 일이 보도되는 이유가 무엇인가?"라는 질문을 던지고 있다. CNN은 Pence와 김여정이 앞뒤에 앉은 사진을 게재하면서 Pence가 2월 8일 평창으로 떠나면서 북한에 대한 경제적 압력을 최대한으로 계속 가할 것을 언급하였고, 그러나 북한이 회담을 원하면 하겠다고 언급하면서도, 이미 2월 4일에 북한에서 귀국 후 사망한 미국 대학생 Warmbier의 아버지를 평창에 초청을 했다.

올림픽에 참석한 Pence는 리셉션에서 김여정과 같은 자리에 정해진 자리를 보고 곧 장소를 벗어났고, 개막식에서 단일팀으로 입장하는 팀에게 일어나서 박수를 치지도 않았고, 문 대통령이 김여정과 악수를 나누는 것에 냉랭한 표정을 짓고 있었다고 CNN은 보도하고 있다.

CNN은 미국 외교계 중진의 표현을 빌려, Pence는 강대국으로서의 미국의 이미지를 추락시켰고, 소인처럼 행동하였다고 지적하면서, 회담이 성립 안 된 이유를 Pence의 북한의 인권문제에의 관심 집중, 그리고 김여정에 대한 비판적 견해 등을 들었다. CNN은 Pence가 말한 대로 회담에는 응하겠다고 했으나 준비는 안 되어 있었다고 평가하고 있었고, 북한은 이미 2월 8일부터 미국과의 접촉의 의미를 부인하고 있었다.

Trump는 Kissinger가 언급한 그대로 한반도에 관한 어떤 문제에도, 중국이 제안했던 6자 회담만을 제외하고, 유예적인 태도를 취할 가능성이 높으며, 올림픽 후에 있을 군사훈련도 예년 수준에 그칠 것으로 보인다. Trump는 의회에 내년 예산을 제출하면서 Kissinger가 강조한 강대국과의 관계, 곧 장기적으로 큰 도전이 될 중국과 러시아에 대항하기 위해 2004년 중동전 이래 가장 많은 6,880억불(작년 예산보다도 800억불 증가)을 군사비로 책정하여 전술핵, 미사일 능력을 강화하는 데 집중하고 있다.

이와 관련하여 민주당계인 Brookings 연구소가 Strobe Talbott,

Steven Pifer 등의 러시아 전문가 9인을 초청하여 '균형을 회복하기 위한 대러시아 정책을 모색'한 인터뷰를 보고서로 작성 이번 2월에 발간한 것은 아주 특기할 사항으로서 한국의 야당들에게 좋은 본보기가 될 수 있을 것이다.

한국 정부는 최근 Trump가 일본과의 통화를 통해 북한에 대한 제재 강화를 언급했으나 한국과는 통화가 이루어지지 않고 있는 것에 우려를 표하고 있다. 그의 집권 1년을 보내면서 그에 대한 파악은 어느 정도 이루어졌다고 본다면 그와 함께 이루어야 할 것도 정리가 되었을 것으로 보인다.

한-미 관계가 악화되어 가고 있다는 느낌이 강하게 나타나고 있는 지금에 가장 중요한 것은 이러한 시기일수록 기본에 충실하는 것이다. 그러나 정책은 그 역동성의 문제, 또는 주도권을 장악하는 문제 등이 그 결과의 성취에서 중요한 만큼, 이러한 역동성이나 주도적 입장은 국제관계의 흐름이나 또 그 환경에서 주도적으로 나타나고 있는 趨勢的 動因을 파악하고, 이를 장기적 정책에 투영하는 데서 확보될 수 있다.

특히 역동성은 장기적 정책의 모색에서 확보될 수 있는 것이며, 현재와 같은 궁색된 한반도 문제의 해결에서는 분명한 장기적 목표의 설정, 그리고 착실한 점증적 실행과 신념에 의한 확실한 변화의 추구가 무엇보다 중요한 것임을 인식할 필요가 있다. 이와 아울러 레이건 대통령이 재직시 성취한 독일의 통합, 그리고 소련의 붕괴 등은 그의 훌륭한 Communicator 자질에서 비롯되었다고 평가되고 있는 것을 주목할 필요가 있다. 이것은 그의 높은 설득력과 타협의 능력을 말하고 있다.

07
시대의 변화와 頂上 회담들

어느 한 시대가 끝을 맺고 또 다른 시대가 시작되는 것을 예측한다는 것은 쉬운 일이 아니다. 더군다나 이 시대에 살고 있는 사람들이 이런 것을 예측한다는 것은 그들의 능력을 넘어서는 일이라고 할 수밖에 없다. 우리 시대의 국제정치의 달인이라고 일컫는 Kissinger도 독일이 통일되고(그 자신이 독일 출신이면서도) 소련이 붕괴되는 것을 전혀 예측하지 못했었다는 것을 새삼 환기시킬 필요는 없을 것이다.

그러나 학자들은 이론적으로나마 앞으로 닥쳐올 일들을 예측하기 위한 방법을 강구하기 위하여 이른바 추세연장법이라는 방법을 만들어냈다. 간략하자면 이것은 과거에서 현재까지의 변화를 이끌어온 動因을 파악하고 이것을 하나의 추세로 하여 미래에 연장, 작동하도록 하는 방법을 통해 미래를 그리는 것이다. 이러한 작업을 하는 데서 사람들은 현재에 작용하고 있는 동인들의 추세를 확대, 적용하는 과정에서 긍정적, 바람직한 요인들을 추출하여 미래에 투영하는 것이다.

한반도에서의 변화의 시도, 그리고 그 미래를 예측하기 위한 방법으로 현재를 지배하고 있는 추세를 삽입해보는 것은 미래를 우리가 바람직한 방법으로 이끌어 나가기 위한 하나의 시도가 될 수 있다.

A. 소련의 마지막 국면과 정상 회의들

Gorbachev는 2016년 소련 붕괴 25주년을 맞으면서 BBC와의 인터뷰에서 당시의 소련의 붕괴는 범죄와 그리고 쿠데타에 의한 것이었다고 하면서, 그는 그가 사임하는 것이 그의 승리일 수밖에 없었다고 하였다. 그는 1985년에 소련의 8번째이자 마지막 지도자로 등장하여, 미국의 레이건 대통령, 그리고 서독의 Kohl 수상을 포함한 유럽 지도자들과 회담을 가지면서 주로 두 가지 주제로 이들과 협의를 해왔다. 1991년 그가 사임할 때까지 주로 레이건 대통령, 콜 수상들과 만 10여 차례가 넘는 정상회담을 하면서 그가 시도하였던 것은 경제적, 군사적 협력에 관한 것이었다.

그는 먼저 경제문제에서 서방 지도자들이 자기가 그동안 강조하는 Perestroika(Restructuring)에 대한 이해와 협력이 부족하다는 것을 지적하였고, 둘째로는 전략무기 감축을 위한 미국과의 협상에서 기본적으로는 의견이 일치하는 것이었지만 소련의 재정적 약점을 감출 수는 없었고, 특히 레이건이 강조하는 Strategic Defense Initiative에는 손을 들 수밖에 없었다.

1980년대에 당시 소련은 미국과의 군비경쟁에서 엄청난 부채(거의 600억$)를 짊어지고 있었고, 동구 위성국가들에 대한 군비의 지원이나 통제는 거의 불가능한 상태였다. 서독의 콜 수상은 1982년부터 집권하여, 내각책임제를 쓰는 나라에서는 거의 불가능한, 1998년까지 16년간 총리로 재직하면서 유럽 통합, 그리고 1990년의 독일 통합을 실현시켰다. 이러한 장기 집권은 독일 국민들의 전폭적인 신뢰와 지지 위에 이루어진 것이었다.

그는 프랑스의 미떼랑과 긴밀한 관계를 유지하면서 유럽 통합을 이끌었고, 미국과의 돈독한 관계를 기반으로 독일 통합을 추진하였고,

비록 Thatcher 영국 수상은 노골적으로 독일 통합을 반대한다고 소련 수상에게 강조하였으나(2009년 9월 11일, The Times 보도), Kohl은 끈질기게 Gorbachev에게 접근하여 유럽의 문제에 대한 공동 책임을 강조하면서 유럽에 긍정적 결말을 가져오도록 희망을 가지자고 설득하였다.

Kohl과 Gorbachev는 나이도 같았고, 그 부인들 간의 관계도 아주 친밀하여, 1991년 8월 소련에 쿠테타로 Gorbachev가 연금되었을 때 Kohl의 부인은 그의 부인 Raiza의 안부를 걱정할 만큼 그들의 관계는 매우 친근했다. 이러한 것을 지적하는 이유는 빠르고 중대한 변화의 시기인 1989~1991년 기간에서 개인적 관계들이 매우 중요하게 작용해왔다는 것을 미국의 전 국무장관 Rice 등이 지적하고 있기 때문이다.

소련은 미국과의 협의를 한 후 독일 통일에 원칙적인 동의를 하였고, 이것을 Gorbachev는 7월 17일(1989) Kohl에게 통보해주었다. 이러한 소련의 동의에 Kohl은 소련군의 철군비용으로 500억$를 지불하고 소련의 재정 안정을 위한 지원을 약속하였고, 통일된 독일이 소련에 위협이 되지 않을 것을 확신시켰다.

소련 붕괴 후 공개된 자료에는 소련의 금과 외환은 완전 고갈되었고, 80년대 소련의 경제성장은 평균 1%에도 못 미쳤고, 마지막에는 마이너스 성장을 기록하였으며, 심지어 Petersburg는 영국의 메이저 총리로부터 2,000만 파운드의 식량 지원을 받아야만 했다.

B. 絶體絶命의 위기, 그리고 기회

지난해 11월에 있었던 북한의 ICBM의 발사시험 이후 미국의 CIA의 Pompeo와 공화당의 Lindsay Graham 상원의원 등 강경파의 발언은 한반도로부터 오는 위기를 막기 위한 시한부를 3~5개월로 설정하면서 북한의 ICBM 발사를 저지할 옵션들을 제시하는 가운데 한반도의 위기는 절정에 달하였다.

그러나 평창올림픽을 계기로 하여 형성된 대화의 기류는 이 위기를 평화의 새로운 모멘텀으로 전환시켰다. 특히 김여정 북한 특사의 방한과 문재인 정부의 적극적 역할을 강조하는 언급은 이러한 반전의 결정적 역할을 하였다.

북한의 이러한 변화의 원인을 보는 미국을 비롯한 서방의 입장은 기존의 북한의 전략에서 나온 속임수(예를 들면 시간을 벌기 위한)라고 보는 입장, 그리고 다른 하나는 미국을 비롯한 UN의 제재 및 압력이 그 효과를 보기 시작했다고 보는 입장으로 나누어볼 수 있다.

위의 분석에서 먼저 그 요인으로 지적하는 데서 미국을 비롯한 UN의 제재와 압력이라는 요소는 빠질 수 없는 것임을 지적하고자 한다. 반면에 다른 요인을 지적한다면, 이와는 전혀 다른 입장에서 보려는 것으로, 북한의 이러한 변화의 뒤에는 이를 뒷받침할 수 있는 자신감과 같은 요소로 작용할 것이 있다고 보는 것이다.

이러한 주장은 2017년 9월 7일 Sigfried Hecker의 인터뷰에서의 발언을 근거로 한 것이다. 그는 인터뷰에서 "I have learned not to underestimate the North Korean nuclear specialists."라고 하면서, 미국은 북한에게 핵 대립을 할 조치를 취하지 못하게 할 수도 있으나, 현실을 직시할 필요가 있으며, 핵전쟁을 피하기 위한 장치가 필요하다고 하면서 Trump와 김정은의 회담을 제시했다.(Bulletin of Atomic Scientists, Elisabeth Eaves와의 인터뷰) 그는 심지어 북한의 수소폭탄의 실험 등은 북한을 P-5의 대열에 놓을 수도 있는 것으로 지적하면서 북한은 협상테이블에서 자신의 비중을 높였다고 표현했다.

Hecker는 2006년 북한의 첫 핵실험 이후(10월) 북한의 초청으로 북한을 방문하여 핵 시설을 둘러보고 핵 기술자들과 대담한 경험이 있으며, 전부 6차례 북한을 방문하였다. Hecker는 인터뷰를 통해 북한에 Regime Change를 시도하지 말라고 하면서 회담 자체는 "유화(Appease)"가 아니며, 비핵화 협상은 오랜 시간을 필요로 하는 것이라고 지적하고 있다.

이와 관련하여 북한은 작년 11월 29일 ICBM을 완성했다고 발표하였다는 것을 기억할 필요가 있다.(Hankyoreh, Nov. 30. 2017) 이후 북한은 올해 초부터 남-북 관계를 비롯하여 대외관계에서 적극적인 대화공세를 펴오고 있다.

미국에서 3~5개월의 시한부를 설정하면서 북한을 압박하던 요인이 북한 ICBM의 대기권 재진입시의 기술적 문제를 해결하지 못한 것에 근거를 둔 것이라고 한다면, Hecker의 충고는 고려해볼 만한 가치가 있다.

C. 남-북 회담, 그리고 북-미 회담

한국 정부는 3월 5일, 지난 2월 평창올림픽 게임시 방한했던 김여정의 방문에 답을 하는 형식으로 10명으로 구성된 대통령 특사단을 평양으로 보냈다. 거의 10여 년 만에 이루어진 남-북 교차 방문은 따라서 상당한 기대를 모으며 이루어졌고, 그 결과는 남-북 관계뿐 아니라 북-미 관계에도 엄청난 긍정적 파장을 일으키는 것이었다.

이번 특사 방문을 통해 남-북이 합의한 중요한 것을 보면, ① 남북정상회담 4월 개최, ② 정상 간 핫라인 설치, ③ 북한의 비핵화 의지 천명, ④ 북미 대화 용의, ⑤ 대화기간 전략도발 중단 등이다. 그리고 가장 큰 관심 대상이었던 한미 군사훈련에 대해서도, 연례적으로 해오던 것이라는 것을 이해한다는 반응을 북한이 보임에 따라 평창올림픽 이후 예상되던 위기를 넘기게 되었다는 것은 남북관계의 또 다른 진전을 의미하는 것일 수도 있었다.

이 특사들의 방문 결과는 그것이 남북 정상회담뿐 아니라 북미 정상회담도 언급하고 있어서 이에 대한 세계 언론들의 표현은 "역사적"이라는 평가를 내리고 있었다. 그리고 이 특사들의 미국 방문 및 중-러-일에의 방문 및 내용 설명은 매우 호의적 반응을 얻었고, 특히 Trump 대통령의 북미 정상회담의 5월 개최 언급(3월 8일)은 한국의 대화 시도를 성공적으로 평가하는 수확을 가져왔다.

그러나 문제는 핵심적인 남북관계는 이제 출발선상에 서 있게 되었다는 것이다. 한국 정부는 정상회담을 위해 준비위원회를 구성하였고, 그 논의의 의제를 ① 비핵화, ② 군사적 긴장완화, 그리고 ③ 남북관계의 진전 등으로 구체화했다. 그러나 냉전을 초월하기 위한 의제라면 형식적인 의제의 프레임을 바꾸어서 "무력 사용의 포기 선언" 등으로 표현하는 것도 고려해볼 만하다.

이것으로 남북관계의 진전을 위한 하드웨어는 구축되었다고 할 수는 있으나 중요한 것은 이 관계를 어떻게, 무슨 내용으로 끌고 나갈 것이냐 하는 소프트웨어의 문제다. 아이러니칼하게 들릴지 모르겠지만 이 소프트웨어의 구축의 출발은 국내적 변화를 위한 것에서 시작되어야 하는 것이라는 것을 이해해야 한다.

우선 그 출발은 언론 매체들에 대한 대대적이고 적극적인 설득작업에서 시작되어야 한다. 단순히 기자회견이 아니라 언론 중진들을 대상으로 설득을 시도하고, 이를 급한 동의나 합의를 얻어내는 데 목적을 두는 것이 아니고, 특정적 반발을 보이는 언론들에게서 적극적 반대를 거두도록 하거나 또는 이해를 한다는 표현을 얻어내는 것도 커다란 성과로 평가될 수 있다.

그다음은 야당들에 대한 의사타진 내지 의견교환을 시도하는 것이다. 이것은 국회를 중심으로 각 정당 간사들을 중심으로 정당 간 회합, 정책 간담회를 열어서 적극적 의견개진을 하도록 하고, 대안적인 정책교환이 이루어지도록 시도해보는 것이다.

이제는 우리 사회도 極化 현상을 보이고 있어서 극좌, 극우 집단들의 갈등이 본격화되는 느낌이 있고, 이를 통해 국민 여론도 破片化되고 분열이 심화될 위험이 있으므로, 정부가 이에 적극적으로 대처할 필요가 있으며, 예를 들면 다른 나라처럼 대통령이 한 달에 한 번 정도로 라디오 연설을 통해 국민 여론을 수습하도록 하고, 이를 통해 국민 여론과의 접점을 확대하는 과정을 통해 정부의 국민 여론으로의 순화를 기도해볼 수도 있다는 것이다.

이것이 긍정적 효과를 가져오는 것은 남북대화의 본격화에서 나타날 것이다. 이것은 단지 대화 기간에만 의미가 있는 것이 아니라 남북관계의 진전에 따라 비핵화 과정에서 나타날 남북 주민들 간의 화합에도 영향을 주어 경제공동체 형성에도 좋은 결실을 거둘 수 있을 것이다.

D. 북미회담, 비핵화 과정에의 한국 참여

Trump 대통령이 북-미 회담을 흔쾌히 받아들였을 때, 미국 내에서는 환영과 우려가 동시에 터져 나왔다. 환영을 표하는 입장은 미국 역대 대통령 중, 그것도 공화당 출신 대통령으로서는 처음으로 북한과의 정상회담을 받아들였다는 역사적 결단을 강조하고 있었고, 다른 하나는 북한의 과거의 행적, 합의의 불이행 및 파기 등을 예로 들면서 똑같은 과정이 반복될 것으로 보는 입장, 특히 Trump 대통령의 결정 방법에 문제를 제기하는 사람들, 여기에 Trump 대통령이 전혀 이것에 준비가 되어 있지 못하다는 사실(인적 요소에서의 구성)을 지적하는 사람들(Michael Krepon) 등의 다양한 입장이 표명되었다.

그러나 미국의 인적 자원은, 특히 북한과의 비핵 교섭과정과 비핵화 전문성을 갖춘 전문가 등은 풍부하다는 사항을 기억해야 한다. 그리고 북미회담이 가지는 의미를 그 취지와 더불어 이 회담이 진행되는 전 과정에서 양측이 사명감을 가지고 진행해야 할 것이고, 따라서 이 회담의 상징성을 그 시간, 공간의 선택에서 충분히 반영되도록 해야 한다는 것이다. 그 회담의 출발도 양 당사자들의 선택에서 결정되어야 하고, 그럴 경우 Washington이나 평양에서 개최되어야 하고, 바람직하다면 개방의 의미를 강조하는 입장에서 평양을 택하는 것이 좋을 것이다. 회담의 편리성을 내세우면서, 또 북-미 이외의 나라에서 회담 장소를 언급하는 것은 회담 자체에 아무런 도움이 되지 못한다고 보아야 할 것이다.

무엇보다도 중요한 것은 이 회담에 대한 정치적 의미의 선언 같은 것이 필요하고, 그 내용은 전쟁을 치른 두 당사자 간의 신뢰와 화해, 그리고 그 국민들 간의 우호, 친선을 구축하는 것을 기본으로 해야 한다는 것이다. 지금까지 여러 번 반복되어 왔던 종전선언, 평화정착 체제 등의 냉전적 개념에 얽매인 용어들보다는 이를 뛰어넘는 의지의 표현(비핵화의)이 있어야 한다는 것이고, 이것은 국회의 결의를 통해 받아들여져야 한다는 것이다.

레이건 대통령이 고르바쵸프와의 회담에서 언급했던 것처럼 강력한 반공주의자였던 그가 소련을 "Evil Empire"라고 부르지 않겠다고 선언하면서 소련과 타협을 시도했고, 결국은 냉전체제를 종식시킨 예를 보아왔다.

지금까지 남북 간에 합의된 모든 문서가 정부 간에 이루어진 것이었고, 따라서 국민들은 하나의 볼모처럼 방관적인 입장으로만 취급당해 왔었다는 것을 반성할 필요가 있다. 이러한 선언적인 High Politics가 있고 난 다음 비핵화를 위한 회담은 판문점에서 열리는 것이 좋을 것이다.

비핵화를 위한 북미 간의 Umbrella 협정에는 한국도 참여해야 하고, 러시아의 참여도 양해 사항으로 고려할 수 있을 것이다. 3월 21일자 Trump 대통령은 tweet를 통해 Putin 대통령과 곧 만날 것이며, 러시아가 북한문제 해결을 도와줄 수 있을 것이라고 언급한 것은 매우 흥미로운 사항이다.(The Washington Post, 3월 21일자, Karen Young 기자의 글)

비핵화의 과정에서 중요시 되는 비핵화 처리 요원들의 선발, 교육 등을 위한 Center의 설치, 운영에는 남북 양측의 인원과 재정이 동원되어야 할 것이므로 여기서 한국의 인적 자원과 재정 지원이 요구된다. 이 단계에서 이미 남북 간에, 또는 미국이 포함된 경제적 협력 지원이 이루어지게 되며, 실제로 이 요원 중에는 북한의 핵 시설에서 일하던 인력이 그대로 고용되는 과정에서 북한의 대량실업을 막으면서 그들에게 주는 봉급을 통한 경제적 효과가 주요한 작용을 하는 결과를 얻을 수 있게 된다.

이러한 남북관계의 형성과정에서 북한의 핵 물질 및 핵 시설 등에 관한 정보 확보 등이 순조롭게 이루어지고, 여기에서 남북 간의 화해가 형성되는 기반이 자리 잡게 되는 것이다. 비핵화를 위한 협상, 그리고 비핵화의 과정에서 남-북-미의 협의는 중요한 의미를 갖는다.

맺으며

독일의 통합을 전후하여 이를 위한 교섭에 관여했던 사람들에 의하면, 정상들 간의 관계에서도 그랬지만, 각국 관료들 간의 관계에서도 상호 신뢰와 존중이 지배적이었고, 자기 본분에 충실했다는 지적이 있었다. 특히 회담기록을 보면, 정상들의 회담 중간에 그 부인들이 각각 차를 준비하고 대접을 하는 시간까지 표시되어 있는 것을 보면서 그 관계의 진정성에 있어 그대로 그 태도에 반영되어 있는 것을 알 수 있었다.

이것을 냉전적인 사고에서 의제를 채택하면서부터 갈등을 빚거나 상대방을 제압하거나, 심지어 비방을 한다면 그러한 협의는 의미가 없을 것이다.

지난번 평창올림픽의 경우에도 김여정과 펜스의 만남이 성사될 수도 있었으나 펜스의 경직된 태도는 끝내 그 기회를 무산시켰으며, 그 당시에 펜스의 행동은 단독의 행동이라기보다는 Trump의 의도가 작용되고 있었던 것으로 보인다. 그때에도 Trump는 즉석에서 양측의 접근에 동의를 했으나 그 실제적 접근의 내용은 사실상 양측의 접근을 거부하는 의미로 나타났다.

최근 미국 국무장관의 경질로 새로 등장한 Pompeo는 육사 출신이지만 대위로 전역한 후 의회로 진출하였고, 아직 50대 초반의 이태리계의 강경한 Neo-con 출신이며, 하원의원 출마시에는 인종차별적인 발언을 했던 경력을 가지고 있다. Pompeo는 이스라엘을 지지하면서 이란의 핵 시설을 2,000회 Sortie(출격)으로 파괴할 수 있다고 주장하고 Trump의 反이란 견해를 지지하고 있으나, Mattis 국방장관은 최근에 이란과의 협상을 지지한다고 발표하였다. 이것은 외형적인 또는 피상적인 파악일 수도 있으나 앞으로의 한미관계의 발전을 기한다는 의미에서 충분히 고려해야만 할 요소이다.

일본을 제외한 모든 나라들이 이번 한반도를 둘러싼 일련의 회담이 열리는 과정을 "역사적", "세계적"이란 표현을 쓰면서 주시하고 있다.

최근 일부 보수언론들 중에서도 이번 회담의 보도내용에 신중한 자세를 취하고 있다는 인상을 주는 것을 볼 수 있는 것은 매우 고무적인 일이다.

 정부, 정당, 언론, 국민들이 모두 한 팀이 되어서 정책의 순기능적 효과를 높이면서 이번과 같은 역사적, 세계적 기회를 통해 한반도의 냉전상태를 극복하고, 또 한 번의 비약을 이룩하는 계기로 승화시킬 수 있어야 한다.

⑧ Strategic Ambiguity의 幻影과 통일정책

지난 4월 27일 판문점 선언 채택 이후 한 달 만에 다시 열린 남-북 정상회담까지의 기간에 한국 정부는 천당과 지옥을 왔다 갔다 하는 큰 亂局을 치러야만 했다. 5월 16일로 예정되었던 남-북 고위회담의 취소에서 제시된 한국과 미국에 대한 문제제기가 북한으로부터 있었으나, 한국 정부는 이에 대한 통일부의 유감표명 이외에 이렇다 할 대응이 없이 5월 22일로 예정된 한-미 정상회담에 임했다. 여기서 문제제기를 하나 해볼 필요가 있다. 곧 그것은 한국 정부는 미국과의 정상회담에서, 그것도 곧 있을 미-북 정상회담을 앞두고 미국으로부터 무엇을 기대했는가? 아니면 미-북 정상회담에의 예비회담의 성격을 띤 한-미 정상회담에서 한국은 어떤 의제로 미-북한 회담에의 기여를 의도했었던가?

이미 김계관의 리비아식 비핵화에 대한 비판, 그리고 한-미 연합훈련에 대한 강한 비판이 미국에 제기된 상태에서 한국 정부는 북한의 문제제기를 무시한 것과 같은 방법으로 무시하고 미국과 미-북 관계의 발전을 위한 협의를 하려고 했던가? 한국 정부는 판문점 선언을 이루어낸 기분으로 미국으로부터 긍정적인 평가를 기대하면서 정상회담을 기대했다면, Trump가 문재인과의 회담에서 문재인의 말을 가로막은 것은 어떻게 보면 현실주의적인 입장의 Trump로서는 당연한 일일 것이다. 회담을 무위로 끝내고 그 먼 길을 돌아오는 문재인의 뒤에 미-북 회담 취소라는 미국의 통보는 철저하게 현실적인 대응을 보여주고 있었다.

여기에 문정인 특보의 주한미군 철수(2018. 5. 2.), 한-미 동맹의 폐기(2018. 5. 19.) 등의 발언은 전략적 모호성의 극치를 달리는 효과를 가져왔다. 결국 김계관이 비핵화에 대한 미국 측의 견해를 직접 비판한 것은 이에 대한 한국 측의 중재를 거부한 것이며, 또 5월 22일 한-미 정상회담에서의 미국의 태도와 미-북 회담 취소 통보는 미국의 한국 중재를 거부한 것이라고 할 수 있다.

A. 2차 남-북 정상회담과 미-북 관계

지난 글에서 Suzanne Dimaggio의 문재인 대통령에 대한 가벼운 평가를 소개했지만, Dimmaggio는 미국 내에서는 Track Two Diplomacy에서 외교적 돌파구를 마련하는 일에 몰두해 있는 사람으로 북한, 이란과의 관계에서 오래 일해왔던 경력을 가지고 있다. Dimaggio가 Trump에게 접근하는 문재인 대통령을 Shrewd, Flattery 등의 단어를 쓰면서 더 많은 이익을 얻기 위한 것으로 보면서 Trump가 빨리 주도적인 입장을 장악하도록 건의하였다.

미-북 회담 취소의 통보로 최악의 상황에 빠진 한국을 김정은이 다시 붙잡아 세운 격이 되었지만 2차 남-북 정상회담의 결과를 다시 한 번 음미해볼 필요가 있다. 먼저 북한은 판문점 선언의 의미를 자주통일과 평화번영의 새로운 전략적 전환을 가져온 것으로 재확인하면서 (중앙, 2018. 5. 26.) 2차 회담에서 판문점 선언의 이행, 북-미 정상회담의 성공적 개최를 위한 의견교환 등을 하였다고 청와대가 밝혔다고 한다.

  문 대통령은 2차 정상회담에서 북-미 정상회담 준비과정에서 어려운 사정이 있었음에도 불구하고, 북-미 정상회담의 성공을 위한 긴밀한 협력의 의도에서 비핵화와 평화체제를 위한 노력의 필요성을 확인하고 Trump 대통령의 북한 정부에 대한 안전보장, 그리고 비핵화가 이루어질 경우 북한과의 적대관계 종식과 경제협력에 대한 확고한 의지를 북한에게 전달하였다. 동시에 문 대통령은 북-미 정상회담의 성공 이후 남-북-미의 종전선언을 미국과 논의하였음을 밝혔다.

  그러나 한-미 정상회담의 진행 중에 예정에는 단독회담이 있는 것으로 되어 있었지만 모두 발언에 이어 기자들의 질문으로 넘어가면서 이상 기류가 흐르는 듯한 느낌을 주는 발언들이 있었다. 몇 가지를 소개하자면, 기자들이 문 대통령을 얼마나 신뢰하는가 하는 질문에 한국은 문 대통령이 있기 때문에 행운이라는 답변이 나왔고, 또 더 중요한 것이라고 못 박으면서 Trump 대통령이 언급한 것은 한국, 중국, 일본의 자본이 북한의 경제를 도울 것이라는 것이다. 마지막으로 Trump는 문 대통령이 북-미 정상회담이 성공될 것이라고 말한 것을 통역하지 말도록 막았다는 것이다.

  결국 최선희 부상의 Pence 부통령의 발언 비판이 북-미 정상회담 취소라는 결정의 마지막이라는 낙인을 받았지만(RFE/RL May 25, 2018) 한-미 정상회담 이전에서부터 워싱톤의 분위기는 한국 정부, 그리고 북-미 정상회담에 대해 거부적인 분위기가 돌고 있었다고 할 수 있다. Pompeo는 Trump의 요구에 대해 북한이 반응을 보이지 않았기 때문이라고 상원에서 답변했다.

  그 취소를 알리는 Trump의 서한에서 그는 북한에게 정상회담에 대한 태도가 변한다면 연락을 할 것을 언급하면서, 다른 한편으로는 미국인 3명의 석방에 감사를 표하면서 다시 만날 것을 기대한다고 언급했다. 이에 대해 북한은 김계관의 답장을 통해 시간과 장소를 가리지 않고 이 문제를 대화로 해결할 의도가 있음을 미국에게 밝혔다.

B. 6·12 회담의 본격적 추진

미국이 북-미 회담에 대한 북한의 반응이 없는 것을 이유로 취소한 것은 Pompeo의 상원 증언과, Trump가 북-미 회담의 추진을 발표한 25일(미국 시간) 성명에서 김정은이 미국과의 대화를 원한다는 김계관의 성명과 2차 남-북 회담에서의 확인을 이유로 하여 미-북 간의 대화가 진행되고 있음을 밝힌 데서 확인되고 있다.

그 이후 북-미 간에는 판문점, 싱가포르, 뉴욕 등지에서 전격적으로 대화가 이루어졌으며, 의제문제와 비핵화에 대한 문제에서 체제보장, 경제번영과 CVID에 의한 비핵화가 대체적으로 합의가 이루어져 가고 있었고, 김영철 위원장의 뉴욕 방문에 이은 Trump와의 회견도 성사 단계에 이르렀다.

迂餘曲折이 적절한 표현인지는 모르겠지만 어쨌든 미-북 회담은 다시 본 궤도에 올라 추진되고 있으나 이 우여곡절 속에 나타난 미-북-남의 전략적 태도들은 검토의 여지가 있다.

먼저 미-북 관계에서 중재의 입장을 표명한 한국의 전략적 태도에서 나타난 이른바 "전략적 모호성"이다. 이것의 특징은 기회주의적이라는 데 있다. 기회주의적이라는 것은 정책에 대한 일관된 추진이 아니라 상황에 따라 권리나 이익의 추구에서 그때마다 다른 태도를 취한다는 것이다. 결국 이런 것도 국가의 이익 추구라는 면에서 합리화될 수 있을지 몰라도 이것은 그 기회주의적이라는 것이 치르는 댓가를 요구하고 있다는 것이다.

우리만이 현명해서 이런 이익 추구를 한다고 생각한다면 그것은 오해일 수밖에 없고, 상대방도 똑같은 생각을 한다면 국제사회를 불신의 늪으로 몰아넣어서 갈등과 대립의 상황으로 이끌어 누구도 이익을 장담할 수 없는 상황을 초래할 수도 있는 것임을 깨달아야 한다.

예를 들어 미국은 Trump로부터 Madman Theory에 의존한 전략적 태도로 한국에 대응해왔다. 미국이 한국에 대해 이것을 처음 사용한 방법도 아니다. 미국은 1970년대 한국이 무역 성장을 추진하는 과정에서 미국의 대중정책의 변화에 따라 남-북 대화를 추진하였을 때 남-북 대화를 거부함에 따라 미국으로부터 무역 제한조치를 당한 경우가 있었다.

지금도 한-미 관계에서 무역문제로 미국이 한국 정부에 압력을 가하고 있다는 것은 잘 알려진 사실이다. 또 한국 정부의 "모호성"은 THAAD 문제로 중국으로부터도 경제적 압박을 받고 있다.

한국은 북핵의 문제를 해결하기 위해 미국과 공동으로 북한의 비핵화를 추구하면서 미-북 관계에서 중재를 표방하면서 개입하고 있다. 이번 회담 취소를 둘러싼 위기를 겪으면서 미국은 한국에게 비핵화 문제에 너무 개입하지 말 것을 요구했다고 이낙연 총리가 밝혔고, 북한은 판문점 선언의 철저한 이행이라는 조건으로 중재를 요청하였다.

C. 중재의 조건

중재의 의미는 상대방의 어떤 목적 성취를 도와주기 위한 것과 같은 간단한 중재, good Offices와 같은 것이 있지만, 경쟁적인 두 나라의 갈등적인 목적 추구에서 갈등을 해소하고 위기를 관리하며, 그 의제내용에까지 개입하는 복잡한 의미의 중재(Arbitration)도 있다.

사실상 핵을 둘러싼 갈등상태에 있는 미국과 북한을 중재하여 평화적 협상에 의해 양국관계를 평화 및 안정을 위한 변화를 가져오게 한다는 것은 쉬운 일이 아니다. 특히 한국은 군사적으로 북한과 적대적이고, 미국과 동맹을 체결한 상태에서 미국과 북한을 중재하는 데서 공정하게 역할을 할 수 있는가에 대해서도 의심이 가게 마련이다.

그러나 평창 동계올림픽을 계기로 하여 한국은 미-북한의 접근을 시도하였고, 이것을 이루기 위한 발판으로 남-북한 간에 접촉을 시도하고, 결국 판문점 선언을 이끌어내게 되는 업적을 만들어내었다. 이 선언을 미국도 지지하면서 한반도 평화문제에 대한 관심을 나타내어 북한이 표현한 미국과의 회담에 대한 관심을 수용하게 되어 역사적인 미-북한 회담이 실현되게 된 것이다.

그러나 최근의 미-북 회담 취소 논란을 통해 한국의 중재에 대해 미-북 양측은 불만을 드러내었다. 한국의 중재 역할에 대한 문제제기는 그 자체로서도 보완해야 할 것도 있고, 또 국제적 사례에서 참고로 해야 할 것들도 있는 만큼, 최근에 Michael Krepon이 쓴 글에서 이런 문제해결에 대한 단서를 찾아볼 수 있기를 기대한다.

그는 최근에 발간된 Moeed Yusuf의 책을 소개하면서 미래의 중재의 의미, 또는 중재 역할을 할 나라의 갖추어야 할 요소를 제시하고 있다.(Brokering Peace in Nuclear Environment, Stanford University Press 2018) 이 책 내용을 소개하기보다는 저자가 제시하는 중재에 필요한 요소들을 한반도 상황에 맞게 추려보고자 한다. 그는 주로 인도-파키스탄의 관계를 예를 들며 여기서 미국이 했던 역할을 중심으로 하여 이 문제를 다루고 있다.

요약하자면 먼저 미국은 중재자로서 이 두 나라 문제에서 미국이 위기를 관리할 수 있고, 주도적이었다고 보고, 중재에 적극적이었던 것을 강조하고 있다. 또한 미국의 중재에 경쟁적인 제3자가 없었다는 점, 다른 나라들이 미국의 역할에 보조역할을 하였다는 점, 모든 관여자들이 위기의 de-escalation에 관심을 두었고, 대부분이 안보에 대한 관심은 그리 크지가 않았다. 미국은 인도, 파키스탄과 모두 연락을 취하고 있었고, 비록 미국이 공정하다고 보지는 않았으나 이런 미국의 입장을 받아들이지 않을 때 상대방에게 갈 유리점을 두려워해 그 중재의 입장을 존중해주었다.

아직도 인도-파키스탄 간에는 위기 경향이 강하고 양국 간의 위기를 관리, 통제할 제도가 없는 상태에서 양측은 그 위기를 악화시킬 행동은 보이지 않고 있다. 이러한 분석에서 그가 제시하는 위기 관리를 통한 중재의 성공을 거둘 수 있는 결정적 요소를 살펴보면, 물론 이것을 한반도 상황에서 유추하여 볼 때, 우선 첫째는 "한국은 한반도에서의 위기를 관리할 수 있는 능력을 가지고 있다고 볼 수 있는가?" 하는 문제이다. 지금 등장하고 있는 판문점 선언에서의 군사적 대치상태의 해소, 무력행사의 포기 등과 같은 요소들이 지켜질 수 있는 것인가? 현재 미국을 비롯한 동맹군의 군사연습을 위협으로 간주하고 이것이 위기를 불러오고 있는 것으로 보려는 북한의 주장에 대해 중재적 입장에서의 한국은 어떤 태도를 취할 수 있는가? 이러한 위기를 관리할 수 있는 능력이 한국에게 있는가? 이것은 미국의 협력이 없이는 불가능한 것이다.

두 번째로 고려해야 될 문제는 "주변 국가들이 위기 관리적인 측면에서 협동적인가?" 하는 문제이다. 어느 면에서 한반도 주변 국가들은 위기의 폭발을 막으려는 데서 공동적인 입장이라고 할 수 있고, 러시아를 포함하여 이들도 판문점 선언을 지지하고 있는 것으로 볼 수 있다.

이 지역에서 위기를 기회로 보고 이용하려는 국가가 위기를 악화시키거나 자기 입장을 강화하려는 나라가 있는가? 지금으로서는 미-북한 관계의 접근을 자기 이익에 반하는 것으로 공개적인 태도를 취하는 나라는 없는 것으로 보인다.

현재로서는 위의 분석에 따른 결론으로 삼아야 할 것은 한국의 위기 관리 능력은 미국과의 협력관계에 의존해야 하는 사항이고, 북한도 한-미 간의 관계가 신뢰에 기반을 두고 발전을 하는 것이 미-북한 관계에도 좋은 영향을 줄 것으로 기대하는 의미에서 미-북한 관계의 성공적인 발전에의 한국의 중재의 기여를 요구하고 있다고 보인다.

다만 현재에도 항상 제기될 수 있는 문제점으로, 이 지역에서의 주도적이고 적극적인 세력으로서 미국이 미-북한 관계에서 강압적이고 요구적인 태도를 보이면서 북한을 강요하려는 입장을 취할 경우 중재자로서 한국이 할 수 있는 행동은 무엇인가 하는 문제이다. 특히 지역 안정성을 일방적으로 의존하는 상황에서 미국에게 그 안정성을 일방적으로 제한하도록 요구할 수 있는가?

무엇보다도 중요한 것은 이러한 불확실성이 일어나지 않도록, 이것이 안정성을 훼손하여 위기로 발전하지 않도록 하는 것이 가장 중요하고 현실적으로 타당한 대안이 될 것이다. 그런 의미에서 북한이 제기하는 판문점 선언의 철저한 시행과 관련되어 미국, 북한에 대한 더욱 강화된 중재가 필요하다고 할 것이다. 한국이 추구하고 있는 것이 현실적인 북한과의 평화, 번영의 관계만이 아니라 통일의 문제까지 고려할 때 한국의 장기적, 포괄적인 정책은 그 역동성을 획득할 수 있을 것이다. 이러기 위해서는 기회주의적인 태도는 오히려 부정적인 영향을 줄 것이다.

D. Trump의 점증적 변화

판문점에서 비핵화를 위한 정상회담을 위한 준비회의가 진행되면서, 또 실무진들의 협의 참여를 통해 비핵화를 위한 과정이라는 용어가 나오면서, Trump 대통령은 정상회담이 한 번 이상 열릴 것으로 언급하였다.

사실상 실무진의 참여는 국무부, 국방부 그리고 에너지부 등에 설치되어 있는 CTR(Cooperative Threat Reduction) 관계부서의 요원들의 개입을 의미하고, 이들의 참여는 비핵화의 경험을 축적하고 있는 CTR 요원들이 마련한 매뉴얼에 의한 진행을 의미한다고 할 수 있다. 이 과정에서는 그 매뉴얼에 나와 있는 단계에 따라 진행될 수밖에 없다.

Trump 대통령이 일괄타결 등 한 번의 회담으로 진행된다고 말하지 않았다는 언급은 12일의 회담이 이 긴 비핵화 과정의 시작이 될 것이라는 것을 의미하고 있다. 이 비핵화가 시간을 필요로 할 것이라는 지적은 Sigfried Hecker와 Richard Haass의 글에서 나왔다. Hecker는 5월 28일 발표한 글에서 북한의 비핵화는 최장 15년이 걸릴 것으로 예측하였고, 그 원인을 북한에게 안전을 보장해주는 조치가 중요함을 강조하고 있다.(A Technically-informed roadmap for North Korea's denuclearization, with Robert Callin and Elliot Serbin, Stanford Univ., May 28, 2018) 그는 러시아에서의 Nunn-Lugar 프로그램(CTR)에 따른 전문요원들의 재훈련 등에 관한 계획에 따라 비핵화가 진행될 것으로 보고 있다.

다른 한편으로 Richard Haass는 5월 25일 발표한 글에서 뜻밖에도 Trump가 정상회담 취소 후 다시 재개한다는 입장을 발표한 것을, 오히려 북한이 핵무기와 미사일을 완전히 제거하지 않는 경우 그 회담이 실패할 것이라는 것이 명백해진다는 생각에서 미국이 취소하게 만들였고, 또 북한이 장거리 미사일에 의한 핵 위협을 제거하기 위한 어떤 행동을 미국이 해야 할 필요를 느꼈기 때문에 다시 받아들였다는 설명을 덧붙이고 있다.

그는 미국이 이 위협을 제거하기 위하여 빠르고 일괄적인 타결을 바라는 욕망을 재고할 필요가 있다고 하면서 좀 더 점진적인 방법을 선택할 것을 제의하고 있었다.(Korea Summity, Avoiding Catastrophic Failure and Catastrophic Success, May 25, 2018) Haass는 김정은의 태도를 반응적이라고 보기보다는 오히려 Proactive하다고 보면서 그의 핵미사일 프로그램의 발전이 미국과의 협상에 자신 있게 나설 수 있는 신뢰감을 불어넣어 주었다고 하고 있다.

그는 북한과의 협상에서 넓은 주제들을 다루면서 미국의 관심사들을 대부분 포함하는, 예를 들어 통일 한국에서의 미군주둔 문제 등 협상을 성공시킬 수 있을 것으로 보면서 여기서 전술적으로 교환을 통한 합의도 가능할 것으로 제시하고 있다. 그는 제재를 해제하는 것을 먼저 제시하여 북한으로부터 양보를 얻을 수 있는 것도 위험하기는 하나 하나의 대안이 될 수 있다고 보고 있다.

맺으며

북핵문제를 둘러싸고 벌어진 Madman theory와 "전략적 모호성"의 대립은 5월 10일부터 5월 22일 사이에 절정을 이루었다고 할 수 있다. 이 와중에 Pompeo는 5월 13일 핵 문제, 대북경제 지원과 관련하여 미국의 민간자본을 언급한 것이 눈에 띈다. 결국 최근에 Trump 대통령도 대북 비핵화 및 경제 보상에서 한-중-일의 역할을 언급한 것도 같은 맥락으로 보아야 할 것이다. 김정은의 친서를 통해 북한의 비핵화가 100% 확실히 보장되었다는 사실과 더불어 Trump의 단계적 비핵화를 받아들일 움직임에서 볼 때 앞으로의 비핵화에 관한 조기 집행에 들어갈 비용은 한국이 그 시작에서 담당해야 할 것으로 보인다.

이것은 지난번에 발표된 논문, Trump's Initiative에서 이미 논의한 바 있고, 6월 12일의 회담은 이에 필요한 정치적 선언으로 미-북한 관계의 설정문제, 비핵화를 위한 양국관계의 법적 문제 등이 언급될 것으로 보인다. 우선 이 선언에서 북한의 비핵화 의도의 선언으로 관련국들의 지원이 가능하도록 하기 위한 제재문제의 해제 등이 언급되게 될 것인데 이것은 특히 외국 민간자본이 들어가기 위한 전제인 것이다.

사실상 이후의 비핵화를 위한 실무적 이행은 한국의 적극적 참여가 요구되는 부분이 될 것으로 보인다. 미국은 비핵화를 달성시킨 상징적 의미로 북한의 ICBM의 반출을 원할 것으로 보이나 이것은 북한에서 미사일을 핵탄두와 분리시키는 등의 해체작업을 거쳐야 할 것이다.

김영철 부위원장의 Trump와의 회견에서 Madman들이 제거된 것과 같이 앞으로 전개될 한국의 대미관계에서 한국도 더 이상 전략적 모호성을 휘두를 필요는 없을 것이다. 앞으로 전개될 북한의 번영을 위한 한국의 경제적 지원과 교류를 정책적으로 통일을 향한 점증적 방법에 의한 접근으로 추진해 나갈 Road map이 절실한 때이다.

⑨ Trump-Kim 회담: 싱가포르 성명

 6월 12일은 싱가포르로서는 기념할 만한 날로 기억이 될 정도로 세계의 이목을 집중시킨 날이었다. 세계에서 가장 폐쇄적인 나라의 지도자와 세계에서 가장 영향력이 강한 나라의 지도자가 만나서 70여 년의 오랜 적대관계를 청산하기 위한 정상회담을 가졌다는 사실이 관심을 불러일으킨 요인이었다. 전 세계로부터 2,000여 명이 넘는 기자들이 취재 경쟁을 벌이는 상황은 싱가포르로서는 김정은의 체재비를 부담하고도 남을 이득을 볼 수 있도록 해주었다.
 사실상 세계에서 유일하게 남은 냉전지역으로서 한반도 문제가 세계 정치에 끼치는 영향은 모든 긴장과 적대의 첨병으로서 또는 상징으로서 가지고 있었던 불신, 대립, 폭력의 원인으로 지양되어야 할 것으로 지적되어 왔다는 것이다.
 무엇보다도 북한은 지역적 특성상, 그 주민들이 1910년 일본 군국주의의 지배로 들어간 이후부터 전혀 자유민주주의의 의미를 누려보지 못하고, 지금까지 1세기가 넘도록 전체주의의 지배하에 놓여 있었다는 사실을 기억해야 할 것이고, 이들을 그러한 고통으로부터 해방시켜야 한다는 것은 인류적 사명이기도 하다.

A. 공동성명과 평가들

양국의 지도자가 서명한 "한반도에서의 항구적이고 든든한 평화체제의 건설"을 약속한 이 문서는 4가지 사항에 합의하였다. 첫째는 미국과 북한이 두 나라 국민의 평화와 번영의 욕구에 따라 새로운 미-북 관계의 수립을 약속했고, 둘째로는 한반도에 항구적이고 안정적인 평화체제의 구축을 위한 공동의 노력을 할 것, 셋째로 올 4월 27일 판문점 선언을 재확인하면서 북한은 한반도의 완전한 비핵화를 실현하도록 한다는 약속, 넷째로는 이미 확인된 전쟁포로 및 실종자의 유해의 즉각 반환 및 발굴을 약속하였다.

이와 아울러 양국은 이 성명에 나타난 것의 조속한 이행을 위하여 Pompeo와 같은 지위의 북한 관료 간의 추가적인 협상을 가지며, 새로운 미-북 관계의 발전과 한반도와 세계의 평화, 안보 번영을 촉진하기 위하여 협력할 것을 약속했다.

이 성명이 발표되면서 미국은 물론 한국에서도 찬반 양론이 쏟아져 나오면서 뜨거운 논쟁이 벌어지기도 하였으며, 한국의 어느 보수언론은 이것을 전문가들에게 점수를 부여하도록 해서 10점 만점의 점수제로 평가하는 진풍경을 연출하기도 하였다. 미국의 한반도 전문가들의 평가는 대체적으로 Nunn-Lugar 방식을 이해하는 사람들의 경우는 Trump를 지지했으나, 그렇지 못한 경우 비판적이거나 부정적 평가를 하는 것으로 나타났고, 親日 성향이 강한 Daniel Russel, Wendy Sherman, 그리고 Joseph Nye 등은 특히 비판적인 태도를 보였다.

특히 한국의 보수언론들은 진보적 정권의 북한과의 회담에 부정적이었던 만큼 이들의 평가의 기준, 방법 등은 이를 합리화하기 위한 것으로 이용하였으며, 이들이 뽑은 신문기사들도 "트럼프의 완패", "트럼프가 김정은에게 속았다." 등의 단편적이고 직설적인 언어로 평가를 대신했다. 이에 대한 문제를 정리하기 위해서는 공동성명을 통해 제시된 것을 사실로 받아들이고 이후의 당사자들의 발언을 근거로 그 의미를 명확히 바로잡을 필요가 있다.

Krepon은 이런 단순한 점수식 평가보다는 우선 이 회담이 핵전쟁의 가능성을 축소시켰다는 데서 평가해야 하며, 또 이것이 비핵화에 어떤 도움을 주는가에서 볼 필요가 있으며, 이 회담이 앞으로 비핵화를 역동성 있게 추진할 수 있는가에서 볼 것을 언급하고 있는데, 이것은 매우 독특한 안목을 보여주고 있다고 할 수 있다.(The Un-Scorecard for the Trump-Kim Encounter, June 13, Michael Krepon)

B. 비핵화의 의미

한국의 보수언론들은 Pompeo가 강조했던 CVID에 대해 공동선언에는 "완전한 비핵화"라는 표현만 있을 뿐 "Verifiable, Irreversible"이 언급되지 않았다고 하면서 미국의 패배, 또는 김정은이 속였다는 기사의 표제를 뽑았다.

이른바 "불가역적인"으로 번역되는 이 말은 한 번 비핵화가 된 상태에서 다시 핵무기를 만들 수 없도록 한다는 데 그 본래의 의도가 있다. 이란과의 공동협정에서도 이 문제가 제기되기는 했으나 이란은 핵무기 제조의 경험이 없었고, 반면 핵무기 제조의 경험이 있는 북한의 경우에는 비핵화 논의의 초기 단계에서 북한 핵 과학기술자의 해외 이주문제가 등장한 것이 이것을 차단하기 위한 목적에서 이것이 언급되었으나, 이것은 핵확산의 우려가 더 큰 문제인 만큼 곧 의제에서 사라졌다.

이 불가역적이라는 말은 사실상 비핵화가 진행되어 핵무기 제조가 불가능하도록 된 상태에서 다시 핵무기 제조로 가지 못하도록 한다는 데 의미가 있는 만큼, 비핵화를 시작하는 단계에서 비핵화의 조건으로 제시되는 것은 앞뒤가 맞지 않는 말이다.

북한과의 비핵화를 위한 실무진의 협의가 이루어지면서 Trump 대통령의 생각도 변화되면서 이 문제(Irreversible)에 대한 이해도 변한 것을 알 수 있다. 이것은 공동성명 발표 후 있었던 Trump 대통령의 기자회견 내용에서 확인할 수 있다.

Trump는 비핵화가 긴 과정이라고 하면서, 이 비핵화가 과학기술적으로 진행이 되어 이 비핵화가 20% 이상 진행되면 되돌아갈 수 없는 지점에 도달하게 되고, 핵무기가 더 이상 효용이 없다고 확신할 때 제재를 제거할 수 있다고 대답하고 있다.(President Press Conference on North Korea Summit, Annotated, NPR, June 12, 2018)

Trump는 공동성명에 북한 핵무기와 시설에 대한 CVID가 언급되지 않은 사실을 인정하면서, 그는 김정은 위원장이 이 문서에서 그의 흔들림 없는 한반도의 완전한 비핵화에 대한 약속을 재확인했다고 하면서 김 위원장은 이 약속이 CVID와 같은 것임을 의미했다고 덧붙였다.

C. Trump 대통령의 양보(?)

Singapore 회담 중에 Trump는 선의의 대화가 진행되는 동안 한-미 간 군사훈련을 중단하는 조치를 취할 의향을 보였고, 다른 한국의 매체는 이런 것들이 중국에게만 이로운 것으로 나타났다는 등의 주장을 전개하는 근거로 제시하기도 했으나, 공동성명에서 명기된 내용에 따라 정리해볼 필요가 있다.

공동성명 세 번째 항에서 북한은 판문점 선언을 재확인하면서 완전한 비핵화를 약속했다. 이것은 남-북 간에 이루어진 판문점 선언에 대한 미-북 공동성명에서의 추인을 의미하는 것이라고 할 수 있다.

이미 판문점 선언이 나온 직후 미국이 이를 지지한다고 밝혔지만 비핵화를 위한 양국 회담의 공동선언에서 이것을 다시 확인한 것은 미국도 판문점 선언의 국제적 책임을 인정한 것이라고 볼 수 있고, 이것은 미국도 이것을 준수할 의무가 있다고 할 수 있는 것이다.

따라서 한-미 간의 군사훈련도 판문점 선언의 정신에 따라 중단할 의사가 있다는 것을 국제적으로 인정한 것이다. 이것을 핵 위기가 절정에 있을 때 중국이 쌍절단이라는 명칭하에 제의했다고 해서 중국에게 유리한 것으로 볼 필요는 없다. 이미 그때 상황과는 미-북한 관계가 변했고, 중국의 대북한 관계도 많이 회복되었다고는 하나 종전처럼 북한과의 관계에서 자의적으로 행동할 수 있는 단계는 지났기 때문이다.

미국의 훈련 중단 의사 발표에 대해 북한은 미국이 신뢰 구축 조치를 취하면 북한도 이에 상응하는 조치를 추가로 취할 것을 밝혔고, 핵시험장의 폐기에 이어 미사일 발사시험장의 폐기를 언급하였다. 오히려 Trump 대통령이 언급한 것 중에 주의해 볼 것은 비핵화의 부담을 한-일에게 넘기는 듯한 발언이 있었다는 것이다. 또한 미-북한 비핵화 실무 협의과정에서 Trump는 Nunn-Lugar 방식을 자주 언급하는 것을 볼 수 있었다.

이 방식이 주로 Cooperative on Threat Reduction이라는 용어로 미국방부, 국무부, 그리고 에너지부에 설치되어 있는 비핵화를 위한 제도들이지만, 이미 1990년대에 전 소련 영토에 속했던 지역에서의 핵무기 폐기 및 핵 물질의 관리의 경험을 확보하고 있다는 것은 새로운 사실이 아니다. 그러나 이것에 대해 미국의 모든 학자나 연구원들이 다 파악을 하고 있는 것은 아니고, 예를 들어 북한의 비핵화를 위한 상원 청문회에서도 Nicholas Eberstadt(AEI)와 Scott Snyder(CFR)가 증인으로 나와 발표하였으나 Eberstadt는 CTR에 대해 간략하게 설명을 했으나 Scott Snyder는 CTR에 대한 언급조차 하지를 않았다.

전 소련 영토에 대한 핵무기 폐기를 위한 비용은 미국 의회의 지원을 받아 충당되었으나, Pompeo는 이것을 한-일의 부담으로 해결할 의사를 가진 것으로 보인다. 어떻게 보면 수익자 부담의 원칙에 따른 것이라고 할 수도 있으나 북한의 ICBM의 폐기에 집중된 미국의 관심을 보면 미국도 일부를 부담하는 것은 당연한 것으로 보인다.

다만 의회 절차를 거치는 시간을 고려한다면, 북한 비핵화의 초기 단계에서 필요한 북한의 핵 관계 기술자의 고용을 통한 해결을 시도하기 위한 Center의 설치 및 훈련을 위한 비용은 한국이 충분히 부담할 수 있을 것으로 보이며, 이것은 잠재적으로는 북한의 고용을 통해 북한 주민에 대한 경제적 이득을 줄 수 있는 문제로 북한 주민의 동조를 확보하기 위한 수단이기도 하며, 이 기술자들은 핵무기 문제만이 아니라 그 후 있을 환경 개선 및 보호 차원에서의 역할로 이어질 수 있을 것이다.

D. 역사적 아이로니(?)

1882년 5월 22일, 조선은 중국 청나라의 주선으로 이보다 6년 전에 일본의 강압적인 태도에 굴복해서 체결한 강화도조약에 대한 반대급부로 미국과 제물포조약을 체결했다. 외교사 학자들은 이것이 일본이 조약을 이용해 한반도에 진출하려는 의사에 쐐기를 박기 위한 중국의 의도에서 나온 것이었다고 보고 있다.

그때 조선의 전권대사로 나온 申櫶은 무관 출신 외교관으로 알려져 있다. 신헌은 조약체결 후 미국의 전권대사였던 Schufeldt 제독이 타고 온 USS Swatara호를 답례차 선물을 가지고 방문하는 것으로 되었다. 당시 Swatara호는 원래 목선이었으나 1876년 개조되어 9인치 포를 6개 장착한 포함으로 1,900톤급이었다. 처음에는 신헌이 거룻배 비슷한 것으로 미국 포함을 승선하려고 갔으나 너무 크기 차이가 나고 높아서 승선할 수 없게 되자, Schufeldt의 배를 제물포로 안내한 중국 범선을 이용해 Swatara호에 승선할 수 있었다. 미국의 외교문서에 의하면 이때 미국인들은 조선이 마련한 과일이 아주 좋았다는 평을 했다고 전한다.

130여 년 전의 이야기이지만, Singapore 회담에 가기 위해 김정은이 중국 총리의 전용기를 빌려 타고 갔다는 사실은, 시간적 차이와 상관없이 유사하게 전개되는 냉혹한 현실의 단상은 씁쓸한 미소만 자아내게 할 뿐이다.

미국의 같은 문서에서는 미국 해병과 조선군 간의 첫 전투가 강화도에서 벌어진 기록들이 나오는데, 전투 초기에는 미군이 상륙전을 전개하면서 전투가 치열하게 전개되었으나, 작전을 바꾼 미군은 그다음 공격에서는 상륙을 하지 않고, 몇 시간에 걸친 대규모 함포사격을 계속했고, 조선 진영에서 처량한 노랫소리(아마도 곡하는 소리?)가 들린 후 미군이 상륙하여 장군기를 획득하여 갔다.(신미양요)

외국 군대의 침입에 대항하여 싸운 그 당시의 조선 군인들은 무수히 쏟아지는 외국군의 함포사격에 대응할 방법이 없이 그대로 폐허로 변한 전투지역을 보고 무슨 생각을 했을까?

E. 과제들

Trump 대통령이 언급한 비핵화 과정이 20% 이상 진행이 된 후, 따라서 reversible이 불가능한 단계에 들어섰다고 판단되는 시점에서 북한에 대한 제재가 제거되기 시작할 것이며, 이 제재가 제거되어야 비로소 북한에 대한 외부로부터의 경제적 지원이 가능해질 수 있다는 것이 미국의 판단이다.

Pompeo가 북한이 빠른 비핵화를 원하고 있다는 오늘(14일) 서울에서의 발언은 북한이 노동신문을 통해 제재해제 문제를 제기한 것(12일)과 관련이 있는 것으로 보인다. 최근 중국, 러시아 등도 이 제재해제 문제를 거론하면서 북한을 지지하는 모습을 보인 것은 미국에 대한 압력으로 작용할 것으로 보인다.

Pompeo가 Trump 대통령의 임기 내에 비핵화를 끝내기를 바라고 있다고 한 것, 그리고 Trump 대통령도 빠른 비핵화를 언급한 것 등은 위에서 언급한 Irreversible한 단계까지의 비핵화를(대체로 2년 내에) 의미한 것으로 보이며, 이것은 동시에 제재해제 요건의 충족, 따라서 북한에 경제적 지원이 본격적으로 이루어지는 단계를 의미한다.

앞으로 추진해야 할 일은 법적으로 미-북한 간의 협정의 형태로 핵무기 폐기 및 핵 물질의 통합적 수집 및 관리를 위한 미국과의 관계 설정이 있어야 하며, 실무적으로 이를 위한 기구와 조직의 구축이 이루어져야 한다.

가능하다면, 한국 정부는 이 과정에 대한 준비를 위해 될 수 있는 한 남-북-미의 고위급 실무 협상팀을 구성하여 추진해 나가는 것이 바람직할 것으로 보인다. Pompeo는 한-일의 공동 노력을 언급했으나 일본인의 납치문제로 스스로 장애를 조성한 관계로 북-일의 관계는 아베가 원하는 북-일 간 정상회담의 과정을 밟는다고 하면 지체될 우려가 있는 만큼 남-북-미 간의 고위 실무선에서 비핵화의 기본적 단계를 마련하는 것이 효과적이고 좋을 것이다.

제2부

김정은 시대

01
김정은의 외교

Pompeo 국무장관의 네 번째 평양 방문(2018. 10.)은 무사히 예정되었던 일정과 협의를 끝내고 종결되었다. Pompeo 자신도 이 방문을 매우 좋았던 것으로 평가했고, 북한 노동신문도 좋은 분위기에서 끝난 것을 지적하고 있다. 예정된 주제는 2차 미-북한 정상회담의 장소, 일자 등을 합의하는 것, 그리고 더 포괄적으로는 그 회담에서 다룰 1차 정상회담에서 합의한 사항의 진전을 위한 협의였었다. 공식적으로 Pompeo가 방문 결과를 한국에게도 전달했으나, 위에 언급된 그 이상의 내용은 중국으로 떠나기 직전 미국 백악관에 브리핑한 것으로 알려져 있는데, 그 중에서 성과라고 한다면, 지난번에 폐기한 풍계리 핵실험장 이외에 동창리 미사일 실험장에도 국제 사찰단을 받아들이겠다는 것과, 미국이 이러한 북한의 조치에 상응하는 조치를 취할 경우 영변 핵 시설에도 추후로 확대될 것으로 Pompeo는 언급하고 있다.

이 회담 직전에 회담 참가인원을 제한하는 언급이 있었고, 국내 언론들은 왜 제한을 했는가를 가지고 왈가왈부하는 모습을 보였으나 이 인원 제한, 특히 미국 측의 인원을 3인으로 제한한 것은 결과적으로 논의 의제의 제한에 그 목적이 있었다고 보인다.

Pompeo는 Stephen Biegun 국무부 대북정책 특별대표가 제안한 비핵화 협상을 빈에서 개최하는 문제, 그리고 트럼프 대통령의 임기 내에 비핵화를 위한 과정을 완성하는 문제를 평양 방문 이전에 언급했고, 여기에 미-북한 간에 북한의 특정한 핵 시설 및 핵무기에 대한 논의가 진행 중이라고 밝힌 것 등을 언급하였으나, 김정은과 Pompeo의 회담에서는 미-북 2차 정상회담의 문제, 그리고 싱가포르에서 합의된 비핵화의 진전을 위한 사항만을 논의하는 것으로 제한되었다.

(1) 김정은에 대한 평가

이 Pompeo-김정은 회담이 끝난 후 싱가포르 대학의 한 연구원은 글을 통해 김정은을 과소평가하지 말 것과 그는 매우 능력 있는 협상가라고 평가하고 있었다. 특히 한때 미-북한 핵 협상의 대표였던 조셉 윤은 김정은이 북한의 진로를 바꾸려는 데 매우 진지하며, 올해에 들어 가진 일련의 회담, 문 대통령, 트럼프 대통령, 시진평 주석 등과의 회담에서 긍정적 신호를 보였다고 하면서, 북한을 위협으로 보든가 아니면 그 반대라고 보는 극단적인 평가보다는 외교적인 작은 움직임을 만들어내는 것의 중요성을 공유하는 협상의지가 있는 상대자로 보고자 했다. 그는 검증이 필요하다고 하면서 비핵화 프로세스에 대한 접근된 논의가 필요하다는 것을 강조했다.

조셉 윤은 김정은이 5년 동안 유년기를 스위스에서 보냈다고 보았지만, 외국 자료를 종합해보면, 그는 8세에서 16세까지 사춘기를 포함한 소년기를 가장 자유민주주의가 발전한 나라에서 보냈다는 것은 그의 성숙과정에서 기본적인 소양을 다른 어느 서구 나라 소년에 못지않은 환경에서 터득했다고 볼 수 있다.

그가 30대 중반의 나이이면서 60~70대의 노련한 지도자들과 협의를 통해 자기의 의지를 관철해 나가려는 모습은 대단하지만 그가 국가의 정책을 이끌어 나가는 자신감과 신념은 북한의 외교를 지금까지 이끌어온 여러 북한의 외교 담당자들의 노력에서 그 도움을 얻은 것이 틀림없다.

김정은은 문 대통령의 5월 미국 방문 후에 미-북 정상회담의 취소 통보를 받은 상태에서 문 대통령을 통일각으로 초치하여 결과적으로 미-북 정상회담을 성사시키는 유연한 자세를 보였고, Pompeo의 평양 방문 취소시에도 이와 유사한 태도를 유지하였다.

(2) 허담과 미국

미국과 관련하여 그 외교에서 언급할 사람은 허담(1925~1991)이 대표적일 것이다. 허담은 함경북도 출신으로 모스크바大에서 유학을 한 후 북한 외무성에서 20여 년이 넘는 기간 동안 외무상, 부총리 등을 역임하면서 대외관계를 이끌어왔으며, 90년 노동당 정치위원을 끝으로 은퇴한 후 91년에 병사한 것으로 알려졌다.

냉전의 절정기인 70년대 후반에 UN을 비롯한 국제기구에서의 대결에서 허담은 미국에 접근하여 주한미군 철수를 가져오게 하는 일에 몰두하였고, 그 기회는 1976년 카터의 대통령 당선에서 얻게 되었다. 허담은 북한인으로서는 처음으로 1977년 미국을 방문하였으며(사이러스 밴스의 서한에서 밝혀짐), 한국의 야당 정치인 김영삼을 77년 6월 모스코바에서 회동하기도 하였다.

김일성과 인척관계이기도 했던 허담은 김일성을 수행하여 브레즈네프, 고르바쵸프 등과도 각각 회동하였으며, 83년부터는 조평통 위원장을 담당하면서 남북연석회의 준비위원장을 맡았고, 이미 71년 4

월에 이른바 8개 통일방안을 제시하기도 하였다.(이 8개 항은 73년 6월 북한의 5개 통일방안으로 다시 제의되었다. 여기에 주한미군 철수가 포함된 것은 물론이다.)

72년 5월부터 미군 철수를 주장하던 김일성은 카터의 대통령 당선 직후인 1976년 11월, 그리고 77년 2월 두 차례에 걸쳐 파키스탄의 부토 총리를 통해 카터 대통령에게 접근하였으며, 당시에는 미국이 한국 정부의 참여하에 한반도 문제를 논의하겠다고 거부하였으나, 79년 카터 행정부는 한국 정부에 주한미군 철수문제를 제기하였고, 미 군부의 반발에도 불구하고 끝내는 비전투요원 1개 연대를 철수시켰다.

카터 대통령은 당선 직후부터 73년 중동전 이후 대립하고 있었던 이집트와 이스라엘 문제를 해결하기 위해 노력하였으며, 1978년 Carter 대통령은 이집트의 사다트 대통령, 베긴 이스라엘 총리 간의 비밀협상을 주도하여 12일간의 비밀협상 끝에 9월 17일 Camp David Accords를 성사시켰다. 이것에 의거 1979년 이스라엘과 이집트는 평화조약을 체결하였다.

당시 통일원 정책기획실에 근무를 하던 본인은 이 Camp David Accords(A Framfwork for the Conclusion of Peace Treaty Between Israel and Egypt)의 체결과정을 조사, 분석하도록 명령을 받고 보고서를 제출하였다. 이스라엘과 이집트 간의 합의가 가능했던 것은 미국의 중재로 이스라엘에게는 핵 관련 과학기술의 제공, 그리고 이집트에게는 약 2억 불의 경제원조의 제공이 그 협상의 타결에 영향을 준 것으로 보였다.

중동의 협상이 성공되고 난 직후 미국 정부는 곧 한반도 문제에의 개입을 선언하고 79년 미국의 중재로 남-북한이 참여하는 3당국 회담이 제시되었다. 물론 카터 대통령은 대통령 출마시의 공약사항이었던 주한미군 철수를 거론하면서 한국 정부에게 이 회담에의 참여를 종용하였다. 이로 인해 열린 남-북 회담은 이른바 변칙 대좌로 불발되었다.

현재 북한 최고인민회의 의장으로 있는 김영남도 허담보다는 3살 아래이면서 허담과 같은 모스크바 대학에서 유학을 했고, 외무성에도 잠깐씩 근무하였지만 주로 노동당과 최고인민회의에서 일을 하였고, 모스크바 대학 출신의 외교관은 2010년까지 외무상을 지낸 강석주(1939~2016)에게까지 계속되었으나, 최근에 등장한 리용호 외무상, 리수용 대사, 그리고 김계관 등은 모두 평양에 있는 국제 관계 대학이나 외국어 대학 출신이다.

2000년 10월 김정일 위원장의 특사로 미국에 파견되어 Clinton 대통령과 미-북 공동 커뮤니티를 발표했던 북한 공군의 조명록 차수(1928~2010)도 소련 공군 대학에 유학한 경력을 가지고 있으며, 그는 시리아를 방문한 적이 있다.

(3) 미-북 접근에의 도전적 요인들

주로 미국 내에서 미-북한 접근에 부정적인 태도를 보이는 사람들은 북한에 대해 강경한 태도를 보이며, 제재를 강화하는 것을 주장하는 사람들로서 최근에 일간신문에도 보도된 바에 의하면, Vipin Narang(MIT), Victor Cha(CFR) 등이 대표적이다.

Vipin Narang은 Ankit Panda(The Diplomat)와 같이 쓴 글(Carnegie Endowment for International Peace, NYT, June 12)에서 미-북 간의 핵 협상에서 북한은 핵을 포기하는 것이 아니고 핵 보유국으로의 지위를 확고히 하려는 것으로 보고 있고, 따라서 이 협상은 북한에 유리한 방향으로 가고 있다는 내용의 글을 쓰고 있다. 일본에서 발행되는 The

Diplomat는 일본의 입장을 많이 대변하는 것으로 알려졌고, Ankit Panda는 그 대표적 인물이다.

Victor Cha는 Richard Armitage와 Joseph Nye가 발행하는 미-일 동맹의 강화를 위해 발행하는 보고서 작성에 참여하고 있다. 미-북한의 접근이 있을 때마다 발행되는 이 보고서는 지난 1994년 미-북한 간에 Agreed Framework(미국은 갈루치, 북한은 강석주가 각각 서명)가 작성된 후에도 발행되어 미-일 동맹의 강화로 북한의 군사적 위협에 대항하는 조치를 강구하는 것을 강조하였다.(Armitage, Nye 보고서는 2000년 (INSS), 2007년(CSIS)에도 발간됨)

미-북한이 핵 문제에 관한 서로 간의 협상이 진행되고 있는 올 10월에도 Armitage와 Nye는 Victor Cha와 Michael Green 등을 초치하여 Reviewing the US-Japan Alliance for the 21st Century의 제목하에 회의를 개최하여 보고서를 작성하였다. 이 보고서에서는 최근의 미-북한 간의 회담의 진전과 관계 없이 미-일-한국은 동맹관계를 강화하여 군사연습, 공동작전 사령부의 형성 등을 통해 이 삼각관계를 분쇄하려는 북한의 의도를 좌절시켜야 한다는 것을 강조하고 있다.(More Important than Ever, Oct. 3 CSIS)

이러한 도전적 요인에 대항하기 위해 필요한 것은 김정은, 트럼프, 문재인 등 지도자들 간의 신뢰관계이다. 이 신뢰관계의 척도는 다음 미-북 정상회담의 개최지가 어디로 결정될 것인가에서 우선적으로 증명될 것이고, 이것은 최종적으로 미-북 관계의 수립에도 영향을 줄 것이다.

최근 미국의 Chicago Council on Global Affairs에서 조사한 바(Oct. 2)에 의하면, 미국인의 77%가 북한이 핵 프로그램의 포기시에 외교 관계 수립을 지지한다고 발표되었다. 그러나 미국 국무부와 Pompeo,

그리고 Trump 대통령까지 한-미 간에 조율이 안 된 상태에서, 북한의 비핵화에서의 진전이 없이 남-북 간의 합의로 그 관계를 진전시키는 것에 대해 문제를 제기한 것으로 알려졌다.

미국의 중간선거 이후로 2차 미-북 정상회담이 미루어져 있는 상태에서, 또 그 선거 결과가 주는 영향도 감안하면 선거 후의 미-북한 관계를 낙관할 수 없을 것이다. 문재인 정부의 자중이 요구되는 대목이다.

미 하원 중간선거가 11월 6일로 예정되어 있고 상원의원의 33석도 새로 선출되는 등 앞으로 한 달 이상의 기간이 미-북 관계에서의 공백이 예상되는 만큼, 남-북 관계, 한-미 관계 등에서의 현황과 진전사항에 대한 종합적인 점검이 필요하고, 그 관계의 진전에서 페이스를 조절하는 과정이 필요할 것으로 보인다.

앞으로 할 일을 미리 고려해보는 것은 중요하지만, 적어도 현실적인 목표로 미-북 간의 외교관계 수립, 또는 남-북한 간의 관계 발전의 단계적 추진 등에 관한 구체적 로드맵에 따라 진전시키는 것이 필수적이며, 이것도 안 되어 있는 상태에서 한반도의 변화를 동북아 국제질서 문제까지 확대 연결, 적용하는 구상을 하는 것은 과대망상에 그칠 가능성이 있다.

한반도 문제의 발전도 남-북한 관계의 안정적 설정이 그 기반이 되어야 하고, 그 위에서 교류와 협력의 관계를 지속적으로 발전시키는 것이 바람직할 것이다.

02
외교란 무엇인가?: 하노이에서의 반추

그동안 외교학과에서 英講을 하는 교재로 처음 채택한 것은 Harold Nicholson이 쓴 Diplomacy(London, 1955)였다. 지금 기억나는 것은 외교관례의 초창기로 볼 수 있는 중세의 외교관은 자기가 대표하는 나라나 군주의 권위를 모욕하거나 명예가 손상되는 경우 자기 목숨을 걸고 결투로 해결하거나 전쟁도 불사하는 경우가 있었다.

현대에 들어서면서 외교관이 하나의 Messenger boy의 역할로 낮아지는 시기를 지나 다시 그 중요성이 강조되었다. 동양에서도 근대에 들어 외교관이 조약체결 등에서 중요한 역할을 하는 경우가 있었는데, 19세기 말에 있었던 청-일 전쟁 직후 청-일 간의 조약체결에서 패전국이었던 청나라의 북양 대신 이홍장이 굴욕적인 교섭과정에서 개인적인 노고를 쏟아내는 모습을 볼 수 있다.

외교를 하나의 기술, 또는 관례로 보면서 이것으로 상대 나라의 정책이나 관계 변화에 영향을 주려는 의도로 나타내고 있다. 그러나 이러한 국가 간의 관계를 형성하는 데서 전쟁이나 폭력의 행사를 제외하는 대화, 협상을 위주로 하는 것을 특징으로 하고 있다. 이와 아울러 Cambridgewiki는 이 대화에서 상대방을 Offending 또는

Upsetting하지 말아야 할 것을 강조하고 있는 것을 볼 수 있다. 그 중 요성에 의해서 현대에는 외교도 공공외교, 그리고 민간외교로 통해 있으나, 여기서는 국가 간의 관계에 한정해서 다루고자 한다.

다른 글에서 독일 통합의 과정에서 서독과 소련의 교섭에서 성공을 이룬 요인의 하나로 양국 외교관들의 상호 예의와 신뢰에 기반을 둔 행동들이 양국관계의 개선에 크게 기여했고, 결과적으로 동-서독 통합을 실현시켰다는 것을 지적한 바 있다.

지난 2월 27~28일에 하노이에서 있었던 북한-미국의 비핵화를 위한 2차 정상회담은 위에서 언급한 고전적 외교의 의미라는 기준에서 볼 때, 그 결과만큼 매우 실망스러운 것이었다.

(1) Personna non grata의 의미

국가 간에 외교관계 설정시에 상호 교환하는 것에 상대국에 주재할 외교 대표들의 신상과 관련된 아그레망이 있다. 상대 국가의 동의를 얻어 그 대표를 파견한다는 의미에서 양국관계의 발전을 위해 이러한 과정은 중요시 되어 왔는데, 때로는 이것이 갈등의 빌미를 제공하는 원인이 되기도 하였다. 따라서 이 아그레망에 대해 아무런 반응을 보이지 않거나 묵살할 경우 Personna non grata로 간주되어 새로운 인물로 교체되기도 하는 일이 벌어지기도 한다.

Harold Nicholson이 쓴 책에서 그 기원이 중세에서 시작된 이러한 외교적 관례들은 오랜 시간을 두고 발전하는 과정을 통해 외교적 예양의 사항으로 받아들여져 국제관계에서 그 기본적 관례로 이용되고 있다. 오히려 능률성을 강조하는 현대 외교에서는 이러한 관례들이 오히려 거치장스럽고 불필요한 형식으로 오해되기도 한다.

북-미 하노이 정상회담, 이번 하노이 회담은 말 그대로 정상회담이었고, 따라서 이번 정상회담을 위해 미리 양국 간에 사전에 조율을 위한 실무회담이 세 차례 이상 열렸고, 이런 실무회담을 통해 의제와 쌍방의 협의내용들이 제시되어서 예상대로라면, 그 판문점 회담 등 실무회담에서 논의되는 과정에서 대부분의 입장은 협의되었고, 그것이 정상회담을 통해 확인되는 과정으로 진행되는 것으로 보아야 할 것이다. 특히 북-미 회담에서 알려진 결정방식이 그 초기에 있었던 강경파 고위급 대표들의 발언이 양국관계 발전에 긍정적인 의미를 가지지 못한 데서 Top-Down의 개입과 결정방식을 더욱 선호하게 된 것임을 고려할 때, 정상회담에서의 결정은 더 중요성을 가지게 되었다.

우선 하노이 정상회담의 파행성을 지적하는 것이 그 회담의 결과와 관련하여 중요할 것으로 보인다. 매체에 보도된 최종회담이 열린 사진을 보면, 테이블을 앞에 두고 미국, 북한 대표들을 보면, 미국 측은 트럼프, 폼페이오, 볼튼, 통역관, 그리고 비서실장 등 5명이 자리 잡고 있고, 북한 측은 김정은, 김영철, 리용호, 그리고 통역관 등 4명이 마주 앉았다. 그 사진에 나타난 것은 볼튼이 앉은 자리의 맞은 편의 북한 측 의자는 비어 있었다.

국제적 회담에서 그 회담에 참석할 구성 멤버는 사전에 통보하도록 되어 있다. 북한 측의 자리가 하나 비어 있었다는 것은 북한 측이 미국 대표가 몇 명 참석할 것이라는 것을 알고 있지 못하다는 것을 의미한다. 따라서 볼튼의 참석과 빅딜의 제의는 회담을 그 시점에서 끝내려는 단순한 사고방식으로 읽어볼 수 있다.

(2) 회담 진행의 내용

정상회담이 의미 없이 끝난 후 트럼프 대통령은 기자회견에서 북한-미국 간 회담이 시작될 때의 논리, 곧 북한의 비핵화를 CVID의 원칙으로 못 박았던 논리를 제시하면서 북한의 경제적 미래에 대한 밝은 전망을 제시했다. 그러나 이런 밝은 미래에 대한 미국의 지원은 국제사회의 북한경제에 대한 지원을 이끌어내는 것에 국한시켰다.

그는 북한이 영변에 대한 폐기를 언급했음에도 이에 대해 이것은 그가 원하는 것이 아니었고, 북한이 그럼에도 제재 전체를 제거할 것을 요구하였다고 강조하면서 미국으로 돌아갔다. 그는 북한이 회담에서 제시한 것이 마음에 들지 않았다고 했지만 무엇을 북한이 제시했는지는 확실하게 언급하지 않았다.

그날 자정이 다 되어서 북한의 리용호 외상이 그 부상인 최선희가 배석한 자리에서 기자회견을 열고, 북한은 제재의 완전한 제거를 요구했다는 트럼프 대통령의 언급을 부인했다. 북한은 유엔의 제재 11개 사항 중 5개 사항에 관한 것을 언급한 것으로 발표했으나 곧 이어서 반응을 보인 미국은 이 사항들이 제재의 핵심들이라는 이유로 자기들의 완전 제거의 논리를 굽히지 않았다.

또 다른 사항으로 리용호가 언급한 것 중에 북한은 회담에서 영변의 핵 폐기를 마지막 단계에서 미-북한 공동으로 검증할 것을 제의했다고 밝혔다. 회담 이후 트럼프 대통령을 비롯하여 미국 측은 이 사항에 대해 거의 언급을 하지 않고 있다.

트럼프 대통령이 걸어 나왔다는 표현은 이 사항이 북한에 의해 제시된 상황에서 나온 것으로 보인다. 이것은 그가 원하는 것이 아니었다고 한 것은 이 북한의 제시를 두고 한 말로 보인다. 그리고 마지막으로 열린 회담에서 미국은 볼튼의 이른바 빅딜을 제시한 것으로 보인다. 사실상 마지막으로 걸어 나온 것은 미국의 이 제의에 대해 보인 김정은의 마지막 행동이었다.

(3) 미국 측의(분석자들을 포함한) 공통된 특징

미-북한 관계가 중요한 잇슈로 등장한 이후 수많은 논평들이 쏟아져 나왔으나 이들에게 공통된 것은 북한이 제의하거나 제시한 것에 대해서 이들은 주의를 충분히 기울이지 않는다는 것이다. 그들 중에서도 전 주한 사령관 브룩스 대장, Leon Segal 등은 자기들이 쓴 글에서 북한의 제의나 주장을 비교적 상세하게 제시, 참조하고 있다.

본인이 쓴 Conundrum? US Policy Debate over North Korea (Homepage www.youngs-kim.org, research & Article, 2016. 11. 13. 참조)는 미국인들의 이런 경향을 지적하기 위한 것이었다.

북한의 리용호 외상이 기자회견에서 밝힌 내용 중 두 번째 사항, 미-북한의 공동 검증은 지난 수차례에 걸친 실무회담에서 영변+알파의 중요한 사항으로 언급된 내용이다. 본인이 앞의 글에서 지적한 바와 같이 영변 폐기+알파로 축약된 실무회담을 비롯한 미-북의 접촉에서 미국 측이 강조했던 것이다.

김정은은 이번 정상회담에서 미국 측의 요구에 응하는 입장에서 이것을 제시했을 것으로 보이며, 이것이 이번 정상회담에 대한 북한의 대비사항으로 고려된 것으로 보인다. 이에 대해 미국 측이 보인 대응이 빅딜이며, 이것은 일차적으로 북한의 비핵화 문제에 대한 그동안의 미-북한 실무회담에서 협의되어 온 것을 완전히 뒤집어엎은 모양이다.

그가 이 정상회담 전후에 언급한 "서두르지 않겠다."는 말, 지금은 "Sign을 할 적절한 시기가 아니다."라는 말 등은 그가 이 정상회담의 추이를(실무회담의 협의를 통해 나타난) 이어 나가면서 결단을 할 준비가 되어 있지 않았다는 것을 의미한다.

마지막으로 회담을 위해 출발하면서 볼튼을 대동한 것은 이것을 의미하며, 그를 통해 리비아식 강행을 상기시키는 상황 연출을 통해 회담을 대비한 것으로 보인다. 이제 그동안 볼튼 등 매파를 견제하던 James Mattis 등이 없는 상황은 이런 강경노선에 대한 우려를 자아내고 있다. 그가 회담 벽두부터 김정은에게 일본인 납치문제를 거론했다는 것은 회담의 전개에 대한 그의 의도를 나타내주었다고 보인다.

그가 미국으로 돌아가는 비행기에서 문 대통령에게 북한의 비핵화 문제에 대한 중재를 여러 차례 강조한 것이 그가 김정은에게 한 행동에 대한 보상적 방책에서 나온 것이라고 할 수 있겠다.

(4) 한국 중재의 문제

Michael Cohen의 미 의회에서의 증언을 들으면서 그의 증언의 내용에 공감을 느끼는 것은 어쩔 수 없는 것 같았다.(Michael Cohen Implicates President Trump for Wrongdoing in---, NPR, Feb 27, 2019) 트럼프 대통령이 집권 초기에 언급했던 Madman Theory, 그리고 실제적으로 한국 특사의 북한 방문 후 트럼프 대통령에게 이 미-북한 관계 진전 사항을 전한 후 한국 특사로 하여금 백악관 앞에서 발표하도록 한 사실, 그리고 남-북 정상회담 후 문 대통령의 미국 방문에서 트럼프 대통령이 보인 태도와 그 직후 미-북 정상회담을 부인한 행위, 그리고 한국의 북핵문제에 대한 개입을 금하는 언급을 한 것 등은 그의 당시 심리상태를 잘 나타내고 있다.

사실상 트럼프 대통령의 한반도 문제에 대한 관심 정도, 그의 한반도 관련 지식 등은 그로 하여금 임시방편적인 방법과 대책으로 일관하게 한 느낌이다. 한국 특사가 평양 방문 후 백악관을 방문했을 때, 한국 특사로 하여금 직접 발표하게 한 것, 또 북한-미국의 회담을 지체 없이 받아들인 것 등은 북핵 문제, 한반도 문제를 하나의 "鷄肋"으로 보고 있었다는 것, 한반도 문제의 정치적 이용 가능성의 정치적 가치에서의 고려가 앞서 있었다는 것을 의미한다. 작년 미-북한 첫 회담을 앞두고 Nuclear Threat Reduction 관련 전문가들로부터 브리핑을 받았다는 것 등이 그의 북핵 문제 관련 개입의 폭과 깊이를 짐작할 수 있다.

이제 어떻게 미-북핵의 꼬인 실타래를 풀어야 할 것인가? 김정은은 어제 평양에 도착했다. 그에게는 무엇보다 휴식을 필요로 한다. 또 그 자신이 하노이에서 일어난 일에 대한 반추를 통해 자신의 거취를 생각하게 할 시간이 필요하다.

우선 한국이 생각해야 할 문제는 지난해 4월에는 한국의 북핵 개입을 거부하는 의사를 강하게 표출한 트럼프의 태도가 변한 이유가 무엇인가이다. 먼저 미국의 변화를 알 수 있어야 미국이 원하는(한국 정부의) 북한과의 대화가 어떤 내용으로 전개되어야 할지를 결정할 수 있을 것이다. 또 미국에게 확인해야 할 것은 빅딜의 구체적 내용은 무엇인가? 그 내용은 고위 실무급 회담을 통해 진행된 미-북 관계 회의와 어떤 연속적인 성격을 가지는 것인가?

맺으며

이제 한국 외교도 또 다른 차원의 변화를 겪어야 한다. 이제 영어를 원어민 수준으로 하는 것을 우선적 고려사항으로 하는 것은 고종시대에 있었던 김홍육 사건이 일어난 상황과 유사한 상황을 낳을 뿐이다. 이제는 논리를 제대로 구사하는 전문인이 외교문제를 다루도록 해야 한다. 자기 논리를 가지고 공익을 위해 자기 주장을 제대로 전개할 수 있는 외교가 필요하다. 자기 직분에 합당한 책임감을 가지고 국익을 전개할 수 있는 사람이 자기 소견을 정확히 상대국에게 전달할 수 있도록 해야 한다.

하노이 회담이 끝난 후 북한은 리용호 외상의 심야 기자회견을 가진 후 침묵을 지키고 있다. 북한이 제재를 전면 폐기할 것을 주장했다고 밝힌 미국은 오히려 대통령 본인은 물론 장관급들도 계속 그 내용을 반복하고 있으며, 이제는 언론들도 북한에 대한 비판적인 논조를 기본으로 하고 있다.

Michael Cohen이 증언한 대로 모두가 트럼프 대통령을 위한 지지 발언을 하도록 위협했다는 것이 연상되어 북핵 협상이 어떻게 제대로 전개될 수 있을 것인지 우려를 금할 수가 없다. 부동산업자 출신이라는 자기를 드러내면서까지 자기 주장이 강하고, 강한 추진력을 지녔다고 자평하는 그에게 어떤 방법으로 그의 관심을 끌어내고 한반도 해결의 Incentive를 불어넣어 주어야 하는가?

무엇보다도 그에게 제일 중요한 것은 미국 제일주의를 앞세우고 추진하는 대외관계에서, 심지어 동맹관계에서도 그는 금전적 이익을 추구하는 것을 감추려 하고 있지 않다는 것이다. 그가 하노이 회담에서 북한이 영변 폐기를 제의하고 마지막으로 미-북한의 합동 검증하는 제안을 했을 때 트럼프의 반응은 그것이 자기가 원하는 것이 아니고, 지금은 sign을 할 적절한 시기가 아니라고 언급했다.

그럴 경우 하노이 회담 직전에 나돌던 영변 폐기+알파를 언급할 당시에 알파로 고려되던 또 다른 것은 ICBM이었다. 이 ICBM의 반출은 미-북 접촉 초기부터 언급되던 내용이다. 쇼 프로그램 진행자로서 갈고 닦은 그의 감각은 북한의 ICBM만큼 더 정치적 효과가 큰 것은 없을 것으로 보고 있는지 모른다.

비핵화 과정에서 가장 중요한 과정으로 그렇게 강조하던 검증을 북한이 받아들이는 제안을 했는데도 고개를 흔든 것은 북한의 ICBM을 그대로 미국에 들여와서 선풍적 관심을 집중시키는 것이 그의 정치적 계산이라고 보는 것은 너무 단순한 생각일까?

시기도 문제이다. 내년 IOWA Caucus가 2월로 정해져 있는 만큼 이에 따른 시간을 고려한다면, 적어도 올 10월 이후에 북한과의 협상을 재개하는 것이 그가 보기에 Appropriate한 것으로 보일 것이다. 이미 38 North는 북한이 동창리 발사대를 다시 구축하려는 움직임을 보이고 있다는 보고를 인용하고 있다.(North Korea's Tongchang-ri: Rebuilding Commences on the Launch Pad and Engine test Stand, March 5, 2019) 이것이 김정은의 하노이를 평가한 결론이라고 보기에는 이른 감이 있다. 북한으로서는 미국에 대한 기대를 냉각시키는 것이 필요할 것으로 보인다.

다만 시급한 경제문제를 위한 다른 모색이 필요할 것으로 볼 때, 북한이 중-러와의 관계를 시도할 것으로 보이며, 그러나 Leon Segal은 북한의 중국 경사를 막기 위해 한국의 역할을 강조하고 있는 바, 만일 이런 speculation이 가능하다면, 개성-금강산 문제를 미국과 협의해볼 수 있을 것이다.(Leon Segal, Picking up the Pieces from Hanoi, March 5, 2018)

Leon Segal은 미국과 한국이 북핵의 문제에서 북한과 단계별 상호 전개가 바람직한 것으로 보고 있다. 그는 Trump 행정부가 북한과의 관계에서 제재완화와 제재강화 중 어떤 것이 더 나은 결과를 가져올 것인지를 검토하는 합리적 결정을 할 것을 건의하고 있다.

③ Trump 대통령의 고뇌와 미-북한 핵 협상

 지난해부터 시작된 미-북한의 비핵화를 위한 협상이 예기하지 못한 복병(?)을 만나 협상 자체가 좌초될 수도 있는 위기에 봉착한 것으로 보인다. Trump 대통령이 지난 2월 15일 국경(멕시코 등)에 벽을 쌓기 위해 60억$를 요구하면서 비상선언을 하는 문제로 의회로부터 민주당이 장악하고 있는 하원은 물론이고(245 : 182), 공화당이 지배하고 있는 상원에서도 12명의 공화당 의원을 포함한 민주당 의원의 주도로 거부를 당하였다는 데서 어려움은 시작되었다.(NPR, Mar. 14, 2019, Emergence Declaration) 물론 Trump 대통령은 이에 대해 Veto권을 행사할 것이라고 했지만 이를 확보하는 것이 쉬운 일이 아니었다.
 이뿐 아니라 Trump 대통령은 하노이에서 열린 2월 27~28일 양일간의 미-북한 비핵화 협상을 무위로 끝내고 나온 후 그가 무위로 끝내고 나온 요인 중의 하나를 바로 같은 날 미 의회에서 열렸던 그의 전 변호사 Michael Cohen의 의회 증언을 듣고 있었다. Guardian 紙에 따르면, Cohen 변호사는 Trump 대통령을 거짓말쟁이, 인종주의자라고 증언했고, 베트남 징집문제, 학교 성적문제 등을 예로 들면서 대통령 취임 이전의 것을 포함하여 그의 10가지의 비리를 증언했다.(The Guardian, Key Excerpts from Cohen;s testimony, Feb. 27, 2018)

(1) 하노이에서의 대북 제의의 변화

　Trump 대통령은 하노이 회담을 무위로 끝낸 후 기자회견에서 핵무기뿐 아니라 생화학무기 등 대량살상무기를 포함하여 CVID 원칙에 입각한 비핵화를 주장하면서, 이른바 Big Deal을 통한 제재 해제를 제의했다. 이와 더불어 종전에 양측 간에 논의되던 단계적, 상응적 접근을 거부하였다. 이러한 대북한 관계에 대한 변화의 원인은 무엇인가?
　이와 관련하여 하노이 회담 직후 발표된 Trump 대통령의 입장과 그보다 더 늦게 발표된 리용호 북한 외상의 발표에 대해 Associated Press는 이에 흥미 있는 결론을 내리고 있는 것을 소개하고자 한다. Associated Press는 Trump와 리용호가 각각 발표하고 있는 상반된 내용에서 그러면 누가 더 진실을 제시하고 있느냐는 질문을 던지고 리용호의 발표에 더 의미를 부여하고 있었다.(The Nation, March 7, 2018)
　Time 紙는 미 의회의 법사위원회가 권력 남용과 공적 부패의 문제로 Trump 조직에 대한 조사를 더 광범하게 진행할 것을 밝히면서, 여기에 이 조직의 재무담당자, 그리고 Trump 대통령의 두 아들과 사위 Kushner, 그리고 Trump 대통령이 가장 두려워하는, 지난 30여 년간 그의 개인비서를 지낸 Rhona Graff가 포함되어 있다.(Time, March 4, 2018 Alana Abramson의 글, 그리고 Rhona Graff에 관한 기사는 Essence, March 6, 2019 Omarosa Newman이 MNBC에 출연해서 밝힌 기사)
　Trump 대통령의 탄핵, 기소에 대해서는 민주당 내에서 의견이 갈리고 있으며, 특히 의회를 대표하는 Nancy Pelosi는 이를 타협적으로 처리하는 것을 지지하는 입장이어서 Trump로서는 미 정부의 Shutdown, Trump 대통령의 연두교서 발표문제로 설전을 벌였으나 말이 통할 수 있을 것으로 본 것 같다.

그런 의미에서 Pelosi가 하노이 회담 전후하여 보인 회담에 대한 논평은 그를 움직일 만한 요인으로 작용한 것으로 보인다. 한국 의회 대표단과의 대화에서 이미 알려진 사실이지만, Pelosi는 김정은에 대해 강한 불신감을 보이면서, 역사를 가지고 일본에 문제를 제기하는 한국 정부에 대해 한-일 관계의 강화를 주문하고 있었다.

Pelosi는 또한 북한의 입장만을 살려주는 미-북한 대화의 측면을 비판하였고, 다른 민주당 상원의원들과 같이 싱가포르 회담 때부터 남-북한의 평화과정에 대해 시니컬한 입장을 보여왔다. Pelosi는 만일 Hillary Clinton이 대통령이 되었으면 정계를 떠났을 것으로 언급한 적이 있는 만큼, Hillary Clinton이 비교적 한-일 관계를 잘 파악하고 있었던 것과는 다른 면이 있는 것을 알 수 있다. Pelosi는 1997년에 북한을 방문한 적이 있고, 그때 북한의 빈곤에 강한 인상을 받았으며, 김정일 위원장이 북한의 핵 기술을 사겠느냐고 물은 것이 기억에 남은 것으로 보이며, Pelosi는 Trump 대통령의 북한에 대한 외교적 노력에 대해 회의를 표하였다.

(2) Big Deal의 내용

위에서 언급했던 Associated Press가 평가한, 리용호와 Trump 대통령의 언급에서 누가 진실을 말하는가는 쉽게 분별이 될 수 있는 사항이다. 일간신문에서 미국이 여론전을 위해 비건 북핵 특사를 영, 불, 독에 보낸 것을 지적하고 있으나 이는 Associated Press가 내린 판단이 지닌 의미에 대한 불안감에서 나온 것으로 보인다.

사실상 미국이 제시한 Big Deal에 의해서만 협의를 하겠다는 의도를 밝힌 이상 누가 진실을 말하느냐의 문제로 더 이상 미국을 자극할 필요는 없다. 다행스러운 것은 Pompeo 국무장관이 이 Big Deal에서 북한의 "검증된 비핵화"를 언급하고 있다는 것이다. 하노이 회담 직전까지 실무회의에서 논의되었던 영변+알파에서 북한이 검증을 들고 하노이 회담에 임했다는 사실은 리용호의 발표에서 확인되었다.

이와 관련하여 Pompeo 장관은 작년 6월부터 검증을 강조해온 것을 볼 수 있으며, 따라서 Pompeo 장관은 공식적으로 9개월 만에 다시 검증이 북한의 비핵화에서 중심적인(Central) 것이라고 밝힌 것임을 알 수 있다.(Finanacial Times, June 14, 2018)

다시 말해서, 북한이 하노이 회담에서 검증에 대한 제의를 했다는 것을 미국 측이 언급하지 않던 상태에서 미국 측이 검증의 문제를 중요 사항으로 인정하는 내용으로 비핵화를 언급한 것은 후일의 양국의 비핵 교섭과정에서의 출발점, 접점으로 이용이 될 수 있을 것으로 보인다.

또한 이후에 있을 핵무기 및 시설 신고와 폐기, 그리고 이에 필요한 시간의 문제 등은, Big Deal의 형식으로 다루는 문제들은 형식적인 요건이기는 하지만 양측의 공동선언을 통한 합의문 형식을 취할 것으로 보인다.

그러나 핵무기와 미사일, 핵 시설의 해체는 미국이 그 비용을 거부하고 있고, 북한의 능력이 없는 상태임을 감안한다면 한국 정부가 그 비용을 부담하면서 진행이 이루어져야 할 것으로 보인다. 이 과정에서 제일 강조되는 것이 북한 주민과의 신뢰관계의 형성이다.

맺으며

최근 미-북한 비핵화 협상에서 중재 역할을 하는 한국 정부에 대해 국내외에서 나오는 비판의 소리가 높다. 특히 CFR의 Scott Snyder

는 한국이 빠질 것을 요구하고 있고, 일부 국내에서도 중재란 의미에 문제를 제기하고 있으나, 중재의 의미는 매우 광범한 것임을 알아야 한다. 우리 말로 거중조정이라는 말로도 표현되는 이것은 쉬운 말로 하자면 사이에 들어간다는 의미다. 영어로도 "go between"이라든가 "inter"라는 접두어를 쓰는 것이 이를 의미한다.

현실적으로 영국과 아르헨티나 전쟁에서 미국이 개입한 경우와 또 청-일 전쟁에서 러시아(독-불을 대동)가 개입한 경우, 그리고 이스라엘-이집트 간에 카터의 개입 등 사례는 얼마든지 볼 수 있다. 양 당사자들의 동의하에 개입이 가능하다. 그것을 구태여 촉진자 등으로 부를 필요는 없고, S. Snyder는 2017년 1월 31일에 있었던 미국 상원 외교위원회의 북핵 관련 증언에서 북핵에 대한 증언을 제대로 하지 못한 자기 방어적인 태도에 불과하다.

또 개성 및 금강산 문제는 한국 정부만 제의한 것이 아니라 지난 3월 38 North에 실린 Leon Sigal의 글에서 하노이 이후 북한의 대중국 경사를 막기 위해서 제의된 것이기도 하다. 이런 불필요한 논쟁보다는 최근에 있었던 보수당 원내대표 나경원 의원의 대북관계 개선의 의견 제시에 주목할 필요가 있을 것이다.

현재로서는 북한에 대한 특사보다는 정책적 딜레마의 모습을 보이고 있는 미국의 대북정책, 그리고 심리적으로 불안정한 상태로 보이는 Trump 대통령을 거들어줄 의미의 정책적 협조를 위한 대북정책 조정 및 탐색을 위한 대미 특사가 더 필요한 시국이다. 또한 정부로서도 항간에 나도는 남-북-미 회담 제의나 볼튼-정의용 라인의 통화문제에 대해 단순히 부정을 하거나 있었다는 반응을 보일 것이 아니라 그런 통화를 통해 무슨 논의가 있었는지, 또 우리의 입장은 무엇인지를 명확히 밝힐 필요가 있다.

또 외무장관, 안보보좌관, 북핵 특별 대표들 간의 각각의 접촉이 난무하는 느낌을 주기도 하는 만남에서 무슨 내용들이나 의견이 교환이 되었는지를 분명하게 전할 의무가 있다. 지금은 각개적인 미국에의 접근보다는 강력한 특사를 통해 단일한 정책적 협의와 조정을 위한, 또 비핵화 과정에서 한국이 기여할 수 있는 역할을 명확하게 제시하는 시도가 요구되는 상황이다.

이와 아울러서 한국의 국회의장이 인솔해서 만난 미 의회 의장과의 면담에서 Pelosi가 훈시를 한 것으로 보도되는 데 대하여 귀국 후에라도 해명, 또는 양해의 의미로라도 한국의 입장, 특히 일본관계에서 한국의 위안부라는 표현을 Sex Slave로 고쳐 부르도록 한 Hillary Clinton의 이해와 같은 것이 결여되어 있다는 내용을 포함하는, 또한 북한과의 관계 개선에 대한 한국 의회의 입장을 서한을 통해 밝히는 것도 의미가 있을 것이다.

이들은 혹시라도 이 방문을 일회성 외유라고 생각하고 있는 것은 아닌가 하는 의구심과 또한 자기들이 만날 상대에 대한 파악이 전혀 되어 있지 않은가 하는 생각이 떠오르는 것을 뿌리칠 수 없다. 외교는 외무장관만 하는 것이 아니다.

04 러시아의 등장

(1) Putin과 김정은의 회담(2019. 4. 25.): 북-미 관계에의 반면교사?

2012년 Putin이 대통령에 재선되자 김정은은 축하 서신을 보내면서 양국 간의 전통적인 우호-협력 관계의 회복을 요구했고, 러시아는 2012년 12월 북한에 대해 110억\$에 달하는 부채를 탕감해주는 반응을 보였다. 2014년에는 최용해를 러시아에 보내 양국관계를 개선하는 협정을 체결하기도 하였고, 2015년에는 러시아가 김정은을 초청하기도 하였다.

회담 모두에서 발언을 통해 Putin은 이 회담을 오래 기다려온 사실을 숨기지 않았으며, 그의 발표내용은 첫째, 작년으로 양국은 수교 70년을 맞았다는 사실을 지적하고 있으며, 둘째는 양국관계의 발전과 상호 이해를 높여 한반도 문제의 상황을 평화적으로 해결할 수 있는 방법을 마련할 수 있게 되는 것을 강조했으며, 셋째는 지금 한반도에서 진행되고 있는 긍정적 과정을 러시아가 지지하기 위해 러시아가 해야 할 일을 알아보고, 넷째는 한반도 내에서 진행되는 남-북 관계에 대해 그 발전을 가져오려는 노력을 지지하며, 마지막으로는 북-미

관계의 정상화를 위한 노력을 지지한다고 하고 있다.

이에 대해 김정은은 우선 Putin과의 만남을 통해 의견을 교환하는 데 대한 기대를 표했고, 둘째는 한반도의 상황에 대한 의견교환, 그 정치적 안정화와 미래에 대한 의견을 나누고, 셋째는 양국의 전통적 우호관계를 복구하고, 새 시대 요구에 알맞는 건설적 관계로 발전을 시키자는 견해를 제시하였다.

(2) 북-러 회담(2019. 4. 25.)에 대한 분석자들의 견해

이 뉴스를 보도하는 CNN은 분석자들을 동원하여, 북한과 러시아의 이 회담에 임하는 입장을 시니컬하게 보도하고 있다. 본인이 제목에 반면교사라는 용어를 넣은 이유도 이와 관련이 있다. 우선 국내에 있는 미국인 교수 Kelly의 견해를 보면, 김정은은 두 협상을 통해 자기에게 유리하고 좋은 것을 택하는 협상 자세를 보이고 있다고 하고 있다. 미국인들은 이런 김정은의 자세는 Trump 때문이라고 보고 있다고 하면서 이런 자세는 그들의 무분별하고 무지한 것에서 비롯된 것이라고 하면서, 러시아는 김정은에게 줄 것이 많지 않다고 하면서, 김정은이 새로운 양보를 끌어내려는 의도라고 분석하고 있다. 또한 Joseph Yoon도 러시아가 비핵화에서 북한에게 의미 있는 비중 있는 행동이나 발언을 할 입장에 있지 않다는 것을 강조하고 있다.

이러한 문제점들에 대한 해답은 회담 말미에 있었던 Putin의 발표에서 찾아볼 수 있다. 우선 Putin은 북-미 회담과만 관련시켜 언급한 것은 아니지만 이러한 협상에서 중요한 것은 양 당사자들 간의 신뢰구축이 중요함을 강조하고 있다. 이와 아울러 그는 양 당사자들의 상호 존중적 분위기가 요구되며, 이미 합의된 사항을 지키는 것이 필수적임을 지적하고 있다.

그는 미-북 협상에서 비핵화를 시도하는 문제는 북한에 대한 체제 보장이 중요함을 언급하면서 이런 보장이 충분치 못할 때 6자 회담과 같은 메커니즘이 필요하다고 하고 있다.

Putin은 북한과의 역사, 전통적 관계를 강조하면서, 러시아가 한반도 문제의 당사자로서 적극적인 역할을 해야 한다고 하고 있고, 여기에 6자 회담을 거론하면서 중국의 참여를 암시하고 있다.

또한 러시아는 미국과 더불어 전 소련령에 속했던 독립국들에 있는 핵무기와 핵 물질 등을 해체하고 처리했던 경험을 가지고 있다. 이와 아울러 러시아는 미국과 더불어 SALT, START(I, II), 그리고 Strategic Offensive Reduction Treaty(SORT)의 당사자로서 핵탄두의 제한을 미사일과 더불어 2,200여 기로 제한하는 협정을 체결하고 있다.

미국과 러시아는 핵무기에 대한 보유 및 제한 내지 축소를 통한 전략적 안정성을 확보하기 위하여 협력하고 있다.(U.S.-Russia Relations in a New Era, Thomas Graham Jr., The National Interest, 2019, Jan. 6 참조) 이들 나라는 때로는 전략적 경쟁, 전략적 협력을 통해 상호의 경쟁을 관리해 나갈 뿐 아니라 중국, 러시아, 미국 간의 상호견제를 이용하기도 한다.

(3) 북한 비핵화 문제의 향방

본인이 Conundrum? US Policy Debates over North Korea's Nuclear Issue,(www.youngs-kim.org, Research & Articles 2016. 11. 13.)를 쓴 이유는 북한의 핵 문제가 미국 내에서 논의가 벌어지면서 그 당시 미국의 주요 언론, 연구소들이 북한 전문가로 각각 40여 명을 제시하였고, 이들 중 북한 핵에 대한 해결을 위한 논문들이 발표되었는데, 이들 중에는 이 해결을 위한 회의에 관련국으로 15개국을 참여시키는 등의 견해를 제시하였고, 이에 대해 본인은 이를 될 수 있는 대로 축소시키는 방안을 제시하는 입장에서 미국, 북한, 한국에 의한 비핵화를 제시하였었다.

예를 들어 이렇게 많은 국가들의 참여는 하나의 보고서를 작성하는 데 각국 언어를 반영해야 하는 번잡함 등이 시간, 비용 등의 문제를 야기하는 것을 고려해야 할 필요가 있기 때문이다. 따라서 지난해 4월부터 미국, 북한, 한국에 의한 북한의 비핵화 회담의 진행이 바람직한 형태였다고 볼 수 있다. 황금과 같은 시간이 아무런 성과도 없이 지나가고 이제 러시아, 중국의 개입을 언급하는 상태로 이어진 것은 매우 유감스런 일이다.

다른 글에서도 여러 차례 언급하였지만 미국 정부기관 내에는 예를 들어 국무부, 그리고 국방부에는 핵 위협 감소를 위한 기구들이 (Nuclear Threat Reduction) 설치되어 있다. 또 이들뿐만 아니라 에너지부를 포함하여 중앙아시아 나라들의 핵무기를 제거한 경험과 보고서들이 있다.

Bolton이 언급한 것으로 알려진 리비아의 가다피의 핵 문제를 제거한 것으로 언급되는 것은 그 당시에 리비아는 핵무기를 보유하지도 못했고, 이것을 사들이려는 시도를 몇 번 했을 뿐이다. 다만 리비아가 차드공화국 등을 공격하고 회교도들을 동원한 혁명을 주도한 것에 대해 제재를 가한 상태에서 리비아에 내분이 내란으로 확대되자 유럽국가들이 이 내전에서 반군을 지지하여 가다피군을 공격하였고, 이것으로 정부군이 붕괴하는 과정이 시작되었던 것이다.

사실상 리비아의 문제는 핵 문제 또는 비핵화가 잇슈가 될 수 없는 것이었다. 비핵화를 위한 위협 제거의 문제는 구 소련령, 중아아시아의 국가들에서 실행되었던 문제이다.

미국은 인구가 3억을 육박하는 큰 나라고, 그 정치제도가 매우 민주적으로 발전된 나라이다. 대통령이라고 해서 그것을 다 알 수는 없을 수도 있다. 그러나 이 Nuclear Threat Reduction의 대가인 Sam Nunn, Lugar 상원의원 등의 활동으로 이미 잘 알려져 있고, 지난 4월에는 이들이 대통령에게 브리핑을 했다는 보도가 있었으나 미국 정부는 북한 핵에 대해 Nuclear Threat Reduction Program을 적용하지 않았다.

(4) 미국의 주도적 역할

CNN은 2019년 4월 24일자 방송에서 주미 프랑스 대사로 5년간 근무했던 Gerard Araud 대사의 은퇴 소식과 더불어 그의 미국에 대한 소회를 실었다. 주로 주요 국제문제에서부터 Trump 행정부에 대한 소감 등을 실었는데, 그 내용은 상당히 시니컬한 입장을 보이고 있었다. 적어도 국제정치 무대에서 오래 활동했던 베테랑들의 국제정치, 그리고 미국에 대한 인식 등에서 우리와 같은 類의 인식을 찾아볼 수 있다는 것은 매우 흥미로운 일이다.

그는 Kalorama의 그의 저택에서 은퇴 파티를 열고, 뉴스 매체들은 그에 대한 평으로, "다른 사람들이 생각지도 못한 것들을, 그것도 공개적으로 언급했다."는 특징을 달아주었다.

가장 관심을 끄는 언급은 "미국은 세계 경찰로서의 역할은 끝났다."는 것이었다. 또 다른 하나는 "트럼프 행정부는 역기능적이었다."는 말이었는데, 다른 하나는 미국 사람들은 트럼프가 떠나면 다시 일상적인 생활로 돌아갈 것이라고 믿는데 그렇지 않다는 것이다.

중국과의 관계에서는 다른 방법으로 접근했어야 한다는 견해를 제시했다. 그리고 Bolton에 대해서는 "그는 전문적인 사람으로 실제는 그렇게 나쁜 사람은 아니다. 다만 그는 국제조직을 싫어할 뿐이다."라고 평하고 있다.

　Ronald Reagan과 Shultz팀의 동-서독 통합과 결과적으로 냉전을 종식시킨 것에서의 역할은 성공적이었다. 그러나 Trump-Pompeo팀의 지난 1년간의 활동에서 매우 근시안적인 접근으로 북한의 비핵화는 물론, 동북아시아에서의 냉전을 종식시키는 문제는 접근도 하지 못한 상태로 진전이 없었고, 핵무기가 없었던 리비아 모델만 두 번씩이나 제시하면서 제재 강제로만의 해결방식을 고집했다.

　Gerard Araud 대사가 역기능적이라고 불렀던 것은 Trump 행정부가 작년에 의회의 동의를 얻어 시행해온 CAATS Act(Countering America's Adversary Through Sanctions Act)를 지칭한 것으로 보인다. 곧 미국에 적대적인 나라에 대하여 제재로 대응하는 법이라는 것으로 이것은 이미 작년 9월에 중국이 러시아로부터 S-400 미사일 방어체제와 Su-35 전투기를 구입한 것에 대해 제재를 가한 것이었다.

　작년에 터키가 러시아로부터 S-400 미사일 방어체제를 구입한 것에 대해 미국 정부는 이에 경고를 보냈으나 터키는 그대로 구입을 했다. 또한 작년 10월에 인도는 미국의 경고에도 불구하고 러시아로부터 54억$를 주고 S-400 미사일 방어체제를 구입하였으나 아직 미국 정부는 제재를 하지는 않고 있다.

　인도는 이란으로부터 오일을 64억$ 가량을 수입하였고, 인도와 러시아는 양국의 무역관계를 2025년까지 300억$까지 확대하기로 하였고, 러시아는 인도를 안보리 상임이사국으로 적극 추천하고 있다. 러시아는 인도의 무기수입에서 68%를 차지하고 있으며, 전투기와 크루즈 미사일에서의 협력을 합의하고 있다.

　미국이 일본과 함께 인도-태평양을 연결하는 동맹체를 추진하는 데서 인도의 13억에 달하는 인구는 매우 귀중한 자산이 될 수 있다. 그러나 인도-러시아의 관계는 군사, 경제적으로 그 중요성이 더해가고 있는 실정이다.

맺으며

Lyle Goldstein(Naval War College)은 북한이 러시아로부터의 도움을 환영할 것이라는 취지에서 오히려 러시아가 미국의 비핵화 프로그램에 도움을 줄 수도 있을 것으로 보고 있다. 그는 러시아가 북핵과 관련된 협정체결이 용이하도록 할 수도 있을 것이라고 하면서, 러시아가 검증의 기술, 군비통제 협상, 위기관리의 경험 등에서 북한에 도움을 줄 수도 있을 것이며, 북한에 대한 위협을 가하지는 않을 것이라는 면에서 중국보다 유리한 입장에 있고, 러시아의 군사력 집중도가 북한에 대한 신뢰를 획득할 수 있을 것으로 보며, 이런 역할을 러시아가 한다면, 러시아에 대한 미국의 제재가 완화될 수 있을지도 모른다는 상상을 던져주고 있다.(How Russia can help break the deadlock with North Korea? National Interest, 2019. 4. 22.)

Goldstein은 러시아가 북한의 신뢰를 확보할 수 있다는 점을 비치면서 결론적으로는 러시아가 북한보다는 러시아에 대한 미국의 제재를 겨냥할 수도 있다는 고도의 불신 전략의 비수를 보이고 있다. 러-북한 간의 관계에 불신의 씨앗을 심으려는 이러한 의도는 어느 것도 승자가 될 수 없다는 양비론(兩非論)의 대표적인 술수다. 이것은 미국의 약점을 감추기 위한 것일 수도 있다. 북한으로서는 상당한 시간과 인내의 정도가 요구되는 대목이라고 할 수 있다.

북-러 회담에 즈음하여, 미국은 북한의 비핵화 문제에 대한 UN 안보리의 입장을 천명하는 것으로 대응하면서, 비건 북핵 협상 대표를 러시아에 파견하는 등의 태도를 보이고 있다.

Putin은 북한과 러시아에서의 북한 노동자들의 노동문제를 논의하였다고 밝히면서, 이 문제를 인권과 인도주의 문제로 보고 있다는 입장을 밝힌 것으로 보아 북한 노동자들의 러시아에서의 노동은 계속될 것으로 보인다. 이러한 모습은 미국의 제재의 틀을 벗어나는 방법으로 인권과 인도주의의 원칙을 이용하는 것이 이용될 수 있는 가능성을 시사하는 것으로 볼 수도 있다.

⑤ 緊迫한 상황, 2002년의 幻影

2002년 11월경으로 기억이 난다. 퇴근을 서두르던 때에 나는 모처로부터 전화를 받았다. 나는 집으로 가서 받겠다고 했다. 집에 도착하자마자 나는 그 전화를 받았고, 그 전화는 나에게 인터뷰를 하고자 했다. 그 당시 매우 긴장이 팽배해 있던 미-북한 관계에 관한 것이 주제였다.

2001년 8월에 그 당시 국방장관 럼즈펠드는 북한이 2~5개의 핵탄두를 보유하고 있다고 발표했고, 2002년에는 CIA의 부국장 McLaughlin이 북한이 1~2개의 핵폭탄을 가진 것으로 보았다. 그리고 2002년 10월에 켈리 차관보를 평양에 보내 미국은 북한의 우라늄 농축에 대해 알고 있으며, 이것은 미-북한 간의 기본협정에 위배되는 것이라고 언급했고, 북한은 처음에는 이것을 인정하였으나 나중에는 부인하였다.

당시의 미국 대통령 부시는 북한을 Rogue State, Axis of Evil이라고 칭하면서 적대적인 태도를 취하며 1994년에 체결된 Agreed Framework에서 규정된 북한에의 원유 공급을 중단시키고 결과적으로 이것을 폐기시켰다.

인터뷰에서 나에게 원했던 것은 2002년 말에서부터 2003년 초반에 미국 내에서 맹위를 떨치던 "북한에 대한 공격"론에 한 목소리를 더하기 위한 것이었다고 보인다.

(1) War Diplomacy

2001년 9·11 테러사건은 미국사회와 정치에 커다란 충격을 준 것으로 보이며, 이에 대해 미국 정부가 취한 정책은 핵무기 제거를 위한 이라크에 대한 군사적 공격을 2002년 10월 미 의회로부터 동의를 받는 것으로 나타났다.

미국의 이라크에 대한 본격적 공격이 시작된 2003년 3월까지 미국이 쓴 전략은 周易에서 나오는 표현을 쓰자면, 搖東 擊西의 방법이다. 이 상황에서 搖東에 해당되는 것이 동북아, 곧 북한이 선택된 것이다. 서양의 방법으로 표현하자면 이것은 개전 외교(War Diplomacy)에 해당된다고 할 수 있다. 소련이 붕괴된 후 유일한 군사 강대국이었던 미국이었지만 동시에 두 개의 전쟁을 감당할 수 없었던 것에서 이러한 전략이 필요했던 것으로 보인다.

미국 정부는 2002년 11월 8일 UNSC 결의안 1441 등을 통해 이란에게 군축의 의무를 이행할 마지막 기회를 부여한 후, 2003년 3월 이 외교적 노력이 실패했음을 밝히고, 이 핵무기를 제거하기 위한 공동의 의사로 이라크에 대한 군사적 행동이 UN의 이름으로 취해지게 됨을 발표하였다.

2003년 3월 20일 시작된 Operation Iraqi Freedom은 2002년 말~2003년 초기 간에 미국 중부사령부를 중심으로 해병 1개 여단, 육군 1개 여단으로 편성된 Coalition Forces에 의해 진행되었고, 이 병력이 이라크에서의 초기 전투에 동원되었었다.

UN에 의해 형성된 다국적군은 2004년 5월 15일 영국, 호주, 스페인, 폴란드 등으로 구성되어 위의 Coalition Forces를 대체하였고, 여기에 10여 개 국가의 군대가 추가로 참여하였다.

Guardian 紙는 UN과 미국이 1,200명 이상의 인력을 동원하여 2년간 총 1,700개소를 조사한 결과 이라크에는 대량살상무기가 없었다고 발표했다고 보도했다.(The Guardian, 7, Oct. 2004)

(2) 동북아의 긴박한 정세

5월 25일자 보수 일간지에는 한반도 주변에 미국의 전력이 급속히 증강되고 있고, 그 급속한 증강의 이유로 미-이란 간의 긴장 악화 및 북한-이란 간의 접근으로 인해 북핵이 이란으로 넘어가는 것을 차단하기 위한 것임을 들었고, 다른 하나는 지난 하노이 미-북한 회담 결렬 후 북한이 ICBM의 시험 발사를 재개하는 것에 대해 북한에 대한 공습 및 상륙에 대비하기 위한 것이라고 하고 있다.

이 기사는 미군 관계자의 말을 빌려 북한이 북한-미국 간의 대화를 깨고 핵 ICBM 실험을 할 경우 한국군의 도움이 없이 인도-태평양 사령부 단독으로 북한에 대한 공습을 진행할 수 있는 대비 차원에서 주일 미군의 대폭 강화가 이루어지고 있다고 보도하고 있다.

여기에는 과장되거나 정확하지 못한 정보가 포함되어 있어서 이해하는 데서 유의할 필요가 있다. 무엇보다도 이 보수 일간지가 강조하는 미국 항모 두 대가 일본 기지에 배치되어 있다는 것은 명확히 할 필요가 있다.

로널드 레이건 항공모함은 미국 7함대 소속으로 일본에 배치되어 있는 것은 사실이지만 여기에 추가해 또 다른 중급 항모 아메리카호가 배치되어 있다는 것은 잘못된 것이다. 아메리카호는 45,000t급 수

류양용 공습함으로 분류되는(LHA-6) 것이지 항모는 아니다.

　일본이 항모라고 내세우는 IZUMO급 두 척은 27,000t급 다목적 구축함으로 분류되고 있으며, 탑재 가능한 비행기도 9대에 불과하다. 문제가 있는 포인트를 가지고 이 상황을 분석하려면 차라리 이 지역에 있는 미-일의 함정들이 대부분 강습 상륙이나 공습적 목적을 가진 전투함이라는 것을 지적해야 할 것이다.

　다른 문제의식은 이 지역에서의 미군의 강화가 이란-북한의 접근 가능성을 내세우면서 북한 핵무기의 이란으로의 유출을 차단하기 위해 기존의 북한에 대한 제재를 넘어서서 대량살상무기의 이전을 차단하는 문제가 추가되면서 이루어지고 있다는 것이다.

　여기에 마지막으로 추가할 것은 미-북 회담 결렬 후 북한이 핵 ICBM 발사를 재개할 경우, 한국군의 도움이 없이 인도-태평양 사령부 단독으로 북한에 대한 공습을 진행하기 위한 준비를 하고 있다는 미군 관계자의 언급이다.

　WSJ는 이란 관리의 말을 빌려 미군이 이란에 파병되었다고 보도하고 있다.(WSJ May 25, 2019) 여기에 파견된 USS Abraham Lincoln 항모가 이끄는 12항모 타격 집단은 1척의 순양함과 4척의 구축함으로 구성되어 있고, 여기에 25,000t급의 전함 Arlington호가 미 해병 파견군과 더불어 최근에 파견되었으며, 또한 B-52 폭격기가 여기에 포함되어 있다.

(3) 미-북한 관계의 小康狀態

　최근에 미국이 북한의 선박 Wise Honest호를 seize한 것에 대해 북한이 문제를 제기(되돌려 달라는 요구)한 것이 새로운 쟁점으로 등장하였는 바, 이것은 북한 선박이 석탄을 싣고 인도네시아 항구에 정박 중

인도네시아 당국의 조치에 따라 장기 정박 중, 이 선박을 미국이 자국령인 사모아의 항구로 예치한 것을 말한다.

물론 미국은 이런 행위(seize)가 지난 2006년 UN Security Council에 의해 채택된 결의안 1718호에 따른 것이라고 하고 있으며, 사모아의 항구로 예치한 것도 이 결의안에 의거한 것으로 밝히고 있으나 이것은 좀 더 명확한 설명이 필요하다.

먼저 이것을 미국이 소유한다거나, Confiscate한다는 것은 위 결의안의 취지와는 다른 것이며, Confiscate하기 위해서는 이런 법적 집행을 가능케 하는 법적 근거가 필요할 것으로 보인다. 위의 UNSC 결의안은 제재를 위한 것이며, 이것을 강제 집행하는 의미의 Confiscate는 봉쇄(Blockade)의 단계에서 일어날 수 있는 것으로 이 Blockade는 전쟁의 초기 단계에 해당되는 것이다.

이것은 본인이 앞의 글(미국의 대한반도 정책)에서 지적한 Peter Harrell의 글(Foreign Affairs에 실린 글 September 11, 작년)에 "과장되고, 공격적인" 의미의 Sanction과 관련된 것으로 보아야 할 것이다.

이와 관련하여 최근 북한을 겨냥한 주일 미군의 강화를 두고 일고 있는 북한-이란의 핵무기 및 핵 물질의 이전을 차단하는 문제는 기존의 Sanction을 위한 차단을 강화하는 것으로 제시되고 있는데, 위에서 언급한 Blockade와 어떤 차이를 두고 있는 것인지를 명확히 할 필요가 요구된다고 할 수 있다.

어제(5월 27일, 2019) 있었던 미-일 정상회담에서 Trump 대통령은 북한과의 관계에서 좋은 일이 있을 것이라는 말과 북한과의 관계에서 Respect라는 단어를 사용하면서 밝은 전망을 제시하고 있으나, 그 특유의 발을 빼는 듯한 말투로 꼭 그렇게 될지는 모른다는 식의 언급은 국가 정상 간의 회담에서 명확한 태도를 보이지 못하는, 따라서 신뢰감을 주지 못하는 언행이라고 할 수 있겠다.

　이것은, 한편으로는 연말까지의 시한을 두고 미국의 변화를 요구하는 북한의 바람에 밝은 전망을 주기도 하면서, 또 한편으로는 하노이에서의 미국의 돌연적인 태도 변화도 다시 재연될 수 있다는 의미를 풍기고 있어서 매우 유동적인 상태로 볼 수밖에 없다.

　현재의 상황으로서는 지난 Pompeo-Lavrov 간의 회담(May 14, 2019 Sochi)에서, 러시아가 북한이 요구하는 북한의 비핵화 과정에서 북한의 안보를 먼저 확보하는 것이 중요하다는 입장을 지지하고 있다고 밝힌 것은 미-북한 관계의 진전의 전망을 낙관적으로 볼 수는 없을 것으로 보인다.

맺으며

　북한에 9M729(Iskander-K) 미사일이 도입된 상태에서 지금까지 미-러 간의 INF 조약이 강조해오던 전략적 안정성은 INF 조약의 붕괴로 그것을 시작할 당시에 확보했던 냉전을 종결시켰다는 명분이 사라지고 다시 냉전으로 복귀한 상태로 보인다. 그것은 러시아의 9M729에 대한 미국의 문제제기, 즉 미국은 2008년에 러시아에 등장한 이 무기에 대해 2013년부터 관심을 표명하기 시작했으며, 2017년에 들어서 문제를 제기했다.(Sebastien Roblin, The National Interest, Oct. 7, 2018 The United States Claims Russia is Converting Submarine Missile for Ground Launch 참조) 결과적으로 INF 조약에 대한 위반문제로 확대되어 미국은 9M729의 사거리로 그 위반을 주장하고 있고, 러시아는 이에 대항하여 미국이 NATO에 도입한 Aegis Ashore(SM-3)가 공격용으로 변화되는 상태에서(MK-41 발사대를 포함하여) INF를 위반했다는 주장이 맞서면서 그 타협을 이루지 못하고 있다.(M. Krepon, Steven Pipes의 글 참조)

이런 상황에서 전략적 미사일의 대립은 결과적으로 9M729를 매개로 한 러-중-북 관계와 Aegis Ashore를 매개로 한 미-일-한의 관계로 냉전적 관계로 복원된 것으로 보인다.

NATO는 INF의 붕괴의 책임과 9M729와 Aegis Ashore 간의 비교적 우위(유럽국들은 Aegis Ashore의 성능이 불확실한 상태에서 유럽에 배치한 것에 대해 의구심을 보이고 있고, 최근에는 미국이 철수된 상황에서의 유럽 방위문제가 거론되고 있다.)에서 미국의 책임과 전략적 불리로 보는 느낌이 있고(Sebastien Roblin은 이후로 미국이 러시아에 대한 전략적 피해 망상증에 걸려 있는 것으로 보고 있다.) 아시아, 북한의 관계에서도 미-러 간의 타협이 있어야 할 것으로 보고 있다. 미-북한 관계에서는 러시아가 북한의 비핵화에서 안보의 중요성을 중요시 하는 입장을 지지하고 있다는 사실이 미-러 관계에서도 작용할 것으로 보인다.

Hans Kristensen은 러시아의 비전략적 미사일이 증가되었다고 하면서 이로 인해 러시아의 핵 전략이 더 위험스럽고, 예측 불가능하게 되었다고 주장하였고, 이것은 P. Tucker에게서도 같은 견해가 나왔다.(Hans Kristensen, Forbes, Is the Pentagon Exaggerating Russian Tactical Nuclear Weapons? May 7, 2019, Patrick Tucker, Nuclear Weapons are getting less Predictable---, May 16, 2019 참조)

최근에 MIT의 Sapolsky 교수는 Turkey의 러시아 관계 등을 들어 터키의 Incirlik 기지에 있는 미국의 20~80여 개의 B61 핵무기를 철수할 것을 건의하고 있다.(Defense One, Time to Pull US Nuclear Weapons Out of Turkey, Harvey Sapolsky, May 17, 2019)

러시아는 최근의 Pompeo-Lavrov 간의 회담을 통해 러시아의 입장이 강화되었다고 보는 입장이며(Sochi에서 있었던 미-러 간 외무장관 회담은 양국관계, 국제문제, 그리고 지역문제의 협의 등 종전의 미-소 회담과 같은 양식으로 의제를 다루었다.) 그 전의 미-소 관계와 같은 지위에서 지역문제(북한의 문제와 같은)로 미-러 간에 논의했다는 사실이 새로운 미-러 관계에로의 변화를 예측하게 하는 것으로 보인다.(Nokolas K. Gvosdev, The National Interest, May 15, Russia is Finally Getting the "Great Power" Talks That It Always Wanted 참조)

만약 미-러 관계에서 새로운 전략관계로의 변화를 추구하는 러시아의 주도를 미국이 따라가는 경우 그 전략관계의 변화가 미-북한 관계에도 영향을 줄 수도 있을 것이다.

Steven Pipes는 Trump 행정부가 이번 8월에 종결되는 INF, 그리고 2021년 2월에 만료되는 New START 등의 군비통제 문제에 관심을 기울이지 않는다고 하고 있으나(Brookings, With US-Russian Arms Control treaties on shaky ground, April 26, 2019) Daryl Kimball에 의하면, Trump 대통령은 러시아, 중국을 포함한 모든 무기, 모든 핵탄두를 대상으로 하는 협정을 추구하도록 명령을 내린 것으로 알려졌고, 그는 특히 이런 군비통제에 반발을 보이는 중국과의 협상이 어려울 것이라는 것을 인정하면서도(Kymball은 Trump 행정부의 능력이 못 미칠 것으로 생각하고 있다.) Washington Post도 지적하는 바와 같이, 이 새로운 New START의 문제를 먼저 해결할 것을 주장하고 있다.(Daryl Kimball, New START must be Extended, May 25, 2019, Washington Post, Editorial Board, May 8, 2019)

Richard Burt는 이 새로운 협정으로 미-러의 핵무기, 미사일은 물론 양측의 전략 공격군의 감축이 이루어지면 중국의 가담이 용이해질 것으로 보았다.(National Interest, May 10, 2019 How Trump Can Transform Nuclear Arms Control)

Bolton은 물론 이런 군비통제의 논의를 반대하고 있는데, 그의 주장은 이 New START 등이 미국의 발사대(MK-41) 문제에 제동을 걸고 있다는 것이다. 이러한 Bolton의 태도에 Washingto Post는 이것이 미국이 회피하는 전술이 아니냐는 반문을 제기하면서도 자기 주장을 전개하고 있다. 또 한편, Pipes는 미국의 이러한 군비통제에 대한 태도는 북한과 같은 핵화를 추구하는 나라에 대해 핵무기를 버리라고 주장할 논리가 서지 않는다고 보고 있다.

06 새로운 요소를 필요로 하는 미국

A. 미국의 "경쟁적 전략"과 한반도의 "평화경제"

작년에 미 국방부에서 나온 National Defense Strategy에서 보면, 이제 미국의 국가 안보의 우선적 관심은 테러리즘이 아닌 국가 간의 "전략적 경쟁"이라고 제시하고 있고, 이러한 변화는 무엇보다도, 주변국에 대한 경제적 침해와 南中國海에서의 군사화를 추구하는 양상을 보이는 중국의 도전과 이웃 국가(Ukraina와 Crimea 등)의 국경을 침범하면서 그 경제, 외교, 안보에 대한 결정권에 veto권을 행사하려는 러시아, 그리고 핵 문제를 일으키고 있는 북한과 이란을 예로 들면서 이들이 평화와 안정을 위협하는 것 등을 그 이유로 하고 있다.(Summary of the National Defense Strategy of United States of America, 작년, Sharpening the American Military's Competitive Edge, Jim Mattis)

미국의 번영과 안보에의 도전은 National security Strategy가 수정주의적 국가라고 분류한 나라들의 장기적이고 전략적인 경쟁의 재등장에서 오는 것이라고 하고 있다. 중국과 러시아가 그들의 권위주의적인 모델에 따라(다른 나라의 경제외교, 안보에 대한 결정에 대해 Veto권을 획득하여) 세계를 형성하려는 것이 더욱 분명해지고 있다고 이들은 주장한다.

이 경쟁(Competition)이라는 말도 어떻게 정의할 것이냐도 문제가 되는 것으로 보고, 그것을 먼저 경제적 투자, 무기판매, 안보지원 등과 관련하여 보거나, 또는 일반적인 의미로 다원적인 국력의 의미로 전략과 관련하여 볼 때 동맹국들과 동반자 관계로 보면서 이것을 확대하는 것을 강조하는 의미로 볼 수도 있을 것이다.(What's the Great Power Competition? No One Really Knows, Katie Bo Williams, May 12, 2019)

심지어 이 단어를 derogative한 의미로 쉽게 이해시키는 경우가 더 효과적일지도 모르나, 예를 들어 Washington에서 전도가 유망한 똑똑한 젊은 참모라면(공화당원이든 민주당원이든 간에) 통상적인 지혜는 "더 反中國적이 될수록, 더 미래의 경력은 좋아질 것이다."라고 언급한 극도로 친일적인 Joseph Nye의 말은 치우친 편견이라고 지적하지 않을 수 없다.(The New Concept Everyone in Washington is talking About, Uri Friedman, The Atlantic, Aug 6, 2019)

오히려 Elbridge Colby가 말한 대로 이처럼 다양한 이해관계와 목적을 가진 나라들의 세계에서, (경쟁에) 이긴다는 것은 유리한 지역적 '세력 균형'을 달성한다는 것을 의미하며, 특히 유럽과 아시아에서 중국이 이들 지역의 지배적인 것이 되지 못하도록 하는 것으로 이해해야 한다고 그는 주장했다.

B. 미-러-중의 삼각관계와 한반도

미국 문서에서는 러시아를 adversary로 중국을 rival로 표현하면서 이들이 동맹국은 아니면서 권위주의적 세력으로 미국이 선도하는 민주주의적 가치에 도전하고 있는 것을 강조하면서 이에 대하여 동맹국들과 동반자국들과의 든든한 결합을 통해 자유롭고 공개된 국제 질서를 옹위하는 데 유리한 세력 균형을 보장할 Joint Force를 구성할 것

을 요구하고 있다.(Jim Mattis)

오늘날 국제정세는 복잡하고, 경쟁적인 것을 특색으로 하는 상황에서 미국은 중국을 상대로 무역문제로 갈등을 겪으면서 중국의 Belt and Road 정책으로 전 세계를 대상으로 그 세력을 확장하려는 의도를 보이는 중국을 억제하고 그 경쟁에서 승리하려는 전략을 모색하고 있다.(Belt and Road Intiative, 중국의 시진평이 2013년부터 제시한 정책으로 총 1조 달러의 기금으로 아시아, 유럽 등의 65개국을 연결, 중국을 고도 소득의 나라, 세계적 경제의 나라로 변화시키려는 정책으로, 지금까지 총 2,100억 달러를 지출하였다. 그 대부분을 주로 아시아 지역에 소비했다.)

다른 한편으로 미국은 지난 5월 14일 미-러 외무장관의 회동에 이어, 양국 간의 건설적인 관계를 복구하고 전문적 대화를 추구하는 데서, 지난번 헬싱키 회담에 이어서, 미-러 관계의 복원, 특히 양국 간의 의사소통을 위한 채널 복원의 중요성에 동의가 있었음을 Lavrov는 강조하고 있다. Lavrov의 발표에 의하면, 러시아는 상호 간의 불신을 극복하기 위해 비정부적 전문가 위원회를 구성할 것을 제의하였고, 이것은 1차적으로 방위문제에서 상호 간의 행동을 이해하기 위한 목적을 가졌고, 2차적으로는 서로 간에 군비경쟁을 방지하자는 목적을 가진 것이었다.

이 위원회는 정부에의 권고를 통해 그 목적으로 상호 이익이 되는 경제적 협력을 위한 환경을 조성하는 것을 목적으로 정상적, 지속적인 협력방법을 마련하고자 하는 데 있다.(Russian Foreign Minister Lavrov, remarks to Media Questions at a Joint News Conference following Talks with US Secretary of State, Pompeo, Sochi, May 14, 2019)

Lavrov는 양국 간의 긴장으로 세계문제에도 영향을 주어서 이런 관계를 정상으로 돌리기 위한 필요에서 대화의 정상화에 관심을 두고자 했다고 언급하였다.

미-러 간의 회담은 다른 글에서 이미 밝혔지만 냉전시의 미-소 간의 회담과 같은 형식으로 첫째는 세계 정치적 문제의 검토, 둘째는 양국관계의 논의, 그리고 지역문제에 대한 협의로 진행이 되었고, 이 모임에서는 아프가니스탄에서 진행되는 생산적 협력, 러-미-중의 협력 형태에 대한 논의가 있었고, 또 INF 조약과 관련된 상황에 대한 평가, 군비통제 문제 등에 대한 전문적, 구체적 대화 재개의 문제를 관심을 두고 논의하였으며, 마지막으로는 지역 문제로 베네주엘라, 한반도 문제가 논의되었다.

특히 한반도 문제에서는 Putin의 4월 25일 김정은과의 회담에 관한 것이 주제로 되어 5월 3일 Trump와의 통화에서 상세히 논의된 것으로 밝혔다. 이 논의에서 러시아는 미-북한 간의 대화에 지지를 표했고, 동북아에서 평화와 안정의 메커니즘을 형성하는 것을 추구해야 한다고 했고, Lavrov는 북한이 비핵화 조치에 대한 반응으로 그 안보를 보장받는 것이 필요하다는 북한의 입장을 전달하였다. 그는 한반도 전체에 Security가 적용되어야 한다는 입장을 밝혔다.

Lavrov는 지역적, 국제적 문제의 실제적 해결을 위한 현실적 조치의 진전이 가능하다는 입장을 천명하면서 한반도 문제에의 적극적 입장을 표현하였다.

C. 한반도에서의 미사일 경쟁

북한은 8월 초부터 시작된 한-미 군사훈련 기간 동안 총 8번의 중거리 미사일(사거리 500km 전후) 시험을 하면서 이 훈련에 대한 불만을 토로했다. 지난 2017년에 러시아의 Iskander(KN-23) 미사일의 소개 이후 북한은 자주적인 근대적 미사일을 개발하는 데 몰두한 것으로 보이며, 이에 따라 그 사거리와 고도, 속도, 정확도의 변화, 그리고 SLBM과 신잠수함 건설의 의미 등은 이에 대한 한국의 자신 있는 전략적 우월성을 강조함에도 불구하고, 그것이 몰고 온 전략적 안정성의 문제에 관심을 불러일으키고 있다.

지난 8월 3일 미국의 신임 국방장관은 아시아에 중거리 미사일 배치를 언급하였다. 미국이 INF 조약을 파기한 지(8월 2일) 얼마 되지 않는 시점에서 미국은 중가리 미사일의 배치를 언급했고, 곧 이어서 있었던 Esper 장관의 아시아 순방에서 서둘러 이 사실을 확인하고자 하는 것으로 보인다.

미국은 INF 조약의 탈퇴를 선언하면서 앞으로의 협상에서는 중국을 포함시킬 것을 언급한 바가 있는데, 이번 북한의 중거리 미사일 발사에 대해 별로 부정적 반응을 않았던 사실에서 미루어볼 때, 이 지역에서의 협정을 추구한다면 중국뿐 아니라 북한도 그 대상으로 하려는 의도가 있는 것이 아닌지 의심스럽다.

이미 시작된 한국과의 방위비 분담 협상에서 미국은 방위비 분담의 액수도 문제이지만 중점은 이 중거리 미사일의 배치문제의 협의, 그리고 호르무즈 해협에서의 미국 주도의 동맹군에의 참여문제 등이 주요 문제로 제기되고 있다.

Esper는 중국의 미사일의 80%가 중거리 미사일임을 지적하면서 미국이 이 지역에 중거리 미사일을 배치하는 것이 문제가 될 수 없다고 하면서 이를 강행하고 있는 것으로 보인다.(IISS의 자료에 의하면, 중국은 1,500여 기의 단거리 미사일, 450여 기의 Medium 미사일, 160여 기의 Inter-Mediate 미사일, 그리고 수백여 기의 장거리 미사일을 보유하고 있다.)

이뿐 아니라 한-미 간에는 중국에 대한 견제적 의미가 강한 Indo-Pacific 조약에의 개입문제가 걸려 있다. 이 조약의 핵심 국가로 지목

되는 인도가 러시아와의 S-400 방위체제의 도입계약, 그리고 고급 군사기술 협력 등의 문제로 미국의 제재의 대상으로 검토되는 단계도 결부되어 있다. 인도는 이런 문제와 관련하여 동서 냉전 속에서 네루가 비동맹정책을 표방하며, 독자적 노선을 추구한 바 있으며, 또 지역적으로 이 인도-태평양 지역의 중심에 놓여 있는 ASEAN의 조심스런 접근도 관심의 대상이 되고 있다.(The Idea of Indo-Pacific: ASEAN Steps In, Analysis, July, 2019, by Nazia Hussain)

러시아도 미국의 중거리 미사일의 아시아 배치의 문제에서 중국과 같은 입장에 있고, 위에서 밝힌 바와 같이 동북아에서 평화-안정의 메커니즘을 제시하고 있는 만큼, 러시아의 한반도에 대한 관심은 북한에 대한 영향, 그리고 최근에 한-일 무역 분규에서 그 핵심이 되는 불연화수소를 러시아가 제공하겠다는 제의를 할 만큼 민감한 반응을 보이고 있다.

최근에 나온 관련 통계를 보면 북한의 선박이 중국보다는 러시아의 항구에 정박한 숫자가 훨씬 높은 상태를 보여주고 있는 것도 관심의 대상이다. VOA에 의하면, 아태국 항만국 통제위원회의 발표에 따르면 중국과 러시아를 방문한 북한 선박은 2016년 217척(중국 방문) : 57척(러시아 방문), 2017년 127 : 57, 작년 32 : 47, 2019년 12 : 20으로 점점 역전되고 있는 것을 볼 수 있다.

북한에 대한 중-러의 경쟁적 입장은 냉전시에도 나타난 것이지만 두 나라의 긴밀한 관계에도 불구하고 항상 머리를 들고 나타나는 것을 볼 수 있다. 예를 들자면, 지난 1969년 미군의 EC-121기의 격추시 당시 소련은 미국을 지원하는 모습을 보인 적이 있다.

반면 이번 북한의 미사일 발사에 대해 러시아는 침묵을 지켰으나, 중국은 북한에게 자제와 우려를 전달했고, 그 대신 중국은 한국으로부터의 5만톤의 식량을 거부한 북한에 대해 80만톤의 식량 지원을 했다.

D. 정책결정과 정세분석

Mark Esper 미국 국방장관이 정식으로 임명된 날이 7월 23일이었고, 공교롭게도 같은 날 러시아와 중국의 폭격기, 조기경보기 등이 각각 2대씩 오전 6시부터 10시 사이에 동해를 비행하였고, 러시아 군용기는 독도를, 중국의 군용기는 대한해협 근처의 KADIZ를 각각 침범하였다. 그 중에 7분간 KADIZ를 침범한 러시아기에게는 한국 공군이 300여 발의 경고사격을 가하기도 하였다. 이들 군용기들은 중국군 비행기는 대한해협 방향에서 북쪽으로 비행하였고, 러시아 비행기는 울라디보스토크 쪽에서 날아와서 독도 부근에서 합류하여 다시 남쪽으로 비행하였다. 이들이 Patrol이라고 부른 일종의 시위 형식의 이런 비행은 러시아 측에서 인정하듯이 처음 있는 일이었다.

러시아의 극동령의 수도가 하바로프스크에서 울라디보스토크로 2014년에 변경된 것도 러시아의 이 지역에서의 적극적 활동과 관련이 있다는 것은 의심의 여지가 없다.

전직 국방차관을 지낸 야당 출신의 국회의원은 이 상황을 한국이 동네북이 되었다는 식으로 비판적인 표현을 쓰면서, 러시아기가 영공을 침범하였을 때 한국 공군이 경고사격을 한 것은 잘한 일이라고 한 것까지는 괜찮았으나, 그는 더 나아가 러시아기가 두 번째로 침범했을 때는 격추시켜도 국제법상으로 문제가 없다는 식의 발언은 전직을 의심할 정도로 보였다.

이제 시야를 넓고 높게 가지고 볼 필요가 있으며, 본격적으로 강대국들의 경쟁이 전개되는 상황이 한반도 주변에서 일어나고 있고, 이에 따른 결정이 중요한 의미를 가지게 되었다.

한국은 이미 THAAD 배치를 통해 중국으로부터 롯데의 철수 등 경제적 손실을 보아왔고, 이제 중거리 미사일의 배치를 놓고 중국은 다시 위협을 강화하고 있다. 여기에 일본으로부터 수출 규제를 당하면서 미국으로부터는 방위비 부담을 인상하라는 압박을 받고 있으며, 중-러의 군사적 Patrol로부터 오는 압박을 보면서 이것을 동네북이라고만 하는 것으로, 정부의 상황을 조롱하는 것으로 대응이라고 할 수는 없는 것이다.

아무리 어렵고 힘든 상황이라고 해도 거기에 결정할 일은 있다. 곧 큰 손실이 예상된다고 하더라도 될 수 있는 한 그 손실을 최소화한 선택이 있을 수 있다는 것이다. 또 그 어려운 가운데 아주 조그마한 이익이 되는 것이라도 선택할 수만 있다면 그것을 취하는 것이다.

중국은 항일전쟁 기간 중에 일본에게 전국을 점령당한 상태가 있었던 관계도 있었지만 내부적으로 분열을 보이고 있었고, 일시적으로는 항일에 합의를 이루었으나 끝내 미국이 파견한 Stilwell 장군과 불화를 겪으면서, 일본의 항복과 소련의 개입으로 다시 살아날 수 있었다. 중국이 자랑하는 5·4 운동도 그것을 촉발한 진독수의 激言으로부터 시작되었고, 그가 강조한 것은 한국 청년들의 3·1 운동을 본받으라는 것이었다.

김산이 쓴 Song of Arirang(Nym Wales의 번역)에는 그 마지막 단원에서, "남의 나라의 땅에서 그 조직에 속해 있으면서 자기 나라의 독립 운동을 한다는 것이 얼마만큼의 환멸을 주는 것인가?" 하는 말을 하면서 죽음을 맞은 것을 기억할 필요가 있다.

현재의 한-미 관계는 그렇게 좋다고 볼 수도 없으나, 지금 정권의 출발부터 대외정책의 전략적 입장을 강조한 Strategic Ambiguity가 지배적인 원칙으로 작용해왔다. 한반도의 평화와 안정을 위한 북-미 간의 관계 발전을 위한 지침으로 제시된 이것은 결과적으로 북한, 미국으로부터 불신과 회의의 대상이 되게 만들었다. 오히려 최근에는 미국에 대한 롯데 등의 집중적 투자와 엄청난 액수의 무기구입으로 북한으로부터 불신의 이유로 추궁받는 상황으로 나가는 것을 볼 수 있다.

최근에 대통령은 회의에서 진정성이라는 용어를 강조하면서 다시 북-미 관계는 물론 남-북 관계의 역동적인 전개를 재촉발할 의사를 보였다. 간단한 말로 내가 애매모호한 입장을 택하면서 상대방에게 진정성을 요구할 수 있는가?

미국의 정책적인 입장에 대해 유럽 국가들(영국 제외)의 반응을 살펴볼 필요가 있다. 최근 이태리는 중국의 Belt and Road 정책에의 동조를 표명했고, 프랑스와 독일은 이란과 관련된 비핵화 조약에 계속 가입한 상태로 미국을 회유하려고 하고 있으나 결과는 없는 상태이며, 독일은 러시아와의 송유관 연결문제로 미국과 갈등을 빚고 있으며, 호르뮤즈 해협 군사작전에 독자적인 입장을 취하고 있다.

대체로 유럽 국가들은 Trump의 재선과 관계 없이 미국의 영향으로부터 벗어나는 독자적인 유럽軍의 창설을 검토하고 있다. 끝으로 지난번에 합의된 남-북 간의 합의서에는 남-북한 간의 군비통제의 문제가 분명히 제시되지 않고 있다. 현재의 상황에서 남-북한 간의 군사적 문제는 핵 부분을 제외한 군비통제의 단계가 중요한 것으로 다루어져야 할 필요가 있다.

지금 남-북한 간의 군사적 안정성을 억지(deterrence)에 의지하고 있다고 보면, Michael Krepon은 이것만으로 안전하다고 할 수 없으며, 그는 Deterrence는 창끝에 달린 날카로운 촉에 불과한 것으로 이것만으로는 위험하며, 이것은 정교하게 만든 군비통제에 의해 필요한 보장을 제공받아야만 한다고 하고 있다. 이 보장이 없는 deterrence는 더 위험해질 수 있다는 것이 그의 주장이다.(Death of a Treaty, august, 5, 2019)

어느 진보적인 매체는 미국의 중거리 미사일의 배치문제의 등장으로 한반도 평화 프로세스는 끝났다고 보는 입장을 제시했으나, 보다 정교하고 역동적인 한반도의 변화를 군비통제와 결부하여 동적인 정책의 추진이 요구될 뿐이며, 한국의 입장과 강대국 간의 경쟁을 정확히 검토, 파악하여 정세 다이아그램을 작성하여 포괄적이고, 적극적으로 추진하는 자세가 필요할 뿐이다.

그 노력의 크기와 주도적 정책 전개를 통해 이 지역의 전략적 변화 속에서 한반도의 전략적 위치를 이용하여 군비통제에 기여할 수 있을 것이다. 구상은 자유로운 것이며, 미-러-중 간의 경쟁적 전략에 의한 선택의 강요를 받는 나라들이 유럽을 포함하여, 지난 냉전 시기의 드골, 낫세르, 네루 등과 같이 독자적 그룹(예를 들어 77그룹과 같은)을 형성하여 UN 등에서의 결의안을 통해 이러한 강대국들의 전략적 경쟁에 의한 선택 강요를 견제할 수도 있을 것이다.

일본과 중국의 정책적 사고는 매너리즘과 정체성에 빠져 있다. 그들은 미국의 주도적이지만 단견적이고 역동성이 없는 정책적 리드와 그 영향에 주눅이 들어서 더 이상의 창조적 Idea를 기대하기는 힘들다.

07
동아시아에서의 강화되는 군비경쟁: 중국 대 3자 협력체제

 시간이 지나감에 따라, 또는 상황이 변화됨에 따라 국제적 관계에서의 중요한 정책적 지침이나, 전략적 입장이 바뀔 수는 있다. 그러나 시간의 흐름, 상황의 변화에도 불구하고 계속 動因的 추세로 부각되는 요소의 경우, 또는 점점 더 강력한 위협의 요소로 등장되는 경우 이에 대한 정책적 대응을 하지 않으면 안 되는 상황에 이르게 되는 것을 목도하게 되는 경우가 있다.

 최근 맹위를 떨치며 세계를 위협하는 Corona Virus-19에 대한 대처에서 각국이 보여주는 정책적 태도는 이 疫病을 다루는 데서 그 방법도 중요하지만 그 타이밍도 못지않게 중요함을 볼 수 있다.

 그 사상자나 그 피해의 정도는 이러한 질병에 대한 대처에서 그 방법, 시기를 적절하게 선택하였는가, 그렇지 않은가에 따라 엄청난 차이를 보여주고 있다. 국제관계에서도 이러한 유사한 상황은 마찬가지로 일어나고 있고, 우리나라 속담에서도 언급되는 것처럼 "호미로 막을 수 있는 것을 가래로 막아야 하는 경우"로 되는 것을 볼 수 있다.

 앞의 다른 글에서 잠깐 언급하였지만 미국이 중국으로부터의 두려움, 위협을 언급하기 시작한 것은 Vietnam 전쟁 초기부터였다.(지식인의 책임, 지식인의 배반, www.dongsoong65.net, 회원 논평, 2020. 2. 24.) H. Morgenthau 교수가 당시 의회에서 증언한 내용에서 지적한 내용은 지금도 거의 똑같은 용어와 의미로 중국에 대한 두려움과 위협이 미국 내에서 언급되고 있다.

(1) 미국에서의 중국문제

지난 2009년 1월, Obama 정부의 국무부 부장관에 취임한 James Steinberg는 중국과의 관계에서 중요하게 G-2를 언급하면서 중국에게 Strategic Reassurance를 통해 협력관계를 형성할 것을 제안하였다.(James Steinberg, Obama Administration's Vision of the US-China Relationship, September 24, 2009 CNAS)

중국의 건국 60주년을 기념하는 자리에서 Steinberg는 양국이 겪은 일시적인 적대적 관계에도 불구하고, 지난 30년간의 중국의 놀랄 만한 성장과 변화, 중국의 내부적인 발전을 이룩하게 한 1979년의 Carter 대통령과 등소평이 내린 결정의 의미를 지적하였다.

그는 이 결정이 미국의 장기적 이익을 중국의 야망을 저지하려는 데서 나온 것이 아니라, 중국이 미국과 동반자가 될 수 있다는 가능성을 탐색한 데서 비롯되었다는 것을 강조하였다.

그는 당시(2009년)의 현실에서 이때의 통찰력이 더욱 중요하다고 당시의 소련관계를 언급하면서, 당시 Clinton 국무장관의 말을 인용하면서 강조하였다. 세계적인 도전과 위협 앞에서 국제적 협력의 논리는 지배적일 수밖에 없으나 이 통찰력을 중국과의 관계에 적용하는 것은 근본적 수수께끼를 던지는 문제일 수 있다는 것을 그는 잊지 않았다.

그는 중국의 크기, 그 중요성 등은 경쟁에서의 위험문제를 제기하며, 이것은 그 협력을 저지시킬 수 있는 경쟁임을 언급하면서, 국익을 지키면서 잠재적 적국에 대한 자체 안보 방어를 위해. Strategic Reassurance를 제시한 것이다. 이 전략적 보장이라는 것은 우선 중-미 관계를 협상에 주로 의존하는 데 핵심을 두면서, 중국을 강국으로 받아들이는 것을 분명히 하되, 중국도 그 발전과 성장에 어울리는 세계적 역할을 받아들이고, 타국의 안보와 복지를 희생해서는 안 되며, 투명성을 높이며, 양국의 공동 이익의 영역을 확장하며, 이 보장의 다른 부분은 양국 간의 지속적인 대화로 이어지도록 되어 있었다.

Steinberg도 Thucydides, Peloponnesian 전쟁을 언급하면서 이것을 제시하였으나 같은 해에 있었던 Obama 대통령의 방중에서 이 견해는 제시되지 않았고, 이후에 중-미 관계와 관련하여 제시되는 견해에서 Thucydides 등을 언급하는 것은 전쟁은 불가피하다는 논리를 강조하는 것으로 인식되어, Steinberg의 견해는 중국의 부상으로 미국은 서태평양에서 밀려날 것이라는 이러한 어두운 견해에 의해 서서히 사라지게 되었다.

같은 해인 2009년에 발표된 Elisabeth Economy와 Adam segal이 쓴 The G-2 Mirage는 Kissinger가 언급한 대로 미-중 관계를 "새로운 수준으로" 올리는 것은 세계적 문제를 해결하기 위해서는 필요한 논리이지만 의미 있는 동반자로서 세계적 도전을 상대하기에는 진정한 조정이 더 필요하다고 하면서, 이러한 미-중 관계를 Mirage(신기루)라고 표현하고 있었다.(The G-2 Mirage: Why the United States and China are Not Ready to Upgrade Ties. Foreign Affairs, Vol. 88, No. 3, 2009 pp.14~23)

이미 중국의 개방이 이루어지고 20년이 지난 1999년 중국은 GDP 상에서 세계 2위의 경제대국 일본을 압도하였고, 2007년을 전후하여 중국이 세계 총 GDP의 10%를 넘어서자 미국을 추월할 것으로 세계 경제 기구들이 예측하고 있었다.

중국의 평화적 浮上과 이에 대한 미국의 "강한 중국 지지"는 상호 의심을 불식하는 데 아무런 도움을 주지 못했고, 이것은 Reagan 시대에 이르러 Trust but verify가 중국에 적용되게 이르렀다. 결국 Respectful Coexistence는 실현될 수 없었다.

(2) 2009년 전후의 미-중 관계

미국 국방부는 2008년에 중국이 그 첫 고체연료 미사일인 DF-21D를 60~80기를 보유하고 있다고 하면서 매년 10여 기를 생산하고 있다고 발표를 하였다. 2009년에는 해군 연구소가 이 DF-21D는 움직이는 목표를 파괴할 수 있으며, 초음속의 1,450km 사거리의 ASBM으로 항공모함을 한 번에 파괴할 수 있으며, 이에 대항하기 위한 무기는 없다고 발표하였다.

미국에서 나온 관련 글에서 이것은 "Game-Changer", "Mace"라는 용어를 쓰면서 해군의 방어능력을 변화시켜야 하는 문제로 대두되었다. 2010년 이후 미국의 군사비는 증가하기 시작하여 2016년 이후에 그 군사 투자는 절정에 이르게 된다.

2019년 10월에 출간된 Mark Cancian이 작성한 보고서에서 Trump 대통령이 미국에 대한 위협으로 중국을 러시아에 대신하여 강조한 것을 지적했다고 언급하였으나 이것은 이미 2017년에 나온 National Security Strategy에서부터 중국의 위협이 강조되고 있었다.(U.S. Military Forces in FY 2020, Mark F. Cancian)

National Security Strategy는 1947년 Goldwater(共)-Nichols(民)법 603항에 의해 3년마다 의회에 보고하도록 되었으나 그 이행은 잘 되지 않은 것으로 알려졌다. 다만 그 비교를 위해서 Trump 대통령(共)과 1997년 Clinton 대통령(民)이 제출한 보고서를 비교해보았다. 이 보고서들에서는 그 정책적 성향이 그대로 나타나 있기 때문에 흥미 있는 결과를 얻을 수도 있었다.

이 NSS는 그 시작이 민주당 집권 때 시작이 된 만큼 Brookings에서는 자료가 비교적 잘 보관이 되어 있었으나 Heritage는 그렇지 못하였다. Trump 대통령과 Clinton 대통령이 각각 제출한 보고서의 목차에서도 쉽게 볼 수 있지만, Trump 대통령의 보고서는 그 위협의 대상으로 중국을 강조하기 위한 내용이 주로 되어 있었고, 따라서 세계적 질서를 위한 미국의 Leadership의 문제는 물론 그 단어조차 찾아볼 수 없었다.

반면 Clinton 대통령의 첫 장은 Leadership으로 시작하고 있었다. Kurt Campbell이 미국이 세계 지도자로서 지위를 지키지 못하면 중국이 앞설 수 있다고 지적한 것은 새삼스러운 것이 아닐 수도 있다.(CFR. March 30, 2020)

특히 Trump 대통령의 보고서는 러시아를 중국에 이어 위협적이라고 하고 있으나 그 위협은 유럽, NATO와 미국과의 관계에 대한 위협으로만 언급하고 있는 것을 볼 수 있다. 아시아-태평양 지역에 대한 우라디보스톡-캄차카 지역의 러시아 해군력의 의미는 더 이상 거론되지도 않았다.

아시아에서 중국, 베트남 등 국가와의 분쟁을 겪은 후 미국이 이들과 국교 수립을 이루는 외교적 결론은 모두 민주당 정권하에서 내려졌다는 사실은 우연한 것이 아닐 수도 있다. 미국이 America First를 주장하면서 대외관계에서 Sanction을 위주로 대외관계를 이끌어 나가는 것은 결과적으로 고립을 초래할 것으로 보이며, 터키, 한국 등 전통적 동맹국에도 또 다른 의미의 Sanction을 부과하는 정책을 구사하는 것은 위의 Leadership의 문제와 결부하여 지도적 능력의 상실을 의미하는 것일 수도 있다.

(3) 동아시아의 군사력 증강

최근에 Trump 대통령은 동아시아 지역, 한국, 일본, 괌 등에 중거리 미사일(Intermediate range Ballistic Missile)의 배치를 언급하고 있는 것을 볼 수 있다. 또한 위에서 언급한 Mark Cancian이 쓴 US Military Forces in FY 2020 보고서를 보면, 주한 미 공군을 예를 들어보면, 한국 서남해안에 배치된 미 공군기지의 주력기를 F-35로 할 것인가의 문제를 분석하면서, 그 주력기들이 중국을 대상으로 하는 경우, 그 비행거리가 짧은 관계로 F-35보다는 F-15가 그 비행거리에서 더 적합하다는 판단을 제시하는 것을 볼 수 있었다. 또 한반도에 장거리 폭격기의 필요성을 언급하면서 F-111 등을 거론하는 것도 같은 맥락을 가진 것이다.

이미 본인은 2007년에 발표한 논문에서 중국과 미국의 황해에서의 전략적 대립의 양상을 지적한 바 있으나(Guerres Mondilea et Conflits Contemporains No. 239) 중국의 군사적 현대화에 따른 군비 확충은 해군 전투함, 잠수함, 그리고 전투기에 의한 영역 확장의 단계를 점점 더 높이고 있다. 특히 중국은 항모킬러라는 DF-21D를 칭따오 주변 미사일 기지에 집중 배치하고 있는 것을 볼 수 있다.

또한 중국은 소음을 줄이는 방법으로 재래식 잠수함을 현대화하는 반면, 핵 추진 잠수함을 6척을 확보하는 등 그 능력을 높이고 있다. 여기에 러시아와의 해-공군 협력 출현이 한반도 주변에서 자주 일어나는 것을 주목할 필요가 있다. 러시아는 올해 Borei급 핵 추진 잠수함을 태평양 함대로 보내 총 8척을 보유할 것으로 전해지는 바, 이 핵 추진 잠수함은 28,000t급 대형잠수함으로 알려져 있다. 미국은 총 71

척의 잠수함을 보유한 것으로 알려져 있으나 그 규모나 지역적으로 제한된 전략적 운용에서는 한계를 가질 수밖에 없다.

최근 한국의 40여 기의 F-35 전투기와 무인고속침투기 등의 도입으로 남-북 관계의 악화를 가져오는 결과를 보고 있으며, 여기에 북한도 자체적인 탄도미사일의 발사 등으로 자체 방어체제를 강화하는 모습을 볼 수 있다.

이미 한국의 전략적 무기체계가 미국의 인도-태평양 방위체계와의 Communication System에서의 이입단계로 들어가는 기술적 협력으로 연결되고 있는 만큼 중국, 북한의 러시아 무기체계와의 협력관계도 진행되고 있는 것으로 보인다. 이 지역에서의 군비통제 체계의 필요성이 강조되고 있는 대목이다.

(4) 중국 대 3자 협력체제(러시아의 제의)

2014년에 Steinberg는 Brookings의 Michael O'Hanlon과 같이 Strategic Reassurance, and Resolve를 출간하였는데, Brookings는 이에 대해 A Glass, Half Full이라는 제하에 이 글이 미-중 간의 관계를 안정적인 것과 경쟁적인 것 간의 결론을 내리지 못한 균형적 입장을 취하고 있음을 지적했다.

BBC는 Trump 대통령의 취임사를 보도하면서 그가 중국과의 무역 전쟁에서 승리할 것이라고 말했다고 보도했다. 이미 대통령 선거 유세 중에도 Trump는 중국 상품에 45% 관세를 부과할 것이라고 했던 그는 대통령 취임 직후인 2017년 8월에 미국 무역 대표인 Robert Lighthizer에게 중국의 기술 이전, 지식재산 등의 문제에 관한 중국의 정책, 관례 등에 대해 301조의 따른 조사를 시작하도록 지시하였다. 동시에 Trump 대통령은 중국의 해로운 행위, 관례에 대한 적절한 대응을 지시하였는데, 특히 관세, WTO 분쟁, 투자 제한과 관련된 부당하고 시장을 왜곡시키는 행위에 대해 사용 가능한 모든 방법을 사용하도록 지시하였다.

한편 미국 국무장관 Pompeo는 2019년 5월 14일 러시아를 첫 방문하여 외무장관 Lavrov와 회담을 가졌는데, Lavrov는 미국과의 회담을 종전의 미-소 전략회담에 준하는 의제를 제시하여 양국문제, 국제문제, 지역문제 등을 협의하였고, 이 회담에서 Lavrov가 미국에게 아프가니스탄 문제의 해결에서 사용했던 미-중-러의 3자 협력방법을 전략적 안정성을 위한 유용한 협력방법으로 제시하였다는 사실은 매우 주목되는 것이다.

이와 아울러 미국도 중국을 포함한 3자 회의에서 Intermediate range Ballistic Missile에 관한 회의를 러시아에게 제의한 것에서 보건대(미국은 러시아를 이탈리아 정도의 경제 수준을 가진 것으로 보고, 여기에 인구문제의 심각한 장애를 들어 낮게 평가하고 있으나, 중국과의 동맹관계를 염두에 둔 격리의 필요성에서 러시아를 다루는 입장으로 보인다.) 앞으로 경쟁과 협력의 관계를 기반으로 한 이들 3국 간의 관계가 국제관계에서 중요한 의미를 가질 것으로 보이며, 이것은 사실상 중국의 국제적 지위의 현실화로 받아들여질 것이다.

한국의 코로나 바이러스와의 싸움은 이제 연장전에 들어간 것으로 보인다. 더 짧은 시간 내에 승부를 내야 하고, 선수들은 지칠 대로 지친 상태이지만 승부를 위한 노력의 필요성은 더욱 강해진 것이다. 이 상태에서 정부가 할 수 있는 것은 없다고 보아야 한다. 정부는 이제까지 해온 방어와 공격의 원칙만을 지속시키며 체계화하고, 생활화하도록 국민을 격려하는 일만 남았다.

진정한 승자가 국민이 되기 위해서 앞으로 중요한 것은 시민적 개인주의의 성숙을 증명하면서 이 난관을 이겨나가고자 하는 국민의 의지뿐이다. 개별적 이기주의가 아닌 시민으로서의 사회적 책임과 의무를 스스로 다하도록 정부는 이들에게 길을 열어주고, 이들이 진정한 민주주의의 성숙의 의미, 민주주의의 승리자임을 깨닫고 행동하도록 해주어야 한다.

남-북한의 "對峙와 對話"의 국제정치

지난 2017년 말의 미-북한 간의 날이 선 언어폭탄 교환이 있은 후 그다음 해 초부터 시작된 남-북한 간의 평창올림픽을 둘러싼 대화의 오페라는 그 긴장의 주역들을 춤추게 만들었고, 이것은 남-북한 간의 정상회담, 미-북한 간의 정상회담, 그리고 중국-북한 간, 러시아-북한 간의 정상회담으로 이어졌다.

1815년에 열린 나폴레옹의 시대를 종결짓는 비엔나 회의를 두고 어느 외교사는 메테르니히(Klemens von Metternich)는 열국의 대표를 비엔나 회의에 모아놓고 춤을 추게 만들었고, 이것을 이른바 Concert of Europe이라는 보수적이고 반동적인 질서체제를 만들어내는 데 이용하였다. 어떤 논평가는 이 질서가 거의 100년 동안, 곧 1차 대전까지 유럽의 평화를 유지하게 했다고 보고 있었다.

이 무도회를 열어놓고 오스트리아의 재상 메테르니히는 이들로부터 군주체제로의 복귀, 세력 균형의 원칙을 통해 유럽을 재편하는 데 동의를 얻어 구주협조 체제를 탄생시키는 엄청난 업적을 이루었다.

한반도 문제로 미, 중, 러 등 강대국들을 상대로 무도회를 열었던 문재인 정부는 어떤 복안을 가지고 있었던 것인가? 이른바 한반도 평화 프로세스라고 하는 것은 어떤 것을 최종적인 목표로 하였던 것인가? 한반도의 평화 정착? 여기에는 남-북한의 관계가 어떤 상태로, 예를 들어 통일의 상태로 되는 것이 포함되어 있었는가?

(1) 남-북한 간의 대화 전개

북한은 2017년 11월 29일 ICBM급 미사일을 발사하면서 국가 핵 무력의 완성을 선포하면서 남-북 대화에 적극적으로 응하는 모습을 보였다. 그다음해 신년사에서 평창올림픽에의 참가 및 남-북 대화에 응하는 의사를 보였고, 2월 10일에는 김여정을 통해 전달된 친서에서 김정은 위원장은 문 대통령에게 북한 방문을 초청하였다.

이어서 2월 25일 방한한 북한 고위급 대표단은 문 대통령에게 미국과의 대화에 응할 용의가 있음을 밝혔고, 3월 6일 대북 특사단에게 북한은 남-북 정상회담, 남-북 간 핫라인 개통, 북한의 추가도발 중단 등의 합의가 있었고, 북-미 간의 대화 여건을 조성하는 문제에 합의하였다.

이미 문재인 정부는 2017년 7월, 독일의 베를린에서 신베를린 선언을 통해, 한반도 평화를 실현하기 위한 북한의 핵 계획 포기, 남-북 간 평화협정 체결, 경제공동체 형성, 냉전체제를 평화체제로 대체하려는 정책을 제시하였다.

문재인 정부의 이 구상은 김대중 대통령에서부터 시작되어 진보적 대통령은 물론 이명박, 박근혜 등 보수적 대통령들까지도 당선 후 독일을 방문하여 한반도의 평화 구상을 발표하는 고정적 절차로 된 느낌을 주는 행사의 일환으로 나온 것이다. 문재인 정부는 북한에 대한 정권의 안정을 보장한다는 것, 흡수, 또는 힘에 의한 통일을 추구하지 않는다는 것을 강조하였다.

평창올림픽을 끝낸 후 남-북한 양측은 특사단을 각각 파견하여, 남-북 정상회담, 그리고 북한과 미국 간의 대화를 위한 여건 조성에 합의를 하였고, 3월 9일, 한국 측 대표단의 일원을 미국 대통령에게 파견하여 트럼프 대통령으로부터 5월 중에 북-미 정상회담을 개최할 의향이 있음을 확인, 발표하였다.

3월 25일, 북한의 김정은 위원장은 중국을 방문하여, 중국의 시진핑 주석과 회담을 하고, 북한의 한반도 평화 안정 분위기 조성, 평화 실현을 위해 단계적, 동시적 조치를 통해 한반도 비핵화 문제를 해결하려는 노력에 대해 중국의 지지를 확보하였다.

첫 단계로 한반도 문제의 당사자들이 모두 동원되어 각기의 회담을 통해 무도회 분위기는 이루어졌지만 "누가 메테르니히의 역할을 하는가? 또 어떤 결과를 준비하고 있었는가?"는 분명하지 않았다.

(2) 동아시아에서의 불안정과 힘의 관계

어제(6월 16일 오후 2시) 북한은 김여정 부위원장의 말대로 개성에 있는 남북 공동 연락사무소를 폭파시켰다. 한국 매스컴들은 700억짜리 건물, 남-북의 평화적 대화의 상징을 날렸다고 요란스럽게 보도했다. 어느 외국 언론은 이 연락사무소를 남-북한의 대사관(Embassy)이라고 칭하고 있었고, 북한이 한국으로부터 양보를 얻어내려고 하고 있다고 보도하였다.(Washington Post)

김여정은 이와 관련하여, "지난 2년간 한국이 기대되는 것을 이행할 능력과 용기가 있었다면 왜 남북관계가 이렇게 정체되었겠는가?"라고 하면서 이제 한국을 다시 적대적인 관계로 전환하고 군대를 개성-금강산 지역, DMZ 지역, 서해 방어 지역으로 재배치할 것을 발표하였다.

동아시아에서 냉전적 상황이 다시 재현되고 있다고 하지만 60~70년대와 같이 북-중-러, 한-미-일의 동맹적 대립이 명확하게 나타나는 것은 아니고, 냉전의 첨병격인 남-북한 간의 물리적 충돌의 형태로 표현이 되고는 하였다.

  지금의 상황을 이명박 정부가 처한 상황과 비교해보면 흥미 있는 결과를 볼 수 있다. 예를 들어 김여정이 주장하는 대로 남-북 관계가 선순환적으로 북-미 관계에 영향을 주지 못한 것을 탓하더라도, 물리적 위협을 동원하는 것으로 연결을 짓는 것은 비약적 요소가 있는 것으로 보인다.

  이명박 정부는 그 집권 기간 중 가장 많은 군사적 도발을 받은 것으로 알려져 있는데 대청해전, 연평도 포격사건, 천안함 격침사건 등이 그것이다. 이 정부는 남-북 관계보다는 세계 경제적, 정치적 관계에서 한국의 위상을 높이는 G-20 국제회의, 핵 안보 정상회의 등을 개최하였고, 이 사실은 남-북 관계에 중대한 의미를 가지게 하는 것으로 작용한 것으로 보인다.

  최근 세계적으로 그 위세를 떨치고 있는 코로나 바이러스에 대한 치유에서 한국은 모범적 치유모델 국가로서 WHO가 주최하는 총회에서 아시아 대표로 기조연설을 하도록 초청받았고, 또 올 9월에 개최 예정인 G-7 회의에 참석하도록 미국으로부터 초청받은 것은 더 한층 한국의 국제적 지위의 격상을 의미하는 것이라고 할 수 있다.

  개성의 연락사무소가 폭파된 후 미국, 러시아, 중국은 남-북 양측의 자제와 안정, 평화, 그리고 대화를 강조하였다. 반면, 한국은 국가안보위원회의 성명에서 이 사태로 인해 일어날 모든 책임의 문제는 북한에게 있다는 강경한 어조의 반응을 보였고, 또 북한이 더 이상의 조치를 취할 경우 미국이 강력한 행동을 취할 것이라고 밝혀 주목을 끌고 있다.

김정은 위원장과 김여정 부위원장 간의 한국에 대한 태도는, 올 삼일절 연설에서 문 대통령이 북한 코로나 바이러스 문제에 대한 협력을 북한에 제의하였으나 신형 방사포 발사 등의 반응을 보였고, 김여정은 김정은과 달리 한국 정부를 비난하는 차이를 나타내기 시작하였다.

Artyon Lucin은 2019년 12월 23일 쓴 글에서 2020년을 전망하면서 북한이, 북경의 동의하에라는 전제에서, 중거리 미사일 등으로 도전적으로 나올 것이라고 하면서 러시아는 중국의 입장을 뒤따를 것으로 보았다.

2019년 4월 Putin과 김정은의 회담이 있은 후 2019년 11월 24일 전후하여 북한의 최선희 부부상이 모스크바를 방문한 것은 북한이 러시아의 Iskander 미사일의 기술적 도입에서 의미 있는 것으로 보이며, Michael Elman이 2020년 5월에 쓴 글에서 북한이 2019년 단거리 미사일에 치중했으며, KN-19를 비롯한 새로운 Iskander형 미사일 등으로 북한이 전략적 능력을 향상시켰음을 지적하고 있다.

(3) 미-중-러의 동아시아 전략과 북한

한국은 물론 2014년부터 계획된 것이지만, 미-북 회담, 남-북 회담이 진행되는 속에서도 결정되어, 2019년 4월에 미국으로부터 2021년까지 총 40여 기의 F-35A를 도입하는 것으로 발표하였고, 이것은 역대 정권 중 가장 막대한 무기 도입으로 알려졌다.

이 F-35A는 미국에 의하면, 한반도에서 군사적 우위를 확보하는 목표를 가진 것이며, 한반도 비상시기에 북한에 침투하는 "문"을 여는 것을 목표로 하는 것이라고 발표되었다.

북한은 이것을 Reuter(Josh Smith), AP 통신에 의하면, 한국의 매우 위험한 행위, 군사적 긴장완화를 위한 남-북한 간의 합의를 위반한 중대한 도전이라고 비난하면서, 그러나 북한은 이것을 파괴하기 위한 특별 무기(신형 단거리 미사일)를 개발할 것이라고 하였다, 북한 외무성은 미국으로부터의 더 많은 무기 수입이 남-북, 미-북 간의 화해, 협력을 언급하면서 이루어지고 있는 것에 대해 무책임한 행동이라고 비판하였다.

사실상 북한의 이런 문제제기에 대해 한국은 반응을 보이지 않았고, 문 대통령은 AP 통신에 의하면, 군사 무기의 힘으로 안전을 느낀다는 평가를 한 것으로 알려졌다.

북한에서 문재인 대통령을 평양에 초청, 북한 대중 앞에서 연설을 할 기회를 주는 등 한국과의 대화에 적극적이었던 김정은의 입장이 여기서부터 약화되는 계기로 접어드는 것으로 볼 수 있다.

2019년을 전후하여, 북-중 정상회담 세 차례, 미-한국 회담 세 차례, 북-미 정상회담 세 차례가 연속적으로 전개되는 과정에서 이런 군사적 관계가 전개되었다는 것은 놀라운 일이다. 그것도 미국이 주장하는 새로운 평화, 한국이 주장하는 자치와 자신의 운명에 대한 결정권을 외치는 가운데 이러한 결정이 이루어진 것이다.

북한은 미국과의 하노이 회담이 결렬된 후 미국과의 외교활동, 한국과의 교류를 축소하였고, 방어 미사일 발사에 몰두하였고, 한국에게 미국과의 관계를 단절하도록 요구하였다.

미국은 중거리 조약 폐기 후 러시아에게 중국을 포함한 3국의 전략회담을 제의, 종용하였으나, 중국은 이에 불참을 선언했고, 미 국방장관은 이 중거리 미사일들을 가을부터 동아시아에 배치할 것을 발표했다.

미국은 2020년 5월 28일 상원 군사위에서 Pacific Deterrence Initiative의 창설을 발표하고, 이 PDI는 군사 예산에 대한 감독, 투명성을 높이면서, 중국을 억지하는 주요 군사능력에 자원을 집중하는 것을 의미하며, 여기에는 동맹국, 동반자 관계국들을 포함하여 인도-태평양에서 미국의 이익을 방어할 것을 선언하면서, 권역 미사일 방어, 비행기지, 항만 내부구조와 선로, 보급기지의 확보를 통해 미래 미국 군사력 태세의 중심을 구축하는 것을 목표로 하고 있다.(Defense One, June 4, 2020)

한편 러시아는 핵 억지정책 지침(Nuclear Deterrence Policy Guideline June 4, 2020)을 발표하면서 핵 억지 전략의 원칙을 제시하였다.(Russia in Review, June 5-12, 2020) 러시아는 핵무기 통제구조에 대한 공격에 대해 핵무기를 배치하고 사용하는 지침을 제시하고 있는데, 여기에는 전략 핵 통제소에 대한 Cyber 공격도 포함되어 있다.

Olga Oliker(Int'l Crisis Group)가 이 지침에서 제시된 새로운 것이라는 것을 보면 첫째, 러시아는 경고하에 탄도미사일로 공격하는 가능성을 명백히 하고 있으며, 이는 Putin도 밝힌 바 있다. 둘째로 러시아는 핵 통제소 및 그 하부구조에 대한 공격은 러시아의 핵 대응을 정당화하고 있다는 것이다. Dmitri Trenin은 러시아가 세계적인 군비통제에는 신중하지 않고, 그 대비를 하고 있다고 보고 있다.

핵탄두를 최소 30 내지 최대 60기를 보유한 것으로 외국 논평들이 보도하고 있는 북한도, 지난 5월 24일 개최된 7차 중앙 군사위의 4차 확대회의에서 김정은의 주재로 북한의 핵전쟁 억지능력을 증대시키는 문제를 논의하면서 고도의 전략적 군사 무장력을 구축하고 발전시키려는 의도에서 위협적 외국군을 군사적으로 억지하기 위한 능력을 더 높이는 문제를 다루었다고 알려졌다.

이 회의에서 북한이 핵무기와 장거리 탄도미사일에 자체로 설정한 모라토리움에 더 이상 구애받지 않고 가까운 시일에 새로운 전략무기를 개발할 것을 경고하였다.

(4) 앞을 바라보며

메떼르니히가 비엔나 회의를 준비하면서 이미 그 회의를 이끄는, 또는 그 회의를 끝내며, 제시할 새로운 질서를 이끌 원칙을 가지고 있었다고 보는 것이 일반적인 평가다. 남-북한 관계에 관한 20여 회가 넘는 정상회담들이 이루어지면서 이 회담을 이끄는 원칙, 또는 이 회담 결과로 나타날 안정과 질서의 체제에 대한 의미 있는 아이디어를 가진 메떼르니히 같은 사람을 볼 수 있었던가?

만일 그런 사람, 또는 국가를 찾는다면 누가, 어떤 나라가 적절한 대상이라고 할 수 있을까? 지금까지 국제질서에 대한 주도적 입장에서 보면 미국, 또는 트럼프 대통령이 그 적절한 대상이라고 할 수 있을지 모른다.

하지만 어느 기록에 의하면, 트럼프 대통령은 취임한 지 몇 개월 되지 않아 북한과의 회담을 제의받은 4월경에 작성된 글에서 서울의 위치가 어딘지도, 또 서울의 인구가 어느 정도인지도 모르고 있었던 것이 밝혀졌다. 또 북한과의 회담을 주선해준 한국 지도자들에 대한 불신이 그를 사로잡고 있었다. 또 북한과 협상을 하고 있었던 비핵화의 의미, 방법에서도 혼란스러워했다.

그는 한반도 문제보다는 중국을 봉쇄하는 문제를 더 중요시 하고 있으며, 동맹국들 그리고 UN과 같은 국제기구에서도 마찰을 빚고 있고, 미국의 이익을 앞세운 고립적 정책을 고집하고 있다. 그렇다면, 이번 미-북한 회담을 주선한 문 대통령은 어떠한가? 그는 Strategic

Ambiguity라는 회색적인 입장을 천명하여 초기에 미국으로부터 신뢰 문제에서 거부적인 반응을 받았고, 지금은 북한과의 관계에서 중재 입장에 대한 불신을 받고 있다.

미-중의 격화되어 가는 갈등관계에서 미-북한의 접근은 갈등의 악화가 아니라 윤활유적 기능과 지역관계의 안정을 기대할 수도 있을 것이라는 것이 비록 한계적 가능성이기는 하지만 그 논리적 성립의 명분을 가질 수도 있다.

동아시아에서의 관련국들의 공통 관심사는 핵전쟁 억지에 있다. 이 억지 전략은 항상 군비통제(Arms Control)와 같이 추구되어야 함을 핵전략 전문가인 Michael Krepon이 강조하고 있음을 유의해야 한다. 또한 전술핵의 문제는 그 효과에 있어서 더 큰 핵에의 유혹에 빠질 유혹과 가능성 때문에 바람직하지 않은 것으로 보고 있다. 멀고 험한 노정이겠지만 핵전쟁 억지를 주제로 이들 관련국들 간의 지역 안정과 평화의 문제의 논의는 그 출발부터 그 반의 성공을 약속하고 있다.

이제 새로운 출발은 주기적인 관련국들의 다자회의의 형태가 바람직할 것으로 보이며, 그 회의의 의미와 필요성에 대한 콘센서스의 형성이 지배적인 진행 모티브로 되어야 한다.

러시아는 2020년 5월 전승 기념일에 김정은을 초청했었고, 5월이 지나자 10월 기념일에 다시 초청하여 기회를 엿보고 있다. 그 경제는 이태리 수준이라고 하지만 군사 과학무기에서의 꾸준한 진전과 비록 동맹관계는 아니지만 중국에 대한 밀착된 관계 유지, 북한에의 접근은 캄챠카-올라디보스토크 지역의 군사력과 더불어 전략적 안정성의 문제를 제기하며 이 지역에서의 고유의 역할을 기대하고 있다.

총구는 정치의 연장이라는 논리에 집착하고 있는 전통적인 러시아와 중국의 공산주의자들의 통념에 북한도 젖어들어 있는지 모른다.

공교롭게도 6·25 전쟁 발발 70주년을 앞두고 있는 지금의 상황에서 경험으로 교훈을 삼자면, 전쟁은 막아야 한다는 것이다.

그것은 전쟁의 공포나 두려움으로 그 위협에 굴복한다는 의미에서가 아니라 또다시 인명살상과 문명파괴의 비인간적 상황을 초래하여 또 다른 70년을 궁핍과 비참함을 안고 살아야 한다는 반문명적 환경을 거부하고자 하는 의미에서이다.

# ⑨ 미국의 Creative Ideas와 New Initiatives

 미-북한 간 비핵화를 위한 실무협상이 10월 5일 Sweden에서 열렸고, 양측은 각각 서로 차이가 있는 내용의 발표를 했다. 먼저 발표한 북한 측은 미국이 종전의 태도를 버리지 않고 북한의 기대를 충족시키지 못한 것에 회담 실패의 원인을 돌렸고, 이보다 나중에 발표된 미국 측의 내용은 싱가포르 합의내용의 진전을 가져올 새로운 주도와 관련된 시시를 했다고 하면서 2주 후에 다시 만날 것을 제안했다.
 이와 관련된 寸評을 하자면, Reagan이 선거전에서 여러 번 썼던 "There you go again."이 적절할 것이다. 이것은 Reagan이 선거 유세에서 상대방의 틀에 박힌 비난과 비판을 제압하기 위해 던진 牽制語로서 유명해진 것이다.
 북한은 하노이의 악몽에서 벗어나기 위해서, 미국은 그때처럼 북한의 회담에 대한 정보를 얻기 위한 차원에서 이런 연출을 하고자 했던 것으로 보인다.
 미국 국무부가 이 단 한 번의 회담에서 70여 년간의 전쟁과 적대를 극복할 수는 없을 것이라는 贅辭는 말 그대로 췌사일 뿐이다. 베트남과의 회담에서는 미국의 주도로 이보다는 훨씬 단축된 과정에서 합의가 이루어졌다. 다만 차이는 한국 전쟁은 3년이었지만, 베트남 전쟁은 10여 년에 걸친 전쟁이었고, 미국은 이 전쟁에서 패배를 했다는 것이다.

만약에 기대를 건다면, 국무부 발표에 포함된 Creative Idea와 New Initiatives의 진정한 구현이 그 의도에서 작용하기를 바랄 뿐이다. 다른 한편으로는 이란과의 협상을 무위로 돌린 Trump 대통령의 의도에서 볼 수 있듯이, 그런 면에서 지난 6월의 판문점에서의 김정은과의 회담에서 언급했던 Trump 대통령의 의도가 결실을 가져오기를 기대하는 것은 그렇게 難望한 것은 아닌 것으로 보인다.

(1) Trump 대통령의 동북아 구상

이 회담이 열리기 이틀 전에 Vox의 Alan Ward는 미국 측 협상팀의 소식통을 이용하여 미국이 종전의 빅딜의 형식이 아닌 스몰딜의 방식으로 접근할 것이며, 북한의 핵 프로그램의 해체를 위한 실질적 진전을 위해 Trump 행정부는 북한에 섬유 및 석탄의 수출에 대한 UN의 제재를, 영변의 핵 시설의 폐쇄 및 다른 조치들, 예를 들어 우라늄 농축의 종식과 같은 조치에 대한 교환으로 36개월간 제재를 유예할 것을 제안한다는 것을 보도했다.(Vox, Exclusive: Here's the Nuclear Proposal the US plans to Offer North Korea this weekend, 미무 Ward, Oct. 2, 2019)

그러나 이 글에서도 이러한 제의가 나올지, 또 그것이 성사될지에 대해서는 물음표를 달고 있었다. 일종의 어드발룬을 띄워놓고, 상대방의 의중을 떠보는 방법으로 던진 것이었다. 심리적으로 미국과의 관계 개선을 통해 경제적 건설에 목말라 하는 북한을 이용하려는 전술이었을 수도 있다.

지난번 하노이 회담의 결렬 후에 양측의 성명전이 계속되면서 밝혀진 바와 같이, 이번에도 양측의 변명적이거나 두둔을 위한 발표가 있을 것으로 예상되지만, 이런 가운데 새로운 요소들이 등장할 가능성은 있다. 예를 들면 3년간의 제재 유예와 같은 착상이다.

변화의 가능성이라는 견지에서 슬며시 떠오르는 깃은 지난 6월 30일 판문점에서 김정은 위원장과 회담을 가지기 일주일 전에 Bloomberg를 통해 흘러나온, 물론 사적인 이야기이지만, Trump 대통령의 미-일 방위조약에서의 철수 발언이었다.(Reuters, June 24, 2019, Trump Privately Talks about Ending Japan defense Treaty, Bloomberg)

Rueters를 통해 보도된 이것은 Trump 대통령이 戰後의 조약으로 인해 미국이 부당하게 대우받고 있다는 견해를 가지고 있는 것으로 알려졌다. 이 보도에 따르면 미국 대통령은 지난 60년간의 동맹조약이 미국에게 불리하게, 일방적인 불리함을 안고 있는 것으로, 다시 말해서 다른 당사국인 일본이 미국을 방위해주려고 올 의무를 가지지 않은 불리한 조약으로 보고 있었다는 것이다.

이와 관련하여 Trump 대통령은 오키나와에서의 미군기지 배치문제에서의 보상을 추구하는 문제를 언급했으며, 이것은 America First의 의제에서 대외관계와 무역관계의 쌍방적인 협정의 성격을 강조하는 의미에서 언급된 것으로 알려졌다. 사실상 미-일 동맹의 근거로 제시된 북한의 공격성, 위협성이 미-북한의 화해과정으로 들어가는 단계에서 그 의미가 부정되는 것은 당연한 것이라고 볼 수 있다.

이를 반영하듯이 외국의 한 통신은 타로 고노 일본 방위청 장관이 2019 국방백서를 발표한 다음날, 중국이 급격하게 군사력과 군사비 지출을 증가시키고 있으며, 그 지역에서의 군사활동을 팽창시키고 있다고 하면서 더 많은 관심을 집중시켜야 한다고 지적하면서 일본에 대한 안보 위협의 최고의 국가를 북한에서 중국으로 대체하였다고 밝

히고 있다.(이란 통신)

이미 2006년부터 미국에서는 중국의 항공모함 킬러로 알려진 DF-21D 미사일의 개발로 중국의 위협을 강조해왔다.(refer. La Position Strategique de la Chine Dans la Mer Jaune et la Competition Sino-Americaine Contemporaine Dans la Peninsule Coreenne, Guerres Mondiales et Conflits Contemporians, No. 239, 2010. pp. 77~106 Professeur Young S. Kim, Universite de Sejong)

이제 중국은 DF-41 미사일의 확보와 더불어 미국 전역에 대한 위협을 본격화하고 있는 것을 볼 수 있다. 국무부가 이런 미-북한 실무협상과 관련하여 언급한 "창조적 아이디어"와 "새로운 이니시아티브"는 훨씬 더 깊은 의미가 담긴 것으로 볼 필요가 있다.

(2) 한반도에서의 구상과 남-북-미 관계

Trump 대통령의 구상에서 이와 유사한 것을 예를 들자면, 지난 10월 5일 미국은 그동안 3년 동안 시리아 민주세력과 나란히 시리아 북부의 쿠르드족과 더불어, 이슬람세력과 연결된 터키, 이란 등이 테러와 연결된 것으로 보고, 러시아와 전투를 벌여왔던 것에서, 미국군의 철수를 발표했다. 따라서 시리아 북부는 그 지역에 있는 쿠르드 저항세력을 축출하려는 터키의 정책에 이로운 상황이 벌어졌다. 여기에 미국 내의 여론들은 Trump 대통령을 무모한 결정이라고 비판을 해왔고, 이란과 적대적이었던 이스라엘 등은 미국과의 신뢰관계에 의문을 가지게 되었다.

이 철군의 이유에 대해 Trump 대통령 등 측근은 우선 3년간의 전쟁비용, 장비 등을 예를 들며 미국은 이익이 되는 지역에서 싸울 것이며, 터키의 위협의 대상이 되는 지역에서 미군을 철수할 것, 그리고 이것이 대통령 선거시의 약속이었다는 것을 들었다.(USA Today, Oct. 8, 2019, What We know about Trump's Withdrawal form North Of Syria? 참조)

  터키 대통령과의 전화통화 이후 이것이 발표되었으며, 이에 이어서 터키군이 시리아 북부로 진입하는 결과가 나타났다는 것은 그 통화에서 어떤 타협이 이루어졌는지에 대한 의문이 남는다.

  북-미 회담이 다시 결렬된 상황에서, 북-미 회담이 재개되는 계기를 마련해준 지난 6월의 판문점에서의 Trump-김정은의 회담은 상당히 중요한 의미를 지닌다. 싱가포르에서의 합의에 이어 판문점에서 Trump 대통령이 언급한 사항은 그 내용에서도, 그 관계 발전이라는 의미에서도 매우 중요한 것이다.

  남-북 관계는 진전이 없는 상태에서 미-북 관계가 새로운 돌파구를 마련할 것으로 보이는 지금의 상황은 통일원 측이 항상 비관적으로 표현하는 通美 封南이라는 상황을 돌파하기 위한 대담한 선택을 남한이 제시할 계기로 삼을 수도 있다.

  그러니 지금의 남-북 관계의 조성에서 크게 작용한 것으로 보이는, 북한에서 강조하는 내용을 면밀하게 살펴볼 필요가 있다. 북한이 제시하는 남-북 관계의 진전을 가로막고 있는 것은 한-미 간의 군사합동훈련, 그리고 미국으로부터의 F-35A 40대와 같은 첨단무기의 구매였다.

  더군다나 이 두 가지 사항은 국내 보수언론 등의 안보의 주장에 대응하며, 한-미 간의 동맹을 확인, 발전시키는 의미가 있고, Trump 대통령이 밝히는 미국의 이익이라는 측면에서 F-35A 40기는 무려 36억 달러(대당 89M$)에 달하는 막대한 금액이다.

  북한의 새로운 미사일 발사는 묵인하면서 남한에게는 이에 대응하는 신무기를 제공하면서 대가를 받는 상황은 미국이 한국의 동맹이라는 사실에서 그 금전적인 이득을 취하는 행위의 도덕적 문제점을 제기할 수 있는 것은 가능한 것으로 보이나, 미국은 만일 북한과의 관계 진전을 통해 그 경제 건설에서 이득을 취할 수도 있다는 계산도 역시 Trump 대통령의 America First의 내용으로 포용될 수 있는 것이다.

현재 한-미 간에 진행되고 있는 방위비 분담의 문제에서도 이미 언론에 보도되고 있는 미국의 50억 달러의 요구는 기정사실화 되고 있는 듯하다. 사실상 한-미 간의 방위비 문제와 미국으로부터의 신무기 구입 문제는, 미-북한 핵 협상에서의 중재를 자처하고 나왔던 한국의 입장이 그 진보적 정권의 이념적 요소에 대한 미국 내의 회의적 태도에서 비롯되는 불신의 요인으로 작용하여, 한국의 중재에 대한 거부적 태도가 표면에서 작용하고 있는 것과도 관련이 있다.

특히 방위비 문제를 보면, 유럽의 NATO와 미국 간의 협의에서 볼 수 있듯이, 독일 등 유럽 국가들은 전략적 자치(strategic Autonomy)를 주장하면서 나라별로 GDP당 1.5%를 제시하고 있는 반면, 미국은 2% 이상을 요구하고 있어서 격차를 보이고 있다. 한-미 간의 방위비 협상에서 제시되고 있는 미국의 50억$ 요구는 미국이 유럽국들에게 요구하고 있는 GDP 1.5~2.0%의 요구와 비교하여 볼 때, 한국에게 요구하는 50억$는 그 GDP의 10%를 넘는 금액을 방위비로 요구하고 있는 것으로 볼 수 있다.(한국의 작년 GDP를 1,619Trillion으로 계산) 오히려 미국의 남-북한 간의 관계에서의 중간자적 역할은 그 정도에 따라 미국의 이익을 증가시키는 의미를 강조하고 있다.

(3) 한-일 관계에서의 미국의 역할

최근 한-일 간에 갈등문제로 제기되고 있는 것은 한국 대법원이 한국인 강제 징용자에 대한 배상문제에서 내린 판결문제로 Ave 정부의 반발에서부터 시작되었다. 여기에 위안부 문제, 그리고 한-일 간의 군사정보 협력문제까지 결부되어 두 국가는 날카롭게 대립되어 있다.

일본 정부는 1965년 박정희 정권과 맺은 대일 청구권문제 해결로 배상문제는 해결되었다고 하고 있으나, 한국 측의 제기는 한국인을 강제 징용한 일본 기업들의 임금 지불이 안 되었던 것들에게서부터 이 문제는 시발되었다. Abe는 이러한 위안부, 강제징용의 문제에서 일본 제국 정부의 개입이 없었던 것으로 주장하고 있으나 그 관련 문서들이 제시됨에 따라 그 배상의 문제가 본격적으로 등장하기 시작하였다.

여기에 역사적 문제로 제기되고 있는 또 다른 문제는 獨島의 문제이다. 영토 주권과 관련된 한-일 간의 주장은 역사적 자료들의 측면에서는 한국 측의 자료가 풍부하지만 일본은 다른 문제와 마찬가지로 유엔 국제 사법재판소에의 의뢰를 요구하고 있다. 일본의 세계적 지위와 관련되어 일본의 강점으로 이용하려는 의도에서 나온 이 문제는 한국으로서는 이런 방법에 의한 해결을 원치 않고 있다.

독도에 대한 국제적 언급의 문제는 Wikipedia에서 제시한 견해를 예로 삼아 그 논의의 추세를 밝혀보고자 한다. 우선 Wikipedia Foundation이 만들어져 Wikipedia의 견해가 제시되기 시작한 것이 2003년이므로 사실상 이 견해는 독도에 관해 그 견해를 제시한 것이 일본이 독도에 관한 주장을 펴기 시작한 2005년 이후의 일로 보인다.

Wikipedia는 Dokdo의 명칭으로 제시하면서 Takesima라는 일본 명칭을 병기하면서, 이 문제에 대한 중립적 입장으로 그 내용을 제시하고 있다. 우선 이 섬에 대한 명칭에서 Wiki는 이 섬을 발견한 프랑스의 포경선 Liankourt의 이름을 그대로 따서 부르고 있고, 중립을 지킨다는 취지에서 그 지리적 위치 등을 설명하고 있으나, 독도의 위치를 설명하는 과정에서 한국보다는 일본에 더 가까운 것으로 설명하고 있고, 그 명칭도 일본의 명칭을 먼저 제시하고 한국의 명칭을 제시하는 등의 방법으로 전개하고 있다.

또 일본의 한국 병합과정에서 벌어진 상황을 그대로 일본의 속령으로 설명하고 있고, 일본의 1904년의 조치를 중요시 하고 있다. 여기서 주목할 것은 일본이 한국을 병합한 것은 1910년이나 실제로 조선의 외교권을 박탈한 것은 1902년이기 때문에 일본의 이러한 조치들에 항의를 할 수도 없는 상태였다. 따라서 일본의 지배 기간에 독도에 관해 일본이 취한 각종 조치는 그 영유권과 관련하여 의미를 부여할 수 없는 것으로 보아야 할 것이다.

일본의 항복 이후 독도에 관해서는 1950년 전후하여 美 空軍이 폭격 연습을 위해 독도를 악용하였다는 기록이 있고, 특히 한국 전쟁 발발 이후 이승만 라인이 선포된 이후 독도는 확실한 한국의 영토로 되었다는 것은 중요한 사실이다.

최근 일본의 방위백서가 발간되면서 일본이 다시 독도에 관한 영유권을 주장한 것에 대해, 그런 일본의 주장이 제기된 것이 2005년 고이즈미 정권 때부터였던 것으로 확인되었다. 고이즈미의 부시와의 접근정책으로 미-일 간에 결속을 강조한 것이 독도에 관련한 미국의 입장을 어느 정도 밝혀줄 단서로 볼 수도 있다. 부시 앞의 클린턴 정부가 북한과 Agreed Framework를 1994년에 체결하여 북핵의 문제를 다루기 시작하였으나, 부시 정부에서 이 Agreed Framework에 의한 미-북 관계는 진전이 없이 폐기되고, Joseph Nye 등의 개입으로 미-일의 동맹 강조로 전환된 것은 잘 알려진 사실이다.

여기에 눈여겨보아야 할 것은 21세기에 들어서면서 한국에 계속 진보적 정권의 등장, 그리고 이들의 전시작전권 문제 등 한-미 관계의 문제제기로 한-미 관계는 소원해지기 시작한 것이다. 이후에 등장한 Abe 정부는 마찬가지로 문제인 진보 정권의 등장과 관련하여 독도의 문제를 더욱 강력하게 제시하고 있는 것을 볼 수 있다.

2차 대전 말기에 태평양의 Yap 島에 대한 전략적 장악이 미 해군의 주요 관심사였던 것과 같이 한국 동란시, 그리고 한국에 진보 정권의 등장에서 이 한-미 관계에서의 변화를 시도하려는 상황에서 독도에 관한 일본의 영유권 주장이 강하게 나온다는 것은 독도의 전략적 가치에 대한 중요도를 감안한 것이라고 할 수 있을 것이다. 최근에 한국군이 독도에서의 훈련을 강화하자 미국 국무부가 "한국 전투기의 Liankourt에서의 비행이 한-일 문제에 있어 생산적이지 않다."는 성명을 발표한 것(VOA, 2019. 10. 2.)은 이러한 전략적 고려를 숨길 수 없다는 것을 표현한 것으로 볼 수밖에 없다.

Gsomia와 관련된 미국의 입장도 한국이 일본에 대한 군사정보 제공을 거부하려는 의사에 대해 한-일 간의 대화로 해결하라는 태도이지만 한국의 거부 입장에 대해 이를 회복하라는 입장을 취한 것은 일본의 입장을 두둔한 것이라고 볼 수 있다.

San Francisco에 근거를 두고 있는 Wikipedia Foundation의 독도에 대한 언필층 중립적 기술은 그 기간과 관련하여 독도의 영유권에 대한 일본의 입장을, 주로 역사적 사실에 의거하여 한국이 누려온 정통적인 주장과 대등하게 주장할 수 있게 끌어 올려준 기여를 한 것으로 볼 수도 있다.

(4) 북한과의 관계 재개를 위한 돌파구

북한이 남-북 관계의 회담 재개를 거부하는 입장을 최근의 한국의 미국과의 군사훈련, 그리고 F-35A 등 첨단무기의 구입 등을 이유로 하고 있다. 북한이 제시하고 있는 사항은 군사훈련 금지, 무력 증강문제 등에 관한 것으로 9·19 남-북 군사합의서에도 포함되어 있다. 이 합의사항에는 군사연습 중지뿐 아니라 군축의 실현이라는 단어도 포함되어 있다.

따라서 다시 남-북 대화를 이끌어 나가기 위해서는 북한의 주장에 대한 해명이라는 차원에서 대화 재개를 위한 성명을 발표할 필요가 있을 것이다. 다만 남-북한 간의 평화를 위한 조치는 보다 더 전략적인 입장을 포괄하면서 군사적 문제를 타결짓는 구상과 이에 필요한 전략의 제시가 필요할 것이다.

한국의 군사전략에서, 특히 남-북 관계에서 보면 가장 기본적인 것은 Deterrence이다. 이 Deterrence에서 중요한 것은 이것을 확보하기 위해 Arms control이 필요하다는 것과 이에 못지않게 그 상대국의 본심을 파악하는 것도 필수적이다.

남-북한 간에 합의된 군사 분야 합의서(작년 9. 19.)는 남-북한 간에 항구적이고 공고한 평화를 보장하기 위한 것으로 중요한 의미를 가지며, 작게는 무력 충돌의 방지와 무력을 사용하지 말 것을 천명하는 내용과, 크게는 신뢰 구축과 단계적 군축을 합의하고 있다. 여기에 남-북 군사 공동위원회를 설치해 쌍방이 협의하도록 하였다.

최근 한국은 육군 병력을 36만 5,000명으로 감축하는 안을 밝혔다.(2019. 10. 11.) 이러한 내용을 근거로 하여 남-북 간에 합의한 남-북 군사 공동위원회의 소집을 제안하면서, 북한의 비난에 대한 해명 차원에서 남-북 간의 관계 발전을 위한 방안을 논의할 것을 의제로 하는 회담을 여는 것을 그 기회로 이용할 필요가 있다.

군축의 문제는 그보다 더 큰 군비통제의 문제로 다루는 것이 합의를 도출하는 데 용이하다는 것이 관계자들의 경험에서 나온 것이며, 통제의 측면에서 제한(동결)을 언급하고 그것에 합의가 이루어지면 축소(유럽에서의 MBFR과 같은)에 들어가는 것이 용이하다. 동-서의 냉전과정에서 얻은 경험은 이러한 과정에 대한 풍부한 사례를 보여주고 있다.

Jeffrey Lewis는 1983년에 있었던 핵전쟁 발발의 공포를 다룬 책들이 새로운 문서 공개와 더불어 발간된 것을 계기로 군비통제의 문제를 다루고 있다. 그는 Marc Ambinder, Nate Jones, McEacherns 부부 등이 쓴 책들을 서평하면서 이 문제를 다루고 있다.(Book Review, Deterrence and Arms Control, Jeffrey Lewis, Survival, Global Politics and Strategy, Vol. 61, Issue 1, 2019)

이 책들의 주제는 1983년 11월에 있었던 NATO 6개국의 10만 명이 참여한 "Able Archer 83" 군사 기동연습과 관련하여, 당시 소련 내에서 거의 공포에 가까운 핵전쟁의 발발에 관한 정보가 나돌고 있었던 것을 다루고 있었다. 1983년 11월 7일 소련 첩보부는 NATO로부터 핵무기 공격의 신호를 포착하고 핵전쟁의 단계로 돌입하려는 최악의 상태에 들어갔다. 동-서 간의 갈등이 악화되어 DEFCON I의 상황에 들어간 Simulated된 상태에서 시작된 NATO군의 군사연습에 대해 소련은 대응의 단계로 들어가는 상황이 되었던 것이다.

미국 대통령의 보좌를 위한 외무정보 자문의원회(PFIAB)는 1990년에 작성되었으나 2015에 공개된 보고서에서 소련의 공포는 Real한 것이었다고 하면서 이 군사연습이 그 절정에 달한 순간이었다고 하고 있다.

1972년에 미-소 간에 체결된 SALT가 있었으나 이것은 소련의 아프가니스탄 침공 전후로 그 효력을 상실했고, 83년의 Able Archer 사태를 겪고 난 후, Reagan 대통령의 제의로 START의 협의가 시작되어 미-소 간에 START, START I, 그리고 NEW START로 이어졌다. Lewis

는 1983년을 새벽 직전의 암흑이라고 표현하고 있다.

  Jeffrey Lewis는 그의 글 마지막 부분에서 북한을 언급하면서 2017년에 있었던 Trump 대통령과 김정은 위원장이 주고받은 호전적인 대화를 언급하면서 군비통제의 문제를 다루고 있다. 그는 이 단계에서 전환이 일어나 Trump 대통령이, 김정은 위원장과 문재인 대통령의 "전략적 기회주의"를 받아들인 것으로 설명하고 있다. Lewis는 Maximum Pressure보다는 Trump 대통령의 유연한 태도가 이어지면서 2017년의 위기가 종결되었다는 것을 강조하고 있다.

  한국의 보수언론과 인사들은 북한의 핵미사일에 대항하기 위하여 전술핵의 재반입을 주장하고 있다. 여기에 Michael Krepon과 Raymond Aron 등 핵 문제 전문가들의 충언을 추가하고자 한다. 먼저 Aron은 "핵무기의 전술적 이용은 핵무기의 제한, 무제한의 구분을 의미 없게 만든다. 대체로 원자무기의 전술적 사용은 갈등의 확대 위험을 증가시키며, 그 사용의 人的, 물질적 비용을 증가시킬 가능성이 있다."고 하고 있으며, 마찬가지로 Krepon도 "Trump 대통령과 김정은 위원장의 호전적 대화 이후로 한국과 미국에서 전술핵의 문제가 거론되고 있으나, 이런 생각은 현명치 못하며 거부되어야 한다. 이 전술핵 주창자들은 조그만 버섯구름이 커다란 버섯구름보다는 낫다고 말을 한다. 그들은 핵무기를 상호 사용시 전쟁 확대를 통제할 수 있고, 그 확대를 할 수 있는 능력을 보유하는 것이 중요하다고 믿는다. 그러나 커다란 버섯구름이 억지(deterrent)로서 불충분하다면, 작은 버섯구름이 더 설득적일 것 같지는 않다고 하고 있다. 핵 억지 이론에서 핵무기는 사용되지 않는 것이 원칙이라고 이들은 강조한다.

⑩ 미국-중국-일본: 역사로서의 미래: 추세연장법(Trend Extension Method)의 의미

어렸을 때 어른들은 옛날 얘기를 해달라고 조르면, 늘 이런 말씀으로 시작했다. "옛날 얘기를 하기 좋아하면 가난하게 산단다." 아시아인들이 지금 서구에 비해 못사는 것이 이런 이유에서라고 할 수 있을까? 지금 벌어지고 있는 미국-중국 간의 무역을 둘러싼 갈등을 보면서 이것이 마치 중국의 무역 개방을 요구하고 압박을 가하던 18~19세기의 영국을 위주로 한 열강들의 태도가 재연되는 모습을 보는 것 같은 느낌을 벗어버릴 수가 없다. 그 느낌 뒤에는 그 역사적 시기에도 그렇지만 지금의 상황에서도 무역을 말하면서도 "무력, 압박을 앞세운 방법으로 그 해결을 강요하는 방법이 유일한 방법인가?"라는 의문이 잠재하고 있다.

그때에 중국은 地大物博을 내세우면서 무역에 대해 고압적인 태도를 보였고, 반면 지금 공정 무역의 관례를 말하는 나라들의 요구에 대해 중국은 자국의 국가, 경제 이익을 앞세운 일방적인 요구를 이웃 국가들에게 앞세우고 있다.

역사적인 시간에서 오랜 과거를 통해 나타났던 것이 오늘의 현실을 지배하는 원칙으로 그대로 통용되기를 요구하는 것은 시대착오적인 환상일 수 있고, 거기에서 생성되는 문제를 힘으로 해결하려는 입장은 결국 갈등의 폭발을 결과할 뿐이다.

지금은 두 나라가 긴장된 관계에 있지만 미-중국의 접근을 위한 양측의 지배자가 최근에 만난 자리에서 시진평 주석은 Trump 대통령에게 한반도가 역사적으로 중국에게 조공을 바치던 관계였다는 사실을 언급했다는 보도를 보면서, 아시아 국가들 간의 근대적 합리적 관계는 요원하거나 시대착오적인 망상에서 이끌어질 것이 아닌가 하는 우려를 금할 수가 없다.

A. 중국에 거는 미국의 꿈

F. Roosevelt에 관련된 책에서도 나오는 말이지만, 중국과의 무역을 언급하면서 중국에 배 한 척을 가지고 가면 세 척의 배로 돌아온다는 꿈이 섞인 중국과의 무역에 대한 기대는 영국인들의 글 속에서 중국의 차, 도자기, 비단 등에 대한 것에서 이미 표현되던 것들이다.

다만 영국, 프랑스 등이 1800년대부터 포함외교로 적극적인 무역공세를 취한 것과 달리 미국은 1784년에 일시적인 국가적 무역을 시도했으나 스페인과의 전쟁을 치르고 난 후인 1900년대 초, 특히 1904년에 러-일 전쟁이 끝난 후에야 만주문제로 개입하게 된다.

1850년대와 1880년대에 미국이 일본, 한국과 교역 등의 관계를 수립한 것은 그 주요 목적이 중국에로의 항행을 위한 연료 및 식량의 보급을 위한 데 있었다.

중국은 영국 등과의 교역에서 마찰을 빚고 있었는데, 그것은 중국의 황제에 대한 예절문제, 그리고 영국의 주요 수출품인 모피가 중국의 기후에는 어울리지 않는 문제, 또 중국으로부터 수입하는 차 등의 대금으로 영국이 인도에서 재배한 아편을 이용한 것, 반면 중국은 이들과의 무역을 북경에서 멀리 떨어진 중국 남부의 광동성에 제한을 둔 것 등으로 결국 무력 충돌로 이어지게 되었다.

중국이 공산당의 정권 수립 후 1990년대부터 발간하는 방위백서에는 1840년 아편전쟁에서부터 1940년대의 정권 수립까지의 100년을 치욕의 시기로 표현하고 있는 것은 중국의 성장과 발전을 이루려는 배경으로 작용하는 것이 무엇인가를 잘 설명해주고 있다.

2017년에 World Bank가 발표한 바에 의하면, 중국의 GDP는 $19,617 Trillion을 기록하여 미국의 GDP $19,519 Trillion(PPP based)을 앞선 것으로 나와 있다. 1978년 12월 18일, 중국 공산당 11차 중앙위원회에서 중국의 개방과 현대화를 채택한 지 40년이 지난 2019년의 중국의 GDP는 27,307 Trillion$(PPP based)로 세계 1위의 위치를 차지하고 있다고 IMF는 보고하고 있다.

그러나 재작년 7월부터 시작된 미-중 간의 무역을 둘러싼 대결은 이제 무역 전쟁이라고 매스콤에서 공개적으로 언급할 정도로 확대되었고, 최근에 내려진 중국의 Huawei에 대한 컴퓨터 부품에의 접근 금지는 더욱 상황을 악화시키고 있는 것으로 보인다.

1980년대 초 Paris 대학가의 큰 관심은 중국이 어느 정도 개방할 것인가? 과연 자본주의적인 개방을 할 것인가에 있었다. 그러나 그때나 지금이나 중국이 변함없이 강조하는 것은 중국적 특색의 사회주의였다. 과연 중국 인구의 1/10에게만 코카콜라를 팔아도 1억 병을 팔 수 있다는 상상은 현실적으로 타당한 것으로 볼 수 있었을까?

미-중 간의 거래내역을 보면 1986년에만 60억 달러 미만의 적자를 미국이 기록하고 있었으나 이것은 점차 악화되어 천문학적 숫자로 미국이 적자를 기록하고 있었다. 결국 미국은 이러한 적자가 무역 관행이나 중국의 일방적 이익 추구에 의한 것으로 보고 그에 대한 규제를 선언하고 나선 것이다. 미국이 미-중 무역에 대한 문제제기를 한 재작년 7월 이후, 2020년 1~7월까지의 무역 거래내용을 보면 그렇게 개선된 것으로 보이지 않고 있다.

미국의 중국의 국제적 강국으로의 등장과 관련된 경고는 이미 2006~2007년부터, 중국이 개발해온 DF-21에 대한 평가에서부터 나오고 있었다. 이때부터 미 해군은 중국의 DF-21을 MACE라고 칭하면서 미국 항모를 격침시킬 수 있는 저고도와 초고속의 미사일로서 요격도 불가능한 것으로 소개하기 시작하였다.

B. 제3자의 평가

중국은 작년부터 이른바 Nuclear Triad라는 핵 능력을 보유하기 시작했다. 간략히 말하자면 폭격기를 이용한 핵 공격, 잠수함을 이용한 핵 공격, 그리고 ICBM에 의한 미국 본토의 공격능력을 지칭하는 것이다. 종전까지 미-러 관계에서만 의미 있었던 이것은 이제 중국의 참여를 미국이 바라는 형식으로 중국의 능력을 인정하게 된 것이다.

미국이 자랑하는 항모는 중국의 DF-21D와 DF-26의 등장으로 그 운항이 제한받을 수밖에 없게 되었고, 미국 해군의 전투함 수도 이제는 중국의 350여 척에 못 미치는 270여 척에 그치고 있다. 중국은 2척의 항모 이외에 2023년에 제3의 항모를 보유할 것으로 계획하고 있다.

미국은 항공기에서도 최신의 F-35보다도 F-15를 그 행동반경이나 비행거리와 관련하여 더 선호하는 것으로 보이며, 이것은 중국과의 관계를 의식한 것으로 보인다.

사실상 러시아의 미사일, 항공기와 핵잠수함 등을 보유한 캄차카 반도의 태평양 함대를 고려한다면, 중국과 러시아가 반드시 군사 동맹관계는 아니지만 그 군사적 협력관계는 미국에게 위협을 주는 것은 틀림없는 사실이다.

Kevin Rudd 전 호주 수상은 WPR과 가진 회견에서 중국의 경제적, 군사적 부상은 더 강력한 중국으로의 등장을 가능하게 하겠지만, 아직도 미국은 경제적으로, 기술적으로, 군사적으로 세계 1위의 군사, 경제 대국으로서의 위치를 유지하고 있다는 것을 강조하면서 최근의 미국의 중국에 대한 조치들은 Excessive Pessimism에 경도된 것으로 보고 있었다.(Kevin Rudd on "An Indefinitely More Assertive China", Under Xi Jinping, The Editors, Friday Sept. 11, 2020)

Rudd는 미국인이 아직 중국과 관련해서 뿐 아니라 세계 전체에서도 특별히 강력한 지위에 있음을 이해하는 것이 중요하며, 따라서 문제는 궁극적으로 미국에서의 미래의 지도력과 그 방향에 대한 것이 될 것이라고 지적하고 있다.

그는 이어서 중국의 국제적 행태를 이해하는 데서 그 지혜의 출발은 중국의 국내정치에 대한 이해에서 출발되어야 한다고 하고 있다. 시진평의 국내적 정치적 권력 장악의 방법과 행태, 그리고 민족주의적 색채의 강화, 그리고 트럼프의 국내적, 국외적 약점 등을 잘 파악하고 있는 것 등을 살펴볼 필요가 있음을 지적하고 있다.

C. 중국의 경험

나는 중국을 세 번 다녀왔다. 그 중에서 제일 처음 중국을 가던 때의 긴장감과 기대가 설레임과 더불어 오래 여운을 남겨주었다. 처음 방문이 있었던 것은 양국 간의 수교가 이루어지기 직전에 있었고, 공산권 방문단이라는 명칭으로 30여 명의 교수단이 일주일 가량 북경, 항주, 상해 등 주요 도시를 방문하였다.

북경에서는 역사적 사지를 방문한 것 이외에 북경대를 방문한 것이 아직도 기억에 생생하다. 방학 때이기도 했으나, 학생은 적었으나 도서관 등을 방문했고, 마지막에는 북경대 교수들과의 상면이 있었다. 내가 상면이라고 한 것은 우리 일행 중에 중국어를 하는 교수가 있었으나 대만에서 쓰는 중국어와 차이가 있어 의사소통이 원활하게 이루어질 수 없었고, 그러나 북경대 교수 중에 경제학을 한 교수가 있어서 간단하게 영어로 주고받기는 했다. 우리나 북경대 교수들은 상당히 긴장한 가운데 더 많은 이야기를 나누고 싶어 했으나 여의치 못했다.

 항주를 방문하던 중에 우리를 안내해주는 여자 안내원이 버스에 타면서 자기 소개를 하자 우리는 숙연해지는 분위기를 가져야 했다. 그 안내원은 원래 일본인들을 안내해주는, 따라서 일본어를 쓰던 사람이었지만 우리 버스에서 한국어로 안내를 해주게 되어 기쁘다고 말을 하면서 자기 소개를 해주었다. 그는 아버지 때부터 중국에 살면서 직업으로는 아버지한테 배운 일본어로 일본인 관광객들을 안내하는 일을 해왔다고 했다.

 그때 당시에 항주, 소주에서 호텔을 들렀을 때 일본인들이 상당히 많이 와 있었던 것을 본 것이 기억이 난다. 이미 일본인들은 소주에서 중국 비단에 투자를 하고 파티를 하고 있었던 상태였다. 또 다른 중국인을 본 것은 내가 국무성 초청으로 미국에 갔을 때, New Orleans에서 미시시피 강을 유람하는 배를 탔을 때 만난 중국의 국비 유학생이다. 물리학을 전공한다는 그 유학생은 긴 여행으로 조금 피로한 기색이 있었지만 두어 시간 동안 배를 타고 미시시피 강을 오르내리면서 여러 이야기를 주고받았다. 그는 빨리 학위를 끝내고 귀국하기를 바란다는 것을 강조했고, 화제는 주로 미국 대학시설에 관한 것이었지만 대체로 외국에서 어울릴 때, 한국인과 중국인들이 서로 쉽게 잘 어울리는 모습을 볼 수 있다.

언제인지 정확하게 기억이 나지 않지만 나는 중국의 본토의 대학생들과 대만의 대학생들 간에 양안의 문제를 놓고 토론을 벌이는 것을 방송을 통해 들은 적이 있다. 언어의 문제로 이해에 제한이 있기는 했으나 그들은 진지했고 감격에 차 있는 것을 느낄 수 있었다.

어느 사회든 갈등이 있을 수는 있다. 그러나 그 관계에서 서로의 차이를 확인하면서 상대방에 대한 배려 속에서 상대를 증오하려고 하지 말고 공유할 수 있는 것을 찾아보는 것이 바람직할 것이다. 예를 들어서 미국인들이 진지한 토론 속에서 사용하는 용어를 Hate를 쓰지 않고 그 대신 dislike를 쓰는 이유를 생각해볼 필요가 있다.

D. 역사와 일본

한국과 일본 간의 역사를 두고 벌이는 진실 공방은 상당히 오랜 시간을 두고 진행되어 왔고, 지금도 진행 중이다. 이 글에서는 일본의 핵무기에 대한 입장을 살펴보고자 한다. 그 전에도 핵무기에 대한 일본의 태도는 핵무기 문제에 대한 3원칙, 또는 핵확산에 대한 일본의 태도 등에서 나타나 있으나, 핵무기에 대한 일본의 태도는 부정적이지만 핵에너지를 이용하는 문제에서는 적극적인 것을 볼 수 있다.

일본의 핵무기 문제에 대한 외국 문헌은 위에 언급한 3원칙이나 핵확산에 대한 반대 입장에 있는 문헌은 쉽게 볼 수 있으나 핵무기에 대한 일본과 관련된 문헌은 통상적인 것과 다른 내용의 글을 보는 것은 쉽지 않은 일이다. 그러던 중, 나는 얼마 전에 내가 자주 보는 The Imaginative Conservative 紙에 실린 일본의 핵폭탄에 관한 글을 보게 되었다. 위의 책은 미국의 보수적 의견을 대표하는 것으로 주로 문화, 사상, 철학, 교육 등에 관한 주제를 다루는 것으로 알고 있는데, 일본의 핵폭탄을 제목으로 하는 글을 보고 적잖게 놀랐다.

이미 2019년 12월에 Robert Wilcox가 단행본으로 Japan's Secret War: How Japan's Race to Build its Own Atomic Bomb Provided the Groundwork for North Korea's Nuclear Program의 제목으로 나오기도 한 내용이지만, 위에 언급한 The Imaginative, 2020년 9월 2일에 Cox는 The Untold Story of Japan's Atomic Bomb라는 제목의 글을 실었다.

그는 일본이 곧 일본 해안으로 밀어닥칠 연합군의 공격에 대항하기 위하여 결사적으로 이 핵폭탄을 한국의 흥남지역에서 완성시키려고 노력했으나, 허사로 돌아갔다고 하면서 그때쯤(1945년 8월)에는 한 개의 핵폭탄을 실험했을 것으로 추정했다.

당시 소련은 오래전부터 유럽 전쟁이 끝나고 3개월 후에 일본에 개전할 것으로 밝혔고, 그에 따라 1945년 8월 8일에 일본에게 항복을 요구하고 개전하면서 8월 8일에 곧바로 북한에 상륙한 것으로 알려졌다.

Cox는 소련이 극비 속에 이 일본 공장들을 접수했고, 2년 후에는 일본 핵 공장의 약탈을 끝냈고, 그 물건들을 북한에게 넘겨주었다. 이것이 북한의 핵 위협의 시작이 되었다고 적고 있다. Cox는 이 글을 쓰는 동기를 매년 일본의 히로시마 등에서 개최되는 원폭의 투하와 이에 대한 미국의 책임을 비난하는 행사가 이루어지는 것을 보고 일본도 태평양 전쟁의 막판에 핵무기를 보유하려고 애를 썼다는 것을 밝히는 데 두고 있었다.

그러나 Cox가 밝힌 이 내용은 그 내용에 차이는 있지만 그보다 몇 개월 전에 브라질의 Henrique Altemani de Oliveira가 쓴 Japan: A Nuclear State? 제목하에 논문에서도 부분적으로 밝혀졌다.(May 13, 2019, Rovista Brasileira de Politique International, 62(1))

그는 이 논문에서 일본이 기술적으로, 경제적으로 핵폭탄을 제조하기에 충분했으나 다만 핵 물질의 부족을 미국으로부터 지원받고자 했다고 밝히고 있다. 그는 일본이 미국으로부터 핵우산 제공을 받으면서 핵 억지에 의한 안보를 추구하는 것과 동시에 미국으로부터 동맹으로서 밀접한 관계 유지를 위한 지원을 받기를 원하는 이중적인, 또는 모순적인 목표를 추구해왔다고 하면서, 일본은 만일 미국이 일본에 대한 핵 지원과 동맹의 철폐를 하는 경우 핵무기 생산을 추구할 것으로 주장해왔음을 지적하고 있었다.

일본이 1964년 중국이 핵실험을 했을 때 핵 위협을 주장하면서 핵무장을 언급했으나 그 후에 북한이 핵무기를 생산하는 것에 대해 핵 위협을 강조하면서 핵무기에 대한 언급을 줄이는 것은 일본이 미국에게 의존하는 것을 가장 중요한 정책으로 보고 있다는 것을 반증하는 것이라고 할 수 있다.

일본이 핵무기의 제조문제를 평화 헌법과 연결시키려는 문제는 일본이 핵 문제와 관련하여 헌법의 제한을 받고 있지 않다는 기시 수상의 발언을 그 핵 정책의 근거로 보고, 또 계승하고 있다는 것을 말해주고 있다. 일본이 경제적으로 미국에 의존하고 핵 억지 확산 전략에 의해 안정을 추구하는 것이 일본의 대외정책의 근간이 되어 왔다는 것은 주지의 사실이다.

최근 미-중의 무역 갈등을 배경으로 하여 일본은 미-일 동맹을 강조하며, 미-인도-호주-일본의 4각 주축으로 중국을 봉쇄하려는 움직임이 본격화되고 있는데 반해 한국은 이들에서 소외되는 모습으로 나타나고 있는 것을 볼 수 있다.(Deputy Secretary Biegun Remarks at the US-India Strategic Partnership Forum, August 31, 2020) 시진핑의 방한을 앞두고 일어나는 이런 상황은 미 대통령 선거와 관련하여 중대한 관련국 관계의 변화를 초래할 수 있는 계기로 받아들이고 대비하는 것이 바람직할 것이다.

역사와 관련하여 The Imaginative Conservative의 Joseph Pierce는 A Nation with no memory has no Future라는 말을 강조하고 있다. 한-일 간의 역사적 사실을 놓고 벌이는 갈등에서 일본은 자신이 태평양 전쟁을 일으키고 아시아인들을 전쟁으로 내몬 전범 국가임을 솔직히 받아들이고, 일본 군인들의 전몰 추모를 할 것이 아니라 이 전쟁에서 희생당한 아시아인들을 위한 추모를 해야 하며, Joseph Pierce의 충고를 다시 반추해보는 것이 좋을 것이다.

E. Robert L. Heilbroner의 책

이 글의 제목으로 제시한 "역사로서의 미래"는 내가 대학을 졸업하고 대학원을 진학한 상태에서 방학 동안에 읽을 책을 구하던 중에 발견한 책이었다. 1960년 1월에 첫 출간된 상태에서는 부제가 없었으나, 11월에 나온 책에는 "The Historic Currents of Our Time: And the Direction in which they are Taking America."이라는 부제가 붙어 있었다. 경제학자가 쓴 책이었으나, 대학을 졸업하면서 눈을 넓히고 안목을 높이는 계기를 만들어주었다.

이 글을 시작하면서 중국의 개방을 둘러싼 열국들의 경쟁적 접근에서 나타난 제국주의적 행태를 비난하는 내용을 언급하였으나, 나는 Oxymoron을 염두에 두고 있었다. 과거에는 이미 결과적인 사실로 귀결되었으나, 현실에서는 좀 더 현명하고 상호 부합적인 타협에 의해 만족할 수 있는 결과를 협의하고 조정할 수 있는 선견지명(providence)을 추구하기를 기대하면서, 미-중 간의 문제는 결론이 난 것은 아니다. 두 나라가 더 높은 곳을 바라보면서 너 큰 가치를 공유하기 위한 노력을 경주하기를 요구한다.

⑪ 정책적 지도력(Policy Leadership)의 문제: 미국과 한국의 사례

오늘날의 국제정치 arena에서 국가들은 정책이라는 이름으로 가치를 내걸고 이를 위해 경쟁, 협력, 갈등을 벌이고 있다. 때로는 엄청난 인명의 희생을 치르기도 하고, 때로는 가치의 실현이라는 희열을 맛보기도 한다. 여러 속성 중에서 이 정책이 가지는 것 중에서 가장 많이 존중을 받는 것은 현명성과 창조성에 있다고 보여진다.

정책을 수립하고 집행하는 과정에서 과학적 성격을 부여하기 위한 이론적 배경을 강조하는 데서 주로 이용되는 방법은 점증적, 그리고 포괄적-장기적인 것으로 나뉘어 설명이 되고 있는데, 정책의 속성과 관련하여 각광을 받고 있는 집행에서의 "역동적(Dynamic) 성격"을 강조하는 것은 주로 장기적-포괄적 접근에서 가능한 것이다.

정책에 대한 국민들의 요구와 지지는 기본적인 정책 설정의 요소들이지만, 실제 정책을 입안, 채택하는 과정에서는 환경적인 편리에 따라 정책의 변화를 고려하는 입장에서 지도층의 가치 태도 등이 더 중요시 되며, 또 변화의 측면에서 이것이 더 지배적인 것으로 작용할 수 있다.

관리적(Managerial) 접근에서 정책적 내용 및 그 변화를 강조하는 사람들은 "문화"의 의미를 강조하고 있고, 따라서 이들은 변화에 대한 인식의 차이에서, 갈등을 줄인다는 의미에서, 광범한 국민보다는 소수의 지도층에 의한 가치 변화가 더 용이할 것으로 보면서, 그 대표성, 민주주의를 강조하고 권력자, 지배층들의 견해가 압도하고, 이것들의 전향적 의견 제시가 언론 매스콤을 통해 마치 Advocacy Coalition의 형식으로 일방적으로 전개될 수도 있다. 이로써 독재자와 선량한 지도자 간의 차이는 백지 한 장의 차이에 불과하게 되는 것이다.

Kevan W. Lamm 교수는 2019년에 출간된 저서에서, 2015년에 조사된 시민의 정부에 대한 신뢰조사(Fox & Nowel, 2015)를 인용하면서, "단지 13%만이 정부가 항상, 또는 대부분 옳게 행동하는 것으로 신뢰하고 있는 것을 지적하면서, 공무원이 정책과정을 인지한 것이 영향을 준다고 하고, 정책 지도력에서 가치 있는 역할, 신뢰 구축과정의 중요성을 낮게 평가하는 것" 등이 여기에 추가되어야 한다고 지적하고 있다.(Policy Leadership: A Theory Based Model, Theory Manuscript, 2019. 1. July)

A. 국민과 정책 가치

2020년 11월 8일(한국 시간)에, 그 요란스럽던, 때로는 혼란의 모습이 압도하고 있던 미국 대통령 선거의 종결을 선언하는 Joe Biden 제46대 미국 대통령의 연설이 있었다. 지금 기억나는 것은 Biden 대통령 당선자가 국민들의 "Unite"를 강조하고, 이 선거를 마무리하면서 "Time to Heal"을 언급하고, 이것이 "Restore the Soul of America"한 것으로 선언한 것은 Harris 부통령 당선자가 "Dream with Ambition"을 언급한 것과 좋은 조화를 이루는 것이었다.

상당 기간 동안 지속될 것으로 보이는 트럼프 전 대통령의 승복 거부로 미국사회가 혼란을 겪겠지만, Biden 대통령 당선자의 탄력 있는 대응으로 곧 정상을 회복할 것으로 보이며, 곧 이어질 Corona-19에 대한 Biden의 약속은 경제 회복과 더불어 미국을 다시 세계에서 지도적인 입장을 회복할 것으로 예상된다.

정책의 문제(변화 등)는 문화적 접근자들의 주장에 의하면 항상 지도층의 역할이 강조되고 있다. 이미 1987년에 Lane J. E.가 지적한 대로 70년대가 공공정책 부문에서 국민들의 참여 요구가 지배적이었던 것에서 80년대는 leadership에 대한 요구가 점점 강해지는 시기로 접어들었고, 이들은 정책의 변화에 있어서 leadership의 역할을 강조해왔다.(Jan-Eric Lane, ed. Bureaucracy and Public Choices, Sage London, 1987, p.47)

정책이론은 이러한 leader들의 인식, 가치관의 변화의 문제에 관심을 돌리고 결국 이 문제는 policy learning의 문제로 들어가게 된다. 여기서 Sabatier 등은 이 learning은 경험과 그 집단이 가졌던 가치체계를 수정하는 방법과 관련된 것들과의 상호작용을 통해 비교적 지속적인 변화를 가져오는 것을 포함하는 것이라고 강조하고 있다.(Sabatier P. A. and H. C. Jenkins-Smith, eds. 1993, Policy Change and Learning, An Advocacy Coaltion Approach, Westview Press, p.42)

환경의 변화와 국면의 변화를 맞아 어떻게 대처해야 하는가 하는 문제에서 경험과 학습을 통해 정책에의 변화된 접근이 중요한 전망을 제공하며, 정책 연구의 발전에서 커다란 기대를 가지게 된다. 이 접근의 요지는 정책의 내용이나 그 내용의 변화에서 지도자나 대중, 조직을 막론하고 정책의 변화를 위한 지지 확보는 학습의 문제에서 해결될 수 있다는 것이다. 그러나 그 실제에서 정책의 내용이나 그 필요성에서 지도자나 국민이 반드시 일치하지 않는 면을 볼 수도 있다는 것이다.

가치문제를 중요시 하는 정책론이나, 그 과학적 성격을 강조하는 정책 과학적 접근은 오늘날에 와서는 구태여 구분할 필요는 없지만 아무리 훌륭한 정책과정의 설정을 통해 마련된 정책이라고 할지라도 그 지도자가 그것에 관심을 두지 않거나 채택하지 않으면 국가나 사회적 문제에서 아무리 중요한 것일지라도 사장될 수밖에 없다. 두 가지 사례를 통해 이 문제를 살펴보자.

Trump 행정부의 비핵화를 위한 미-북 협상

이번 미국의 대통령 선거에서 공화당이 패배함으로써 Trump 대통령의 시도는 일단락해야 될 상태로 보이고, 그 집권 중에 북한과 합의했던 Singapore 미-북한 공동성명의 내용을 Biden 행정부가 승계할 것인지의 여부가 관심의 대상이다.

Trump 대통령과 김정은 위원장은 재작년 6월 12일, Singapore에서 회담을 한 후 양국관계의 새로운 관계 수립, 한반도의 항구하고 안정된 평화체제의 수립, 북한의 완전한 비핵화를 공동성명을 통해 발표하였다. 그 후 양국은 2019년 2월 Hanoi에서 2차 회담을 열고 비핵화를 위한 합의를 시도하였으나, Trump 대통령의 일방적인 선언과 회담에서의 퇴장으로 아무런 결과를 낳지 못하면서 결렬되었다,

Trump 대통령이 회담으로부터의 철수시 그는 북한이 미국의 요구(영변 핵 시설의 폐기)를 포함시키지 않았다고 하고 있으나, 이것은 표면적인 이유일 뿐 실제 Trump는(일본의 매스콤을 통해 밝혀진 바에 의하면) 처음부터 북한의 핵무기를 반출, 폐기, 그리고 북한 핵 과학 기술자의 해외 이주 등의 문제를 제시하고 있었고, 또 북한이 제재의 완전 철폐를 요구했다고 하고 있으나 북한 측의 발표는 총 11개의 제재 중 5개 항을 제시하였다고 주장하고 있다.(참조: Trump의 정책자원의 고갈, 9. 30. 그리고 외교란 무엇인가?: 하노이에서의 반추 2019. 3. 16. www.youngs-kim.org,

News and Comment 중, 그리고 www.dongsoong65.net 회원 컬럼 중)

　Trump 대통령에 대한 의회조사가 진행 중인 시기에 열린 하노이 회담은 당연히 그로부터 진지한 북핵문제를 검토할 시간적 심리적 여유가 없었다는 것을 말해주고 있다.

　지난 10월 7일 서울에서 열린 북핵 관련 화상회의에서 Siegfried Hecker 스탠포드대 교수는 김정은 위원장은 재작년 9월 6일에 Trump 대통령에게 보낸 친서에서, "북한은 핵무기 연구소, 위성발사 구역의 폐쇄, 핵 물질 생산시설의 불가역적 폐쇄 등을 단계적으로 하나씩 의미 있는 조치를 할 의사가 있다."는 것을 밝힌 것을 지적하면서, 이것이 미국이 요구하는 북한 핵 능력의 축소라고 주장하였다.(연합뉴스, 2020. 10. 7.)

　이 당시 Trump 대통령이 북한의 비핵화를 위해 추구하던 것이 그의 안보보좌관이었던 존 볼턴이 주장하는 가다피의 리비아식에 따른 비핵화였다. 결론부터 요약하자면, Gaddafi는 대량살상무기를 획득하려고 파키스탄, 중국, 소련 등 여러 나라를 접촉하였으나 무위로 끝났고, The Conversation 紙에 의하면 세균무기에서의 미미한 능력만을 보유하고 있었다.(What North Korea Learned from Libya--, 2019-1, 5. 11.)

　미사일도 전술 Scud 미사일 정도였다. 결국 유럽군과 미국이 개입한 내란 상태에서 Gaddafi는 제거되었을 뿐이다. 이 모델을 Trump는 북한과의 협상에서 계속 언급하고 있었고, 대량살상을 위한 핵무기는 없는 리비아에서 Regime Change 형태를 시도하려는 의도만 가지고 있었다.

　Trump의 북한의 비핵화는 부정확한 정보와 그릇된 사례 적용을 시도한 의전도 무시한 하나의 Farce에 불과한 것이고, 이것은 정책이나 전략의 이름을 적용할 수 없는 것이었다. 물론 미-북 회담을 중재한다고 선언한 한국 정부가 취임한 지 13개월 되지 않은 Trump 대통령에게 안긴 의도에서도 일부 그 책임을 볼 수 있지만, 이 부담은 의외로 큰 것이었다. 당시 Trump 대통령은 서울의 위치가 어딘지도 잘 모르는 상태였다.

　Trump 대통령은 소련 붕괴 이후 미국이 시도했던 전 소련령에 있는 핵무기를 비핵화하기 위한 1990년대 축적된 미국의 비핵화 정책과 그 형태에 대해서도 알지 못하고 있었다. Trump 대통령은 미국이 가지고 있는 CTR(Cooperative Nuclear Threat Reduction)의 사례에 관하여 그 당사자였던 San Nunn, Richard Lugar 상원의원들로부터 이 CTR에 대한 브리핑을 싱가포르 회담 이후 받았으나, 그로서는 미국이 재정을 충당하면서 비핵화를 시도했던 방식에 대해 관심을 두고 싶지 않았다.

　하노이 회담 이후 Trump는 리비아식 비핵화를 포기하는 것으로 보였으나, 마치 전리품처럼 북한 핵무기를 반출 및 폐기하는 문제는 포기하지 않았고, 하노이 회담에서는 북한의 제의를 신중히 검토하지도 않은 상태에서 결렬을 언급하였다.

문재인 정부의 미-북한 회담중재 입장

　2017년 말 일촉즉발의 위기에 놓여 있었던 미-북한 관계를 한국 정부가 회담으로 이끌어낸 것은 중요한 의미를 부여해야 할 것이지만, 그 과정은 매우 어려운 것이었다. 재작년 1월, 평창 동계올림픽을 계기로 한국 정부는 미국, 북한을 초청하였고, 한국은 올림픽 개막식에 참석한 미국의 Pence 부통령과 북한의 2인자 김 여정 간의 자연스러운 만남을 기대하였으나 불발이 되었고, 3월 8일에 문재인 대통령은 정의용, 서훈들을 대표로 한 특별 사절단을 평양에 파견하여 비핵화

문제에 관한 미-북한 간의 회담을 중재하는 강수를 두게 되었다.

이 과정에서 한국은 미-북한 간의 비핵화 문제에 관한 회담에는 관여하지 않는다는 입장을 표명하였고, 싱가포르에서의 1차 회담은 공동성명을 채택하는 등 비교적 성공적이었으나, 위에 언급한 바대로 하노이에서의 2차 회담은 결렬되었다.(참조: 탄탈루스의 비극: 미-북한 회담의 이상과 현실, 2019. 3. 1. www.youngs-kim.org news and Comment 중)

한-미 관계는 문 대통령 보좌진들의 주한미군 철수 문제, 전시작전권 문제 등의 언급 등으로 이미 껄끄러운 관계에 있었고, 북한이 핵무기를 보유하고 있는 상태에서 한국이 해야 할 일을 Korea Herald는 문재인 대통령이 "전략적 모호성"의 의미로 그 억지에 대응하고 있는 것을 지적하고 있었다.(Korea Herald, 2017. 9. 15. Editorial "Leave Nukes as Option")

미-북한 회담을 앞두고 재작년 5월의 문 대통령의 방미과정에서 Trump 대통령의 의전에 어긋나는 반응이 나타나고 있었고, Trump 집권 말기에 들어 한-미 관계는 방위비 분담문제, 그리고 대중국 봉쇄정책에 대한 문제로 정돈된 상태에 있었다.

또한 재작년 4월 20일, 한국이 미국으로부터 F-35를 도입하는 것이 알려진 후 북한의 김정은은 이에 대한 비난을 하기 시작하였고, 한국이 미국으로부터 총 70억$를 들여 40여 기의 F-35를 도입하는 것에 대해 남북 간에 합의된 군사적 합의에 비추어 해명을 요구하고 있었다. 이후부터 남-북한 관계도 소강상태에 머무르고 있다.(참조: 하노이 미-북한 회담과 장기적 안목에서 본 남-북한 관계, 2019. 2. 19. www.youngs-kim.org News and Comment 중)

정책과 관련된 정부의 태도에서 Ambiguity는 반드시 Irresoluteness와 같은 의미가 아닌 것이 바람직하지만, resolute된 상태에서의

ambiguity는 상대 국가들로부터 불신을 받게 되는 것이다.

B. 지도자들의 입장과 윤리성

지도자들의 표리부동함, 또는 말과 행동이 차이가 나는 문제 등은 항상 비판의 대상이 되어 왔으나, 그 지도자들은 그런 문제에 대해 별로 문제가 될 것이 없다고 보려는 경향이 강하게 나타나고 있다. 이번 코로나 사태를 통해 일부 국가에서 노정된 지적 사항이기도 하지만 이 Pandemic의 상황의 심각성, 여기에 지도층의 책임성의 문제가 결부되어 나타나는 문제는 정부의 정책과 관련하여, 그 지도자들의 입장을 스스로 침해하거나, 또는 위선적인 행동이나 이중적 사고를 보이는 경우를 통해 국민의 분노를 자아내게 되는 것이다.

인간은 그 자신을 위선적이라고 부르지 않아도 매사에 그 행동이 반드시 일관되지 않을 수도 있다. 그러나 지도자가 공중 앞에서 공중 덕목을 지키라고 하면서 개별적으로 악행을 저지르고 있다면, 사람들은 분노를 그에게 보일 것이다. 그 이유는 그가 좋고 선한 사람으로 보이도록 함으로써(실제는 그렇지 않지만) 도덕적 이익을 주장하고 있기 때문이다. 사람들은 실제로 그에게 말과 행동이 다르다는 것을 문제로 삼지 않고, 그보다는 공정하지 못하다는 데 초점을 두고자 한다.

어떤 지도자가 위선적인 것의 나쁨을 안다면, 왜 자신을 비난할 근거를 보이겠는가? 실제로 사람들이 그대로 넘길 것으로 생각할 수도 있다. 그러나 사회심리학자 Daniel Effron은, 이것이 어떤 경우에는 통할 수 있을지 모르나, 사람들은 그 자신을 도덕적으로 고결하다고 보려는 경향이 있음을 지적하고 있다. 여기에 사람들은 상황에 따라 행동은 이렇게 하고 설교는 저렇게 하려는 미묘한 입장을 취하기도 한다.

다양한 조직 속에서 사람들은 다양한 사람들의 상충적인 요구에 사로잡혀서, 어떤 사람은 A를 원하고 다른 사람은 B를 원할 수도 있으나, 지도자들은 이들을 한 사람은 말로 만족시키고, 다른 사람은 행동으로 만족시키려고 할 수도 있으며, 이 행동이나 말이 서로 모순되는 경우도 있다고 Effron은 설명하고 있다.

이런 위기 속에서 국가 지도자들은 단 하나의 고객들, 곧 국민만을 위해 봉사하면 된다고 하지만 이들 중에 자기 가족을 포함시켜 보면, 자기 가족은 다른 요구를 가지고 있는 경우 그 가족과 국민이 서로 상충되는 상황에서 그 지도자는 두 가지 다른 맥락에서 두 가지가 다 옳은 일을 하려고 하고 있다는 느낌을 가지고 있을 수 있다.

Effron은 아시아의 나라들 중에서 볼 수 있는 것처럼, 서로 다른 행동이 서구의 더 개인주의적 문화 속에서와 같이 위선적이라고 쉽게 받아들여지지는 않는다고 하고 있다. 집단주의적 문화의 성격이 강한 사회에서는 서로 다른 행동과 말을 하더라도 그 차이를 말하기보다는 그들의 관계 유지에 더 우선점을 두고자 하는 것이 받아들여지고 있다고 한다.

또한 지도자들이 특히 압력 속에서 위선적으로 행동할 수도 있는 경우를 보면 이른바 사회심리학자들이 말하는 "도덕적 특허(Moral licensing)" 현상과 관련된 것으로 볼 수도 있다. 사회심리학자들은 사회의 모든 맥락에서 이 Moral Licensing이 작용되고 있다고 하면서, 고결하고 도덕적인 말과 행동을 하는 것이 그 도덕성을 의심받을지 모르는, 때로는 비윤리적인 방법으로 행동을 하도록 허가를 받았다고 느끼게 한다는 것이다.(참조: Ian Leslie, BBC, 22nd April 2020, The Subtle Reasons why Leaders ignore Their Own Advice)

그들 자신이 정한 규칙을 스스로 따르지 않는 지도자들은 그들 자신에게 완전히 논리가 서는 이유에서 그렇게 할 수도 있다는 것이다.

C. Biden's overture to Korean peninsula

2020년 10월 30일 연합통신을 통해 한국인에게 보낸 편지는 그 본래의 의도보다 더 성공적으로 한-미 관계의 전통적 성격을 강화하면서 미래를 내다보는 의미에서, 단순히 선거에 대비한 것이라기보다는, 매우 성공적이었다고 할 수 있고, 그 내용은 여-야의 대립이 극심한 가운데에도 양측이 무난히 받아들일 수 있는 적절한 가치를 포함한 것이었다. 그는 또한 북한과 관련하여 북한의 핵 능력을 축소할 의향이 있다면 북한과의 대화를 가질 의향이 있다고 밝혔다.

한반도 문제에 본격적으로 정책을 제시하고 개입하기 이전 단계에서 미국이 밝힌 緒言으로서는 매우 적절한 것으로 보인다. 과거에 주고받았던 말이나, 또는 미국 내의 매파들이 던지는 경고의 문구보다는 이제 들어서는 Biden 행정부의 차분한 접근이 더 바람직해 보인다.

한국 정부는 아직 자리 잡지 못한 Biden 행정부의 대한반도관을 추출하기 위해 외무장관, 그리고 차관급 대표들을 미국에 보내면서 두루 살피겠다는 의도를 보이고 있다. 아마도 이제 들어설 Biden 정부의 예상되는 국무, 국방 책임자들, 안보관계 담당자들을 접촉하기 위한 것이라고 보이지만 여기에 곁들여 국회 외무위 등의 대표단도 미국을 방문할 것으로 알려졌다.

이들이 그 목적을 제대로 확정하고 예상되는 주요 인물들을 접촉하기 위해서는 상당한 준비와 절차가 마련되어야 할 것이고, 그 인물들도 새로운 인물들이어야 할 것이다. Daniel Russell이나 Wendy Sherman 같은 친일적 인물보다는 Thomas Donillon, Anthony Blinken, 그리고 Jake Sulliban, Frank Kendall III, Ely Ratner 등이 더 측근으로 도움이 될 것이다.

그리고 Brookings 연구소의 Michael O'Hanlon, Robert Einhorn 등

이 한반도 핵 문제의 전문가로 도움이 될 것이다. 무엇보다도 중요한 것은 특히 국회 대표단의 경우 각 정당별 견해를 강조하기보다는 초당적인 입장을 전달하려는 태도가 중요할 것이다.

문재인 정부의 초반 대북관계, 대미관계에서의 접근에서 얻은 교훈이라면, 우선 상대방의 입장을 고려하는 것이 중요하고, 무엇보다도 북한을 포함한 상대방과의 신뢰관계 형성에 중점을 두어야 한다는 것이다.

그리고 이 모든 과정에서 절대적으로 중요한 것은 북한에 대한 우리의 입장이다. 우선적으로 북한과의 대화를 가지려는 시도가 요구되며, 이것은 북한에 대한 공동 한-미 간 입장을 정리하기 위해서도 필요하며, 차제에 미국이나 북한에 대한 신뢰감 있는 채널을 단일화하고 강화하는 것이 중요하다. 여러 가지 채널의 확보는 실패시에 대응하기 위한 것으로 필요할 것으로 보일지 모르나 객체는 북한 하나이기 때문에 북한과의 관계가 악화되면 모든 채널이 무용지물이 되기 마련이다. 오히려 북한과의 다양한 관계 설정이, 예를 들면 농업부문, 교육부문, 의료부문 등의 다양한 관계 설정이 북한과 관계를 지속시키는 데서 의미가 클 수가 있다.

한국의 세계적 위상을 높이는 것은 우선적으로 북한과의 관계를 지속적으로 추진하는 단계에서 출발하여 다른 나라들과의 관계를 안정적으로 유지하는 차원에서 가능할 것이다. 북한과의 관계 설정에서 차원을 달리할 필요가 있으며, 북한을 설득하는 데서도 북한의 국제사회에의 본격적 진입을 현재의 북한과 연결지으며, 과거의 경쟁적 냉전적 대립을 탈피하도록 하는 것이 요구된다.

⑫ Biden 행정부의 출범과 한반도: 변화의 모색: 민주당의 득세

오늘날 보수적 정치철학의 대명사처럼 불려오던 "The Imaginative Conservative"가 2020년 12월 6일에 Franklin Delano Roosevelt 대통령이 79년 전 제국주의 일본이 미국의 진주만을 공격한 다음날 상하의원 합동의회에서 연설한 "Day of Infamy Speech"를 게재하였다. 이 연설에서 Roosevelt 대통령은 일본에게 전쟁을 선언했고, 일본 제국주의의 "기만적인", "배반", "도전받지 않은", "악랄한(dastardly)" 공격이라고 비난했다. 일본은 공격 직전까지도 태평양에서의 평화유지 문제로 미국과 협의를 진행하고자 했던 것이다.

Roosevelt는 민주당 출신 대통령이다. 보수적인 The Imaginative Conservative가 Roosevelt의 연설을 다시 게시한 것은 현재 미국이 처해 있는 Pandemic에 의한 혼란, 경제적 불황을 극복하기 위한 하나의 방법으로 Roosevelt(1932~1945, 재임 기록적인 4선의 대통령)의 정책과 헌신을 되새기기를 통해 미국의 재도약을 가져오기 위한 노력으로 보인다.

오늘날 세계는 Pandemic의 영향으로 변화를 요구받고 있고, 그에 따른 올바른 지향을 추구하고 있다. 흔히 지식인들은 우리가 역사 속에 살고 있다는 말을 한다. 바꾸어 말하면, 어느 공동체의 지식인이 되고자 한다면 그 공동체의 과거에 대해 알아보는 것이 중요하며, 이것은 현재는 물론 미래에 대한 지침으로서 가치를 지닌다.

어느 사건이 일어난 후에 쓰여진 역사는 그 당시 행위자가 미래에 대해 알지 못하고 있었다는 것을 깨닫지 못하게 할 수도 있다. 이러한 한계에도 불구하고 역사는 시사적 문제에 일정한 기능을 하게 되는데, 그 기능은 상상을 확대하고, 실제적으로는 일어나기 힘든 행위와 감정의 가능성을 제시하는 데 있다.

이것은 현실과 과거를 연결시키며, 미래를 현실과 연결시키며 초월하게 해준다. 이것은 민족의 성장과 위대함을 볼 수 있고, 살아있게 해주며, Vision을 우리 삶을 넘어서는 것에 두고 희망을 확대하게 해주는 것이다.

A. 현실의 과제와 미래

오늘날 세계적인 주제는 세계를 휩쓸고 있는 COVID-19 Pandemic과 세계 경제의 회복이다. 지난 2020년 3월 11일 World Health Organization가 COVID-19를 선언한 이후 지금까지(Dec. 2. 2020) 전 세계적으로 신고된 경우는 총 61.89 million명의 감염자에 이르고 있고, 이 중에 1,450만명의 사망자가 보고되고 있다. 이에 따른 경제적 손실은 年(년) 60 billion$에 달한다고 하고 있으며, 매일 28,000명의 신규 환자가 발생하는 것으로 보도되는 것으로 알려졌다. 이 통계 중에 눈에 띄는 것은 미국이나 유럽의 환자 수가 전 세계의 72%를 차지하고 있고, 사망자의 숫자도 미국-유럽이 78%를 차지하고 있다는 것이다. 특히 미국이 발생자 수와 사망자 수에서 각각 약 1,400만의 확진자와 274,000명으로 1위를 기록하고 있는 사실은 매우 특이한 것으로 보이고 있는 바, 올해 11월에 있었던 미국 대통령 선거에서의 최대 Issue로 COVID-19의 문제와 경제회복의 문제가 등장하였다는 것은 놀라운 일이 아니다.

일부 미국학자들은 이번 선거를 1932년에 있었던 공화당의 Hoover 후보와 민주당의 Roosevelt 후보 간의 대공황 속에서 벌어진 경쟁에서 승리한 민주당의 Roosevelt 후보가 당면했던 과제와 비유하는 모습을 보였으나 오히려 COVID-19 Pandemic이 주는 충격이 더 클 것으로 보인다.

무엇보다도 이 COVID-19의 사태가 지나가면 다시 종전의 상태로 돌아가는 것이 아니라, 변화된 회복상태에서 나타난 국제관계는 달라진 것으로 될 것이라는 진단은 그 의미가 중대하게 받아들여져야 할 것으로 보인다. 지금 이 Pandemic 상태 아래에서 전 세계의 GDP는 이전보다 3.5%가 낮아지는 것으로 제시되고 있고, 특히 미국은 올해 -31.4%로 예측되고 반면 IMF에 의하면 중국은 강대국 중 유일하게 +1.85%를 기록하는 것으로 나타나 있어, 전 세계의 관심의 대상이 되고 있는 미-중 간의 경쟁에서 Post Pandemic 이후에 나타날 결과가 당연히 주목이 되고 있다.

COVID-19 이전의 경제에서 중국이 미국을 GDP(in Nominal terms)에서 앞설 것으로 예상되었던 2032년은 따라서 당연히 수정되어야 할 것으로 보이며, 이미 GDP(in PPP)에서는 2019년에 미국의 GDP(PPP) 21.44 trillion보다 중국의 GDP(PPP)가 27.31 trillion으로 앞선 것으로 나와 있다.

지금까지 언급한 미국의 Pandemic하의 경제상태에서 Biden 정부가 취할 대외정책과 관련하여, 중국과의 관계를 어떻게 할 것인가가 중요 문제로 대두된다. Trump 정부가 취해온 중국에 대한 강경한 압박

정책을 계속해야 할 것인가에 대해서는 의견이 분분하지만 Thomas Wright가 분석한 것을 참조할 필요가 있다.(The Fragile Politics Facing Biden's Foreign Policy, Thomas Wright, The Atlantic, Nov. 2020)

그는 Biden의 대외정책을 우선적으로 국내경제의 회복을 통한 중국과의 관계를 재조정하는 것을 주제로 하면서 대체로 Restorations, Reformations, 그리고 Progressives로 나누어 그 대책을 제시하고 있으나, 복구적인 방법, 개혁적인 방법 등이 결과적으로 중국과의 경쟁을 강조하기보다는 협력적인 관계의 설정을 더 바람직한 것으로 보고 있었고, Progressives도 여기에 같은 입장으로 소개되고 있었다. 따라서 그는 Biden 행정부가 계획하는 Summit for Democracy 같은 전략이 중국-러시아와의 관계에서 냉전적인 상황으로 이어질 우려를 표하고 있었다.

한편 Brookings의 David Dollar도 최근에 발표된 논문에서 Biden 정부가 대중국과의 전망에서 협력적일 것이라고 전망하고 있었다.(Domestic and Global Challengies of Chinese Economic Transformation, David Dollar, Brookings, 13, Dec, 2020)

B. Biden의 대외정책과 지도력

독일의 Merkel 총리는 2020년 12월 5일, 다음해의 예산을 논의하는 자리에서, Pandemic으로부터 오는 경제적 영향으로 인한 국가 채무를 변제해야 함을 강조하고, 2023년부터 총 1,800억 Euro를 갚아야 할 것이라고 발표하였다.(DW.com 2020. 5. 12.)

독일은 IMF가 발표한 나라별 GDP와 연계해본 국가 부채에서(순위상) 73%로 낮은 상태인데도 이러한 발표를 하고 있는 것을 볼 수 있는데, 이 IMF 자료에서 일본은 266%, 이태리는 161%, 미국이 131%, 프랑스는 118%, 영국은 108%로 높은 비율을 보이고 있다.(World Economic Outlook Database, Oct, 2020 IMF)

새로 들어설 Biden 정부는 21년도 국방예산을 7,400억$를 요구하는 가운데, Pacific Defense Initiiative로 중국을 봉쇄하는 데 69억$를 투입하는 것으로 나타나 있는데, 이것은 2026년까지 총 200억$를 투입하는 것으로 되어 있다.

Reagan 정부에서 국무장관을 지낸 George P. Shultz는 Trump 정부가 시리아에서 철군하고, 이란과의 핵 협정에서 탈퇴, 기후협약에서 철수, INF 조약에서 탈퇴 등 국제기구와 국제협정에서 America First를 외치면서 국제사회와 동맹국들로부터 멀어지는 것을 보면서, 국제사회에서 미국의 지도력을 회복할 것을 강조하였다.

특히 그는 INF 조약을 협상하는 데서 도움을 주었던 James Timbie와 같이 쓴 "A Hinge of History"에서 세계는 2차 대전 말에 세계가 당면했던 것과 같이 역사적 꼭지점에 와 있다고 하면서, 이제 미국은 전 세계와 zero-sum game 상태에 있게 되었다고 하고 있다.

INF 조약에서 탈퇴한 Trump 정부 내에서 고위 정책자들의 논의에서 새로운 미국의 핵실험의 문제가 제기되었다는 것은 그렇게 놀라운 일은 아닐 것이다. Washington Post는 지난 5월 15일 국가안보회의석상에서 러시아와 중국이 낮은 위력의 핵실험을 하고 있다는 말을 하면서, 미국도 핵실험을 해야 한다는 언급이 있었다는 것을 밝혔다.(The Hill, 2020. 5. 22. Tal Axelrod, The Trump Administration has looked Conducting First US Nuclear Test. Washington Post May 22, and Reuter 23, May 2020)

Biden 정부에서 대통령 안보보좌관으로 지명받은 Jake Sullivan은 중국이 미국의 세계적 지도의 입장에 도전적이라는 것을 명백하게 언급하면서, 중국은 미국의 세계적 지도력에 경쟁적으로 나서고 있다는 신호가 어김없이 세계 도처에서 나타나고 있다고 지적하고 있다.(China Has Two Paths to Global Domination, May 22, 2020, by Hal Brands and Jake Sullivan)

Sullivan은 이 글에서, 놀랍게도, 미국이 중국에 대한 봉쇄를 위한 투자와 쇄신을 강조하고 있는데도 불구하고, 또 군사적인 투자와 5G 기술과 하부구조에의 투자에 의한 세계적 지도력을 유지하기 위한 노력에도 불구하고, 미국은 중국의 도전에서 질 가능성이 상존한다고 분석하고 있었고, 그의 논문에서 서두와 결론 부문에서 이를 두 번씩이나 강조하고 있었다.

이것은 냉전시대에 제한성을 보였던 소련이 제기하고 있었던 도전과는 다른 성격의 도전으로, 미국이 매우 힘든 상황이 될 것이라고 보고 있었다. 그는 미국과 중국이 경쟁자로서 대결할 장소로 중부 유럽을 들고 있다. 여기에서 중국은 소련이 했던 것과 같이 미국 동맹체제의 와해와 군사적 압박, 그리고 정치적 간섭을 이용할 것으로 보고 있었다.

(1) 한반도 문제

Anthony Rinna는 Biden 정부가 미국의 인도-태평양 동맹체제의 구축을 재강조하면서 미국의 방위 동반자 관계에 대한 중점을 두는 입장을 주장해왔다고 하고 있다. 중국과 북한을 수정주의적 불량국가로 표현하고 있었던 미국에게 가장 중요한 동맹은 한국이라고 못 박으면서, 이 동맹의 새로운 강조는 한국의 미국, 그리고 동아시아 국가들과의 관계에서 여러 가지 의미를 내포하고 있다고 하고 있다.(Resetting US-ROK security Cooperation under Biden, Anthony Rinna, on 3 December 2020)

여기에는 미-한국 간의 동맹을 재활성화하려는 희망과, 북한에 대한 한-미 간의 심각한 정책 차이에 대한 인식 등이 포함되어 있다고 하고 있다. 그는 여기에는 Biden 대통령이 한국보다는 일본을 더 선호할 수 있다는 인식도 포함될 수 있다고 하면서, 그러나 Rinna는 이것은 잘못된 분석이라고 하고 있다.

Rinna는 한국 정부가 미국의 한국에 대한 요구(Quadrilateral Security Dialogue에의 가입), 그리고 중국이 한국에 요구하고 있는 것에서 균형을 취하려는 태도를 보이고 있으나 그것이 어려운 상황을 겪을 것으로 보고 있었다.

Biden 정부에서 각각 국무장관, 대통령 안보보좌관으로 지명된 Anthony Blinken과 Jake Sullivan은 국무성에서 오래 근무한 경력을 가지고 있으며, 유태계인 Blinken은 Hudson Institute Walter Russell Mead와 가진 회견에서, Trump 대통령이 보인 미국 민주주의 허점으로 미국은 중국과의 관계에서 전략적으로 불리한 입장에서 중국과 경쟁하는 입장이라고 하면서, 우선적으로 미국 내부에서 경쟁력을 강화시키고, 동맹과의 관계 강화를 통해 중국과 경쟁하고, 그다음에 중국과 강화된 입장에서 협력할 것을 강조하고 있었다. 러시아와의 관계에서는 특히 Putin에 대한 냉전적 적개심을 보이고 있었다.(Transcript: Dialogue on American Foreign Policy and World Affairs, 9, July 2020, Anthony Blinken and Waiter Russell Mead Hudson Institute)

Sullivan은 러시아에 대해서는 Blinken과 유사한 인식을 보이고 있으나 중국에 대해서는 협력적인 측면을 더 내세우는 측면을 보이고 있고, Blinken과 Sullivan의 차이는 대북한관에서 두드러지게 나타나고 있다. Blinken은 일반적인 북한과의 관계에서, 특히 북핵의 문제에서 북한에 대한 제재와 군사적 압박을 앞세우는 모습을 보이고 있으나, Sullivan은 좀 더 신중한 견해를 제시하고 있었다.

역시 Mead와 가진 회견에서 Sullivan은 김정은 위원장에 대한 평가에서 차이를 보이고 있었다. 그는 김 위원장이 비핵화를 위한 미국-북한 회담에 나온 이유를 우선 김 위원장이 북핵을 완성하였다는 자신감 등이 주로 작용한 것으로 보면서 앞선 북한 지도자들과의 차이를 지적하고, 북한이 미국의 제재와 압박으로 회담에 나온 것이 아님을 지적하고 있었다. Brookings Institute의 Michael O'Hanlon과 더불어 Sullivan도 북한과의 협상에서 Interim Agreement를 가져오는 것의 중요성을 강조하는 것에 주목할 필요가 있다.(Transcript: Dialogue on American Foreign Policy, Jake Sullivan and Walter Mead, May 11th, 2020, Hudson Institute)

Biden 후보자가 당선 연설에서 북한이 핵 능력의 축소를 제의하면 대화의 의사가 있음을 명백히 했고, 또 한국인에 보낸 메시지에서 미국은 북한과의 원칙 있는 외교를 강조한 것을 유의할 필요가 있으며, 북한의 비핵화와 한반도의 통일에 대한 약속을 지킬 것을 명백히 하고 있는 것을 주목해보아야 한다.(Biden Sends Special Contribution to South Korean State News Agency, 2020. 10. 30. 연합통신)

(2) 落穗

미국의 공화당이 협정이나 조약의 체결에 관심을 크게 부여하지 않는다는 것, 그리고 행정협정이나 공동성명 등을 선호한다는 것과, Vietnam과의 관계 회복을 위한 조약관계, 공화당이 중공과의 관계를 개선했으나 양국 간의 국교관계는 민주당에 의해 이루어졌다는 것은 새삼스러운 것이 아니다.

냉전시대의 특징은 그 당사자들의 관계가 완전한 신뢰관계에 들어

가지 못하고 절차적인 것의 합의를 통해 대부분의 잠정적인 협정을 끌어내고, 따라서 부분적으로는 평화적 관계의 바탕이 놓여지게 되었다는 것이다. 한국 정전협정이 그 대표적 경우라고 할 수 있다.

한반도에서 냉전적 상황을 종식시킨다는 의미를 강조하는 남-북의 합의는 쌍방 간의 신뢰관계를 얼마 정도로 끌어올릴 수 있느냐의 문제에 결부된다. 이것은 남-북한 양측의 책임 있는 합의를 확보하기 위한 양측의 헌신적인 노력의 산물이기도 하다.

전략은 그 의미에서 보자면 목표를 달성하기 위해 동원할 수 있는 모든 자원을 효율적으로 동원할 수 있는 Art의 의미이다. 대립의 성격이 강할수록 이 전략적인 내용이 전면에 등장하면서 그 목표를 대체하는 국면이 지배할 수도 있다

남-북 간의 관계에서 그 관계가 가장 접근했던 것은 지난번 문 대통령의 평양 방문과 연설을 할 수 있었던 상태가 아닐까 하는 생각이 든다. 그 관계가 김정은 위원장의 서울 방문까지 이어질 수 있었다면 그 신뢰관계는 더 높아질 수 있었을 것이다.

통일의 형태를 하나의 정형된 상태로 보기보다는, 따라서 어느 날 갑자기 통일이 되었다는 상황적 고착된 모습으로만 말할 것이 아니라 시간의 흐름에 따라 남-북 간의 대화, 교류를 거쳐 합의를 통한 자유 왕래 및 방문이 이루어지면서 적대가 사라지고 평화의 의미가 실현되는 점진적 과정으로, 그리고 경제적 공동체의 번영을 위한 단계로 발전하는 관계를 형성하는 것에 중점을 두는 것도 하나의 방법이 될 수도 있다. 여기에서 우선을 두어야 할 것은 남-북 관계에서 이러한 관계가 설정되도록 하기 위한 제도적인 것을 포함한 합의와 변화가 필요할 것으로 보인다.

마지막으로 북한의 비핵화를 위한 접근의 문제인 바, 그것이 Top-

Down의 방법을 이용할 것인가 아니면 실무적 차원의 논의에서 출발하여야 할 것인가의 문제는 Trump 정부의 시도가 실패를 하였다는 의미를 강조하면서 Top-Down적 접근을 포기할 문제는 아닌 것으로 보인다.

Trump 정부의 시도가 실패한 것은 그 협상과정에서 나타난 부족한 신뢰관계, 그리고 불성실하고 무책임한 언행, 그리고 준비 부족 등으로 요약될 수 있다. 만일 이러한 내용이 협상과정에서 시정될 수 있다면, 그 협상의 성공의 가능성이 높아질 수 있었을 것이다. 또 한국이 처한 중국과 미국 간의 관계에서 선택해야 할 입장이 마치 딜레마인 것처럼 표현되는 것은 조심할 필요가 있다. 능란한 외교란 그것이 위기에 처할수록 지혜를 발휘할 기회를 마련하는 데서 빛을 발하기 마련이다.

예를 들어 말하자면, 미국이 중공과 접근하면서 일본에 충격을 주었을 때 이것을 돌파한 방법은 일본과 중공의 어업관계에서 민간의 대화와 협의를 통한 해결이 일본-중공의 관계 수립으로 이어질 수 있었다는 것이다.

또 동북아의 힘의 균형이나 전략적 안정성의 문제에서 주변 국가 간의 이익을 둘러싼 논쟁이 전개될 가능성이 농후하며, 이로 인한 합의의 시간이 무한정 계속되거나 할 우려를 감안한다면, 미국의 CFR의 Haas가 언급한 것과 같이 적어도 한반도가 중국의 영향권으로 되지 않는다는 정책적 보장만 있다면, 한반도의 통합을 둘러싼 주변 강국들의 논쟁의 대상에서 벗어날 수 있는 가능성을 추구하는 것도 하나의 방법이다.

이제는 정책 환경의 성숙만을 언급하는 것으로 남-북 관계의 문제에서 할 일을 다한 것으로 자위하는 단계를 넘어서 적극적인 정책의 순환적 추구를 도모하는 것만이 유일한 방법으로 남은 것으로 보인다.

　민주당 출신의 Biden 대통령 당선자가 한국민에게 보낸 서한에서도 언급했듯이, 한국이 COVID-19와 같은 세계적 도전에 대한 투쟁에서 세계적 지도자로 되어 온 것처럼, 또 G-7 회의에 초청받은 것을 계기로 이제는 한반도 문제의 해결에서도 민족의 능력을 보여주어야 할 것이다.

　최근 한국이 서명한 RCEP(Regional Comprehensive Economic Partnership)은 동아시아 국가가 포함된 세계 최대의 조약기구로 세계 인구와 GDP에 있어서 총 30%에 달하며, 2030년에는 5,000억$ 규모의 무역을 증대시킬 것으로 알려졌고, 그 가입국들의 총 GDP는 26 Trillion$에 달하고 있다. 이러한 환경은 한국의 변화에서 중심적 관건으로 작용하도록 해야 할 것이다. Pandemic 이후의 경제에서 동아시아가 보이는 밝은 전망에서 영국, 독일 등이 이 지역에 대한 경제적, 군사적 투자에 관심을 두고 있는 것은 또 다른 관심을 불러일으키고 있다.

　미국이 진주만을 공격당했을 당시에 미국은 총 7척의 항모를 보유하고 있었으나, 그 중 4척은 대서양 등에 배치되어 있었고, 그 중 요크타운 항모의 태평양으로의 배치가 이루어졌음에도 불구하고, 일본의 10척의 항모에 역부족인 것처럼 보였다. 그러나 호주, 뉴질랜드, 영국 등의 동맹군으로 일본과의 최종적인 과달카날에서의 2년 3개월에 걸친 전투 끝에 승리를 거두고 일본 본토에 대한 공세를 취하기 시작할 수 있었다. 일본은 진주만 공격을 시작하면서 말라야, 홍콩, 필리핀, 웨이크섬, 그리고 미드웨이와 괌 등지에서 미국에 대한 총 공세를 취했었다.

　The Imaginative Conservative가 이 글을 게재한 것은 미국의 경

제적 불황에 뉴딜 정책을 펴고, 일본과의 전투에서 승리를 거둔 Roosevelt의 의지와 용기가 미국의 Pandemic, 불경기의 해결, 그리고 세 번째로 등장한 대중국 관계에서의 주도적 입장에 의한 세계적 지도력을 확보하기를 바라는 Biden 대통령 당선자의 지혜와 용기를 지원하고, 이를 바라는 미국인들의 희망이 여기에 반영된 것으로 보인다. 이러한 초당적인 입장은 Reagan, Bush 행정부에 기용되었던 Douglas H. Paal의 글에서도 볼 수 있다.(Why Joe Biden's First order of Business Should be America, Not China. November 20, 2020)

⑬ 미-북한 간의 북핵 교섭 30여 년의 의미

현실적인 국제정치의 문제는 그 급박한 상황에서 그 정세에 대한 분석이나 그에 따른 대책 수립을 하는 것이 얼마나 그 문제 해결에 도움을 주었는가의 의미에서 되돌아볼 때, 그 당시 대책보다는 시간이 흐름에 따라 드러나는 것들에 의해 그 문제가 풀려가는 것으로 우리 눈에 나타나는 것으로 볼 수도 있다. 오늘 아침 도착한 E-mail을 보다가 요즘에 들어 활동을 강화하는 미국의 Stimson Center(38 North)에서 온 것 중에서 Robert Carlin(KEDO 참여, 1996~2006, KEDO.org 참조)이 쓴 KEDO(Korean Peninsula Energy Development Organization)에 대한 아쉬움을 표현하는 글이 있었다. 여기에는 같은 취지의 Leon Segal의 글도 있었다.

그가 15년 전 1월 8일, 북한의 항구에서 마지막으로 철수했던 당시는, Carlin이 지적하는 대로 북한이 핵무기를 보유하지도 않은 때였고, 따라서 지금보다는 훨씬 단순하게 처리될 수 있는 문제였다. 1994년 Clinton 민주당 행정부와 북한이 체결한 Agreed Framework에 의해 시작된 이 사업은 취임시부터 부정적인 태도를 보이기 시작한 Bush 공화당 행정부에 의해 2006년 완전히 포기되었다.

2002년 11월경으로 기억나는데, 퇴근하려고 나서는데 전화벨이 울려서 받기는 했으나 빨리 나가려는 생각만 있었다. 뜻밖에 그 전화는 해외에서 온 전화였고, 퇴근한 후 집에서 받기로 하고, 집에 도착하자마자 전화를 받고는 한순간은 정신이 멍해지는 기분을 느꼈다. 그 전화는 나에게 미국의 북한에 대한 정책에 관해 질문을 하면서 Bush 정부가 북한에 개입할 것으로 보느냐고 물었다.

A. 북-미 관계에서의 핵 문제

1976년 민주당 카터 행정부에서 시작된 미-북의 관계는 주한미군의 철수문제로 시작되어 미-북한-한국 정부의 3당국자 회담의 제의로 이어지기는 했으나 양국관계의 진전은 없었고, Clinton 집권시인 1994년 제네바에서의 양국 간의 회담을 통해 북한 핵 문제에 관한 Agreed Framework 협정이 체결되었다. 여기에는 북한이 원자로 등의 시설을 전력을 위한 목적에서 건설한다는 주장에 따라 플루토늄 등의 핵 물질을 이용한 방법을 경수로에 의한 것으로 대체하면서 이것을 위한 발전 연료를 공급하는 것으로 KEDO를 설립하는 조항이 포함되어 있었다.

이와 더불어 두 나라의 관계 발전을 위하여 2000년 10월 23일 Albright 국무장관이 북한을 방문하기도 했으나, 정권이 공화당으로 바뀐 후 Bush 행정부는 북한을 Rogue State라고 부르면서 이 협정에 의한 지원을 지연시키기 시작하였다.(South Korea-US Relations and North Korea: A Cleavage in Their Approaches and Perspectives, Korea and World Affaires, Fall, 1996 pp.474~491 본인의 글 참조)

여기에 설상가상으로 2001년 9월 11일, 이슬람의 극단주의자들의 항공기 탈취와 뉴욕 무역센터에의 공격으로 미국은 이에 대한 반격을 주장하는 여론이 높아졌고, 이것은 같은 Rogue State로 언급된 북한에 대한 공격을 언급할 정도로 비화되었다.

나는 정확히 언제부터라고 말할 수는 없지만 이 즈음하여 미국의 민주당과 공화당 간에는 한반도 문제 접근에 차이가 있다고 보는 입장을 취하게 되었고, 그리고 한반도의 통일 및 평화 체제의 수립 등의 문제에서 이 차이는 두드러진다고 보기 시작하였다.

이 문제는 한반도에만 국한된 것이 아니라 예를 들면, Nixon 공화당 대통령이 중공을 방문하고 관계 개선을 시도했으나, 정작 미-중공 간의 국교 수립은 민주당의 카터 대통령 때 이루어졌고, 또 베트남의 경우에도 휴전을 협상한 것은 Nixon 공화당 정부였으나, 국교 수립은 민주당의 Clinton 행정부에서 이루어졌다는 것은 우연한 사실이 아니었다.

2002년 11월에 받은 전화에 내가 답을 해야 될 것은 Bush 행정부가 언제 북한에 개입할 것이냐에 대한 것이었다. 당시 미국 행정부는 미 의회로부터 중동의 이라크를 공격하는 문제에 대해 승인을 얻고 그 준비를 위한 기간으로 3개월을 확보하고 있는 상태에서 미국 내에서는 북한에 대한 공중 공격을 주장하는 논문들이 나오고 있었다.

그 상황에서 미국이 북한에 개입할 것을 주제로 한 질문을 던진 것은 그 당시에 북한에 대한 공격을 주장하는 논리를 강화하기 위한 목적을 가지고 있었던 것으로 보였다. 그 당시 나는 Bush 행정부가 1차 집권기에는 개입을 할 수 없을 것으로 보인다고 답하였고, 2차 집권기에는 가능할 것이라고 덧붙였다. 그러나 11월에 미국은 특사를 북한에 파견하여 북한이 우라늄 농축을 시도했다는 것을 주장하면서 Agreed Framework의 위반을 지적하면서 북한을 압박하고 있었다.

이라크에 대한 공격을 앞두고 북한에 대한 공격론을 부추기는 것은 전략적인 搖動檄書의 의미로 보여졌고, 따라서 이라크 전쟁이 진행되는 기간에는 북한문제에 개입할 여유가 없을 것으로 생각되었다. 또 실제로 북핵의 문제로 중국이 제시한 6자 회담이 진행되는 과정에 미국이 참여한 것은 2005년 9월이었다. 그러나 미국은 그 첩보를 위한 비행기가 요격되는 과정에서 긴장이 악화되자 2003년 4월 23일에 미국, 중국, 북한이 참석하는 3자 회담을 열었으나 성과는 없었다.

B. 6자 회담, 북한의 핵 보유 선언

2002년 Kelly의 평양 방문에서 미국이 북한 우라늄 농축의 문제를 제기하자 2003년 1월 10일 북한은 NPT로부터의 탈퇴를 선언함에 따라 미-북한 간의 위기가 조성되었으나 4월에 열린 미-북한-중국의 3자 회담에 응하였다. 중국이 제시한 6자 회담은 2003년 8월에 북경에서 개최되어 2007년까지 총 6 round 11번의 회담을 가졌다. 북한은 미국에게 불가침조약 체결, 외교관계 정상화 등을 단계적으로 추진할 것을 제의했고, 영변 핵 시설의 폐기와 미사일 실험 중지 등을 약속하면서 북한에서는 우라늄 농축계획이 없다고 밝혔다.(이하 Arms Control 자료, Chronology 참조)

2003년 11월 5일 KEDO의 활동과 관련하여, 국무성 대변인 Adam Ereli는 "이 프로젝트와 관련한 미래는 없는 것"으로 Bush 정부는 믿고 있다고 말했다. 2004년 회담에서 한국은 중국, 러시아의 지지를 얻어 북한에 제의에 따른 대가로 북한에 에너지 공급을 제의하였으나 2005년 2월 10일 북한 외무성은 북한이 핵무기를 생산하였다고 발표를 하였고, 5월 11일 외무성은 영변 원자로에서 8,000개의 연료막대를 추출하였다고 발표하였으며, 미국은 이에 대해 10월 31일 북한에 대한 Banco Delta Bank와 관련된 경제적 제재를 발표하였다.

2006년 6월 1일 KEDO는 북한에 두 개의 경수로 원자로 건설에 관한 프로젝트를 공식적으로 종료한다고 발표하였다. 이것으로 Clinton 행정부의 비핵화 시도는 완전히 실패로 돌아갔다. KEDO는 11년 6개월 동안 북한의 비핵화를 지원하기 위해 설치되었고, 총 공사비 46억 $가 책정되었으며, 이 중 15억 6,200만$가 투자되어 공정율 35%를 기록한 가운데 종료되게 되었다. 뉴욕에 설치되었던 사무소는 2007년 5월에 폐쇄되었다.

한편 북한은 2006년 7월 4~5일, 장거리 미사일인 대포동 2호를 포함한 7기의 탄도미사일들을 시험 발사하였고, 2006년 10월 3일 북한 외무성은 안전을 보장하는 조건에서 핵실험을 할 것이며, 핵무기의 사용, 이전 등을 금지하는 등의 내용을 담은 성명서를 발표하였고, 이에 대해 UN 안보리는 결의안 1695호를 채택하고 북한에게 탄도미사일 발사를 중단할 것을 요구했다.

북한은 2006년 10월 9일 풍계리 근처에서 1차 지하 핵실험을 실행하였고, 북한 외무성은 전 한반도에의 비핵화는 김일성 위원장의 최종적 지시였으며, 북한의 궁극적 목표라고 발표하였다. 2006년 11월 28일~12월 1일에 열린 6자 회담 대표들이 모인 자리에서 북한 대표 김계관은 2005년 9월의 합의사항을 언급하면서 북한은 핵 프로그램을 포기할 준비가 되어 있으나 그것을 일방적으로 하지는 않을 것이라고 언명하였다.

UN 안보리와 미국의 제재조치가 계속됨에도 불구하고 북한은 2009년 5월 25일 2차 핵실험을 했고, 북한은 2010년 1월 11일 북한 외무성은 우월한 군사력을 바탕으로 하여 휴전조약을 평화조약으로 대체하자는 제안을 한 후, 1월 14일 천안함 공격, 그리고 11월에 연평도 포격을 가했다.

2010년 9월 28일 북한에서 3차 당 대회가 열리고 김정은이 중앙 군사위원회의 부위원장으로 임명되어 권력 승계의 작업이 진행되었다. 2011년 12월 17일, 17년간 집권해온 김정일 위원장의 사망으로 12월 21일 김정은이 공식적 권력 승계자가 되었다.

북한은 2012년 4월 13일 수정된 헌법 전문에서 북한을 "핵 국가"로 변화시킨 김정일의 업적을 삽입하였다.(38 North, Affiliate, North Korea Economy Watch, Update, 2012. 6. 14.)

C. 김정은의 승계와 핵무기화 작업

김정은은 중앙군사 위원장의 지위에서 2013년 2월 12일 3차 핵실험을 했고, 2012년 4월 16일 이동식 ICBM의 시험 발사를 했고, 12월 12일에는 은하-3의 로켓을 우주로 발사하는 등 미사일의 무기화를 계속 추진해왔다. 다시 2016년 1월 6일에는 4차 핵실험(수소폭탄)을 하였고, 2월 7일에는 장거리 탄도미사일 발사실험을 하였다. 2016년 8월 24일에는 SLBM을 성공적으로 발사하여 이른바 선진 핵 국가들이 추구하는 Triad(지상 탄도미사일, 잠수함 발사미사일, 그리고 폭격기에 의한 핵 공격 등을 갖추는 체제)를 갖추려는 태도를 취하는 모습을 보여주고 있다.

2017년 7월 28일에는 미국 전역을 대상으로 하는 ICBM을 시험 발사하였고, 9월 3일에는 6차 핵실험을 했다. UN은 2017년 9월 3일 2375호 결의안을 채택하고 제재를 가했다. 같은 날 미국 대통령 Trump는 UN에서의 첫 연설을 통해 북한을 비난하면서 김정은을 로켓맨이라고 부르며 북한을 완전 파괴할 것이라고 공격했다.

Eric Talmadge는 2017년 후반기부터 북한이 실험하고 있는 미사일들의 정체가 러시아가 개발한 Iskander와 닮은 것을 지적하면서 전문가들이 이 미사일들의 특징을 낮은 고도로 침투하고 초고속이면서 정확도가 높고 따라서 요격이 쉽지 않은 것을 들고 있음을 강조하면서, 여기에 김정은 위원장이 관심을 두고 확대하고 있으며, 미국과 그 동맹국들에 미치는 영향을 언급하고 있는 것을 지적하고 있는 것은 관심을 두고 볼 일이다.(Experts see Russia Fingerprints on North Korea's New Missiles, May 10, 2019)

Trump 행정부에서의 북핵 교섭에 관한 내용은 여기서 다시 되풀이하고 싶지 않다.(미-북한 관계의 진전과 불확실성, Research and article, www.youngs-kim.org 참조) 다만 특기할 사항은 북한이 작년 10월 야간에 진행된 노동당 창건 75주년 기념 열병식에서 일부 언론이 괴물로 표현했던 화성-15의 신형이라고 보도한 ICBM이 의미하는 것에 대한 평가다.

D. 새해를 들어가며

2021년 1월 8일은 김정은 위원장의 8차 당 대회에서의 연설, 그리고 1월 11일은 문재인 대통령의 신년사가 발표되면서, 한국의 언론들이 내린 보도에 포함한 평가로 신년 정국에 코로나 혼란 속에서 한국인들은 새로운 기미를 찾기 위해 관심을 집중하고 있다. 대체적으로 언론들이 지적하고 있는 것은 김정은 위원장이 언급한 내용들, 남-북간 합의의 준수, 첨단 군사장비 반입 금지, 한미 군사훈련 중단, 문 대통령의 첨단 군사장비의 개발 반입에 대한 해명 등을 본질적인 문제로 보고 있으며, 방역협력, 인도협력, 관광 등의 문제를 비본질적 문제로 구분하고 있음을 강조하고 있었다.(아시아경제, 2021. 1. 9.)

이에 대해 문 대통령은, 일부 언론들에 의하면, 민생경제, 방역 등에서의 협력의 확대, 국제적 지원과의 연결 등의 강조, 대전환을 가져올 남북 대화의 제의 등을 제시하고 있으나(한겨례, 2021. 1. 12.) 일부 논평가들은 북한이 한국이 수용하기 힘든 제의를 했다는 입장, 또 북한이 전술핵의 문제 언급, 핵 강화에 의한 방어를 언급하는 데 대한 문대통령의 대응이 없다는 데에서 올해 남북관계는 경색 국면이 될 것으로 전망하는 경우도 있었다. 이와 더불어 정부 고위층이 미국 관계통을 통해 미-북 회담을 가질 것을 권하는 의사를 전달했다는 보도가 나돌고 있으나 귀추를 주목해볼 일이다.

미-북 간의 비핵화를 두고 벌인 지난 40여 년간의 협상의 결과를 지금 종합하는 것은 적절하지 않은 것으로 보인다. 아직 진행 중이고, 앞으로 등장할 미국의 Biden 행정부의 공식적인 입장을 지켜볼 뿐이다. Biden 행정부의 대북 핵 데스크의 구성을 이룰 사람들이 속속 등장하고 있으나 그 사람들이 모두 한국의 입장에서 바람직한 사람이 아닐 수도 있다. 특히 이들 중에는 지난 Ave 일본 총리처럼 공공연하게 한반도의 전쟁 종식을 반대한다는 견해를 가진 사람들도 있을 수 있고, 일본의 요구대로 한반도에서 남-북 간에 냉전적 대결을 강화시켜 미국의 대일본 지지 입장을 공식화하려는 견해를 가진 사람도 있다.

예를 들어 Biden 대통령이 일본의 센카쿠 영토에 대한 중국의 침략을 막겠다는 의사를 밝힌 것으로 언론에 보도되고 있으나, 미국 의회에서의 고위관료 청문회에서 미국이 일본을 위해 중국과 전쟁을 할 수는 없다는 의견이 명백하게 지배적이었다는 것도 또한 사실이라는 것을 주목해야 한다. 다만 우려하는 것은, Trump 행정부와의 관계에서도 나타난 것이지만, 한국 정부의 정책적 Ambiguity에 대한 편향은 상대방으로부터 불신을 당하는 요인이라는 것을 인식하고, 이것이 다시 재현되지 않도록 해야 한다는 것이다.

특히 미국에서도 장기적 교섭에서 나타날 수 있는 Mannerism에서 벗어날 필요가 있으며, 정당 간 정책의 극심한 차이로 인한 손실을 줄이는 데서 이것은 중요하다. 무엇보다도 북한문제에의 접근에서 중국적 요소에의 커다란 의존을 줄일 필요가 있다. CFR의 Haas가 언급한 것처럼 한반도의 중국으로부터의 정책적 독립 및 격리를 궁극적으로 추구한다면, 북한의 과거의 대중-소 관계에 대한 정책에서 고려할 때 충분히 가능한 논리로 볼 수 있다.

마지막으로 한국에서 애용되는 관용어로 표현하자면 易地思之(역지사지)와 같은 것, 다시 말하자면 상대방의 입장에서 보는 것, 그리고 북한의 변화를 원한다면, 자신부터 변해라 하는 것 등을 북한과의 협상을 하는 당사자들에게 강조하고 싶다. 이 전제 위에서 북한에 대한 설득이 작용할 수 있다는 것을 깨달아야 한다.

Epilogue

　북한은 2020년 8월의 Arms Control(Association) 보고서에서 30~40기의 핵폭탄을 보유하고 있으며(미국기관에 따라 최고 60기까지) 年(년) 6~7기, NTI는 12기의 핵무기를 생산할 수 있고, 북한은 성공적으로 축소된 핵탄두를 생산하여 완전한 핵 국가로 되는 길을 넘어선 것으로 미국 DIA를 비롯한 정보 관료들이 결론을 내리고 있다.(Jody Worrick, Anna Field, North Korea Now Making Missile-Ready Nuclear Weapons, US Analysts Say, Aug. 8, 2017 참조)

　1969년 7월 1일에 등장한 NPT가 미국, 영국, 소련 3국에 의해 조인된 지 50여 년 만에 북한은 Arms Control 지가 지적하는 인도, 파키스탄 등과 더불어 9개 핵 보유국으로 분류되고 있다. 북한의 핵무기 보유와 관련하여, 그 기원으로 1950년대 소련으로부터 원자로를 도입한 것에서부터 시작하고 있으나, Arms Control 자료에 의하면, 북한이 미사일(SRBM)을 처음 시험 발사한 것이 1984년 4월 9일, 함경북도 동해안에서였으며, 2000년 들어 이 숫자는 늘어나기 시작하여, 2014년 19회, 2019년 26회 시험 발사를 한 것으로 나와 있으며, 총 154회에 걸쳐 발사 시험을 하여, 129회의 성공을 기록한 것으로 나와 있다.

　미국의 Nuclear Threat Initiative(NTI), Arms Control 등의 자료를 종합해보면, 크게는 1970년대 후반에서 1980년대 초반에 북한의 핵무기 확보를 위한 활동이 추진, 확대되어진 것으로 보이지만, 북한의 핵무기 개발 프로그램, 그리고 핵전쟁 개념이나 전략에 대한 북한의 의도가 제시된 것은 1986~1989년으로 보이며, 미국은 1989년에 북한의 기초적인 deterrence 개념이 개발되어 전략에 반영된 것으로 보고 있다.

2006년 핵실험을 하면서 북한은 WMD의 활동을 강화하였고, 2017년 7월 ICBM의 성공적 실험, 9월에는 수소폭탄의 실험을 가졌다. 이것은 2005년 9월 6자 회담에서 김계관 북한 대표가 북한 핵 프로그램의 포기를 선언하는 자리에서 미국과의 조약(1994년)에서 제시되었던 경수로 원자로를 다시 언급한 후, 2006년 공식적으로 Agreed Framework가 종료되자, 북한의 핵실험이 재개되는 Action-Reaction의 관계로 보여진다.

2017년 북한 ICBM의 실험 성공 이후 2018년 초부터 김정은은 모든 핵실험, ICBM 실험의 중지를 선언하면서, 미국의 위협에 대한 핵 억지를 추진할 의사를 2020년 6월에 선언하였다.

북한의 핵무기 프로그램은 그 추진과정에서 UN을 비롯한 국제사회로 비판을 받아왔고, UN 회원국으로서 북한에 대한 안보이사회를 통해 1993년 1차 핵 위기 때부터 제재 결의안이 채택되었다. 그 후 2006년, 2009년, 2010년 등 총 13회에 걸쳐 북한의 미사일 발사와 회원국 의무 위반으로 규탄을 받는 결의안이 채택되었다. 이와 더불어 비확산 위반에 대한 규탄 결의안도 24차례에 걸쳐 채택되었다.

북핵의 미래는 어떻게 될 것인가? John Warden과 Ankit Panda는 현실주의를 택하면서 받아들일 것을 권하고 있으나, 현실로서는 외교와 억지를 통한 현재의 방법을 유지할 것을 언급하고 있다.(bulletin of the Atomic Scientists, 2019, Feb 13, Goals for any Arms Control Proposal with North Korea) 그러나 그 외교에서 북한은 비핵화를 하지 않을 것이라는

가, 또는 북한에 대해 더 강한 압박을 행해야 한다는 매너리즘에 빠진 생각을 재고해보는 것이, 그리고 동서 냉전체제의 종식에 크게 기여한 George P. Shultz 전 국무장관이 항상 강조하는 신뢰관계의 형성과 그 회복에 더 힘쓰는 것이 중요한 결과를 가져올 수도 있다는 생각에까지 미치도록 하는 것을 추구해보는 것이 더 좋은 대안이 될 수 있을 것이다. 그런 의미에서 Antony Blinken, Jake Sullivan 등의 Biden 팀의 북한 핵 접근방법과 차이 있는 북한에 대한 인식은 그 협상에서 밝은 전망을 주고 있다.(Life and Learning After One Hundred Years : Trust is the Coin of the Realm, Dec. 13, 2020 George P. Shultz)

부록

미-북한 핵 교섭일지

미-북한 핵 교섭일지

1984년 4월 북한 함경북도 동해안에서 Scud-B에서 자체 개발한 Hwasong5(Short Range Ballistic Missile) 7기 시험 발사함.

1985년 12월 12일 NPT에 접근하였으나, IAEA의 안전협정에 이르지 못했고, NPT의 3항에 의거 18개월 내에 끝내도록 되었으나, 북한은 이 협정의 가입을 미국의 핵무기를 한국으로부터 철수하는 것과 연결시킴.

1991년 9월 27일 George Bush 대통령은 해외에 있는 지상, 해군 전술 핵무기를 일방적으로 철수할 것을 발표, 한국에 있는 100여 기의 핵무기도 포함, 8일 후 Gorbachev 소련 대통령도 이에 호응함.

1991년 11월 8일 미국의 일방적인 핵무기 철수에 대응, 노태우 대통령 한반도의 비핵화 선언을 발표 후 한국은 핵무기의 생산, 소유, 배치, 사용을 하지 않기로 약속하고 핵 물질의 처리, 우라늄 농축시설을 일방적으로 금하도록 선언, 이것은 북한의 핵 시설에 대한 IAEA의 검사를 허락하는 북한의 요구를 충족시키기 위한 것임.

1992년 1월 20일 남-북한 한반도 비핵화 공동선언 조인, 양측은 핵무기의 시험, 생산, 소유, 반입, 배치, 사용하지 않기로 동의하고 이것에 대한 검사, 확인에 동의함.

1992년 1월 30일 NPT 조인 6년 후 북한 IAEA의 포괄적 안전협정에 조인하기로 함.

1992년 3월 6일 미국, 북한의 용각산 기계장비 수출회사 창광 신용회사에 미사일 확산활동에 대해 제재 부과함.

1992년 4월 9일 북한 IAEA의 안전협정 비준함.

1992년 5월 4일 북한, IAEA에 검사받아야 할 7개소와 90 gram의 핵 물질을 선언, 북한은 이 핵 물질이 1989년의 89개의 연료막대 처리의 결과로 나온 것으로 발표했고, IAEA는 이를 1992년 중반에서 1993년 초까지 확인 검사함.

1992년 6월 23일 미국은 위에서 발표한 제재를 북한에 부과함.

1992년 9월 미국은 북한이 발표한 핵 물질에 대한 최초의 보고와 실제 차이가 있음을 발견, 북한의 플루토늄 처리량을 포함 해명을 요구함.

1993년 2월 9일 IAEA 조치에 대한 위반이 있다고 두 개소에 대한 특별 검사를 북한에 요구, 북한은 이를 거부함.

1993년 3월 12일 북한은 이에 대해 국가 안보를 위해 NPT 10조에 의거 3개월 내에 철수 의사를 발표함.

1994년 6월 15일 Carter 전 미국 대통령이 북한과 협상, 미국과의 고위 회담을 재개하고, 핵무기 Program의 동결을 북한으로부터 확인, IAEA의 안전조치, 5-Mega watt 원자로를 재급유하지 않고 핵 막대를 재처리하지 않는다는 전제 아래 양측 회담 재개 확인함.

1994년 7월 9일 김일성 사망, 김정일이 승계함.

1994년 8월 12일 북한의 핵무기 프로그램의 제거를 위한 3단계 과정을 설정한 Agreed Framework 조인, 이와 관련 미국은 북한과의 정상적인 경제, 외교 관계를 진전시키고, 북한에 경수로 원자로 제공을 약속함.

1994년 10월 21일 미, 북한 4개월간에 걸친 제네바에서의 협상을 종결하고 Agreed Frameworks 채택, 북한은 플루토늄 생산 원자로, 영변 재처리 시설 등을 동결하고 궁극적으로는 제거할 것을 명기, 이 과정은 3개의 핵 원자로를 폐기하며(이 중 두 개는 건설 중) 8,000개의 핵 원자로 막대를 제거하고, IAEA의 특별 검사를 받도록 함, 이와 교환하여 북한은 두 개의 경수로와 이의 건설 기간 동안 연료 지원을 받는 것으로 되어 있었고, 이를 위해 다국적 기업인 KEDO을 통해 지원함.

1994년 11월 28일 IAEA에서 북한에서의 영변, 태천 핵 시설의 건설 중지 확인함.

1995년 3월 9일 KEDO 미, 한, 일에 의해 New York에 설립함.

1996년 1월 미국 미사일 확산문제에 대해 회담을 요구했으나 북한은 그 회담 개최일자 등의 합의에 앞서 경제제재를 완화할 것을 요구, 3월 19일 Winston Lord 차관보 하원 증언에서 미사일 문제에 진전이 있으면 경제제재의 완화 의사가 있다고 증언함.

1996년 4월 21~22일 미-북한 Berlin에서 첫 미사일 회담 개최, 미국은 북한에게 미사일 통제체제(MTCR) 가입 요구, 북한은 미사일 관련 수입을 보상할 것을 요구함.

1996년 5월 24일 미국, 북한, 이란에게 미사일 기술 관련 이전에 대한 제재 부과함.

1997년 6월 11~13일 미-북한 간 2차 미사일 회담 New York 개최, 미국, 북한에게 노동 미사일 배치 중지, 미사일 관련 부품 판매 금지 요청함.

1997년 8월 6일 미국, 북한에 미사일 확산 관련 활동과 관련 새로운 제재함.

1998년 2월 25일 김대중 대통령 신년사에서 남-북 관계에서의 평화, 화해, 협력을 통한 관계 개선을 위한 "햇볕정책" 선언함.

1998년 8월 31일 북한, 사정거리 1,500~2,000km의 노동-1호 로켓 발사, 북한은 이 로켓으로 작은 위성을 궤도에 올려놓았다고 발표, 일본, Agreed Framework에 관한 비용 분담에 조인을 유예함.

1998년 10월 1일 미-북한 미사일 3차 회담 개최, 미국은 경제제재의 완화와 북한의 미사일 프로그램의 종료를 교환할 것을 요구, 북한은 경제제재에 대한 완화는 1994년 Agreed Framework에 포함된 것이라고 하면서 거부함.

1998년 11월 12일 Clinton 대통령, William Perry를 대북정책 조정관으로 임명함.

1998년 12월 4~11일 미-북한 회담에서 금창리 지하 핵 시설 언급, 북한은 미국의 검사 요구를 인정하나 적절한 보상 없이는 동의할 수 없다고 함.

1999년 2월 2일 CIA Tenet 국장, 북한이 Nodong 2호로 정확성은 떨어지나 미국 본토에 도달 가능, 상원에서 증언함.

1999년 3월 29~31일 미-북한, 평양에서 4차 미사일 회담, 미국, 제재 완화와 미사일 확산 활동중지 교환 의사 전달, 진전 없이 끝남.

1999년 5월 20~24일 미국 감사팀, 금창리 시설 방문, Agreed Framework에 대한 위반이 없음을 확인함.

1999년 5월 25~28일 Perry 북한 방문, 북한에게 미국의 안보 요구를 만족시키면 양국관계 확대 협의, 김정일과 면담 불발됨.

1999년 9월 7~12일 Berlin 회의에서 북한, 회담 지속 기간 동안 장거리 미사일 시험 정지에 동의, 미국도 부분적으로 경제제재 완화에 동의함.(실제 제재는 2000년 6월까지 완화 안 됨.)

1999년 9월 9일 미국 국가정보원, 북한이 2015년까지 200-kilogram 핵탄두를 미국 본토에 도달시킬 수 있는 ICBM 개발할 것으로 보고함.

1999년 9월 15일 Perry 대북정책 평가보고서 의회에 제출, 10월 12일 공개, 북한과의 협상에서 새롭고, 포괄적, 통합된 접근을 권고, 단계적, 상호적 방식에 의한 가능한 외교관계 정상화, 무역 제재의 완화, 북한의 고립 축소 등과 더불어.

1999년 11월 19일 KEDO 한국전력공사와 북한 금호리에 두 개 경수로 원자로 건설 계약, 미국, 이 계약 조인이 지연된 원인이 1998년 대포동 1호 발사 시험으로 인한 긴장된 정세에 있다고.

2000년 4월 6일 미국, 북한 창광 신용회사에 이란과의 관계에서 미사일 문제에서 MTCR 확산 문제로 제재함.

2000년 5월 25~27일 미국, 북한 금창리 시설 2차 검사, 변화 없음을 확인함.

2000년 6월 15일 남-북 공동성명, 한반도 통일문제 해결에 동의, 핵무기, 미사일 프로그램에 대한 언급 없음.

2000년 6월 19일 미국, 소비재 중심 품목에서의 무역제재 완화, 투자 제한 완화, 북한은 미사일 시험 정지 확인함.

2000년 7월 12일 미-북한 미사일 5차 회의, 북한은 미사일 수출 중지에 대한 보상으로 연 10억$ 요구, 미국은 거부, 경제 정상화로 갈 의도가 있음을 언급함.

2000년 7월 19일 김정일, Putin과의 회담에서 북한의 미사일 프로그램에 관심을 보인 나라로부터 위성 발사에 대한 도움을 교환하는 것을 중지할 것을 약속함.

2000년 7월 28일 미 국무장관 Albright에게 북한 외무장관 백남순이 이란 사항 관련 중지 제의함.

2000년 9월 27일 핵 문제 등에 관한 미-북한 회담, New York 개최. 테러리즘에 대한 공동성명, 북한을 테러주의 리스트에서 제외시키는, 따라서 미-북한 관계 개선에로의 단서함.

2000년 10월 9~12일 북한의 조명록 미국 방문, 양국관계 개선을 위한 김정일의 긍정 신호로 봄.

2000년 10월 12일 미-북한 공동성명, 미사일 문제 해결이 양국관계 개선에 기여,

Agreed Framework 이행 약속함.

2000년 10월 24일 Albright 국무장관 북한 방문, 김정일과 회담, 미사일 문제, 핵 투명성, 관계 정상화 등 협의함.

2000년 11월 1~3일 미-북한 미사일 7차 회담이 성과 없이 끝남, Clinton 대통령의 북한 방문 가능성이 줄어듦에 따라.

2000년 12월 28일 Clinton 대통령의 안보보좌관 Sandy Berger, 대통령 선거 관련 분쟁이 있는 기간에 북한 방문이 헌법적 위기의 가능성이 있다는 이유로 방문이 불가능함을 3월 6일자 NYT 기사에서 해명함.

2001년 1월 2일 미국, 북한 창광 신용회사에 이란 관계 비확산 문제로 제재 부과.

2001년 3월 6일 Bush 대통령, 북한과의 미사일 관련 협정 등에서 그 조건 등을 지킬 것인가에 관한 의문을 제기함.

2001년 3월 13일 북한, 미국의 새로운 입장에 대한 반응으로 한국과의 화해를 도모하기 위한 장관급 회담 취소함.

2001년 3월 15일 북한은 중앙통신사를 통한 성명에서 워싱톤의 새로운 정책을 적대적이라고 부르고, 북한은 대화와 전쟁 모두에 완전히 준비되어 있다고 성명 발표함.

2001년 6월 6일 Bush 대통령은 미국 정부의 대북한 정책의 검토 후 북한에 대한 광범한 의제에 대한 신중한 협의가 재개될 것이라고 발표, Bush는 Agreed Framework에 대한 개선된 이행이 이루어지도록 포괄적 협상을 할 의사가 있는 것으로 성명, 여기에는 북한의 미사일 프로그램에 대한 확인할 수 있는 제약, 북한의 미사일 수출문제, 그리고 덜 위협적인 통상 군사 준비 등을 포함하여 언급함.

2001년 6월 26일 미 국무부, 이란 비확산과 관련하여, 북한 창광 신용금고에 2차 제재.

2001년 8월 4일 Putin-김정일 Moscow에서 회담, 2003년까지 탄도미사일 발사 시험 금지를 유지할 것이라고 재확인함.

2002년 1월 29일 Bush 대통령 신년사에서 북한을 시민을 굶기면서 대량파괴무기와 미사일로 무장을 한 것에 대해 비판, 북한을 세계 평화를 위협하는 "악의 축"이라고 규정함.

2002년 3월 15일 미국의 핵 태세 검토보고서에서 북한에 핵무기 사용을 검토했다는 보고에 대해 북한의 국영 통신은 미국이 북한에 대해 핵무기를 사용하려고 한다면, 미국과 체결한 모든 협정을 검토할 수밖에 없다고 하면서 미국이 북한에 핵 참화를 가한다면 미국 본토도 안전하지 못할 것이라고 대응함.

2002년 4월 1일 Bush 대통령, 북한이 Agreed Framework에 응할 것이라는 보장을 하지 않을 것이라는 각서를 발행, 그러나 국가 안보를 고려하여 Bush는 미국이 KEDO에 자금을 지원하지 못하도록 한 미국 법의 적용을 완화하여 Agreed Framework에의 지원을 계속하도록 함.

2002년 7월 2일 미국은 6월 29일 남-북한 간의 해상 교전과 7월 10일 회담에 북한이 호응하지 않은 것을 이유로 하여 대표단의 파견을 취소함.

2002년 8월 7일 KEDO 첫 번째 경수로 원자로 착공 기념식 거행, Pritchard 미국 대표 참석, 미국은 북한에게 IAEA 안전조치 절차에 응하도록 요구, 북한은 3년 후에 힐 것으로 언급, 그 시언은 북한 외무부 대변인에 의하면, 원자로 완성에서의 지연이 북한으로 하여금 협정에서 철수할 동기로 작용할지 모른다는 언급함.

2002년 8월 16일 미국은 북한 창광 신용회사에 미사일 기술을 Yemen에게 넘긴 것을 이유로 다시 제재 부과함.

2002년 9월 17일 북한은 고이즈미-김정일 회담에서 평양 선언 채택, 미사일 발사 중지를 무한정 연장한다고 발표함.

2002년 10월 3~5일 미국 동아태 차관보 Kelly 북한 방문, 북한의 핵미사일 프로그램, 미사일 부품 수출, 재래식 병력 태세, 인권 위반, 인도주의적 상황에 관심 표명, 포괄적 해결 통한 양국관계 개선 가능 언급, 미국이 대응조치를 취할 것을 강요했다고 북한이 주장함.

2002년 10월 16일 미국은 북한이 Kelly 방문 후 핵무기를 위한 우라늄 농축 비밀 프로그램을 가졌다고 인정했음을 발표, 북한은 이것을 인정했다는 미국 주장을 여러 번 부인, 국무부 대변인 Boucher는 북한의 비밀 핵무기 프로그램은 Agreed Framework, NPT, IAEA 안전협정, 남-북 공동성명 등을 중대하게 위반한 것이라고 언급함.

2002년 11월 5일 북한, 북한-일본 관계 정상화가 진전이 없으면 탄도미사일 시험 중지를 끝낼 것으로 위협함.

2002년 11월 14일 KEDO, 북한이 우라늄 농축 프로그램을 가졌다고 인정한 10월 4일의 발표에 대해 북한에 전달할 중유 공급을 유예할 것으로 발표함.

2002년 11월 29일 IAEA, 북한에게 우라늄 농축에 대해 명백히 할 것을 요구하는 결의안 채택, 북한은 이에 대해 IAEA의 입장이 미국에 유리하게 치우쳐 있다고 하면서 결의안 거부함.

2002년 12월 12일 북한, IAEA에 서한, Agreed Framework에 의해 동결된 원자로 재가동, 다른 핵 시설을 다시 공개했다고 발표, IAEA에게 핵 시설에 대한 봉인을 제거하고, 감시장비 철거를 요청, 미국에게 Agreed Framework 위반 책임을 전가, 원자로 재가동의 목적은 전력 생산이라고 언급, 11월 27일 미국의 CRS 보고서는 이 원자로는 매년 하나의 폭탄을 만들기에 충분한 플루토늄을 생산한다고 보고, 그러나 2003년 1월 3일 국무부는 북한이 Agreed Framework 협상 이전에 생산된 플루토늄으로 1~2개의 핵무기를 이미 소유하고 있었다고 정보 측은 믿고 있다고 언급함.

2002년 12월 14일 북한은 IAEA에의 서한을 통해 핵 시설은 미국과 북한의 문제이며, 북한은 IAEA가 행동하지 않으면, 일방적으로 봉인을 제거하고 감시 카메라를 제거할 것으로 성명함.

2002년 12월 22~24일 북한 봉인 제거, IAEA의 감시장비 철거, 27일 IAEA 요원에게 떠나라고 요구함.

2003년 1월 6일 IAEA 북한의 행위를 비난하는 결의안 채택함.

2003년 1월 10일 북한 NPT로부터 철수 발표함.

2003년 1월 12일 Los Angeles Times에 의하면, 주중 북한 대사 최진수는 북한이 자체 설정한 장거리 미사일 발사 시험 중지를 더 이상 지키지 않을 것이라고 암시함.

2003년 2월 12일 IAEA, 북한의 거부 반응 사실을 UN 안보리에 보고하기로 결정함.

2003년 3월 19일 북한은 KCNA의 성명을 통해 평화적 미사일 프로그램을 가질 주권적 권리를 주장하면서 장거리 미사일 발사 시험 중지를 지킬 수 없을 것으로 암시, 북한은 이미 2월 24일, 3월 19일 단거리 미사일 시험 발사를 했음.

2004년 3월 24일 미국은 북한 창광 신용회사에 파키스탄 Khan 연구소에 미사일 기술 이전한 것에 대해 제재 부과함.

2003년 4월 23~25일 북경에서 미-중-북한 3자 회의, 북한은 처음으로 미국 대표에게 북한이 핵무기를 보유했다고 언급, 또한 Agreed Framework에서 동결된 5 mega watt 원자로에서 핵 연료 재처리를 완료했다고 밝혀, Powell 국무장관의 4월 30일 상원 청문회에서 밝히면서 북한은 이에 대한 대가를 기대하고 있다고 언명함.

2003년 5월 12일 북한, 한반도 비핵화에 대한 남-북 공동성명을 죽은 문서로 호칭함.(KCNA 성명)

2003년 7월 15일 주유엔 북한 대사가 북한이 영변 원자로에서 8,000개의 연료막대 재처리를 완료했다고 미국 관리에게 말했다고 미 국무성 대변인 Boucher가 언급함.

2003년 8월 27~29일 1차 6자 회담이 북경에서 개최, 북한은 단계적 해결을 요구, 미국에게 불가침조약 체결 요구, 외교관계 정상화, 북한의 타 국가와의 경제협력 방해 금지, Agreed Framework에서 약속된 원자로 완성, 연료 공급 재개, 그 대신에 북한은 핵 시설 폐쇄, 미사일 수출과 시험 종식 제시, 북한은 우라늄 농축 프로그램의 소유를 처음으로 부인, 북한 대표단은 국무성 고위 관리에게 핵무기 시험과 그것을 전달할 수단을 과시하겠다고 위협했다고 함.

2003년 9월 14일 Bush 대통령은 KEDO에 대한 제한조치를 완화하겠다고 하면서 다만 행정적 경비로 372만$을 제공하겠다고 했으나, 2003년 이후 KEDO에 대한 더 이상의 지원은 없었음.

2003년 10월 2일 북한 외무성 관리가 북한이 8,000개의 연료막대 재처리를 완료했다고 지적하였고, 핵 억지 병력의 증강 방향으로 나갈 것과 필요하다면 북한은 추가 연료막대의 재처리와 생산을 계속할 것이라고 언급했다고 KCNA가 보고함.

2003년 10월 16일 KCNA의 보도는 북한이 핵무기 시험을 암시하며, 물리적 힘으로 핵 억지력을 공개하는 조치를 취할 것이라는 것을 암시하고 있다고 함.

2003년 10월 19일 Bush 대통령은 미국이 북한을 공격하지 않을 것을 서면으로 다각적으로 보장할 것이라고 언급했으나, 불가침 협약은 부인함.

2003년 11월 북한 주영국대사 리용호는 북한이 가동할 수 있는 핵 장치를 보유하고 있다고 Reuters 통신에 언급.

2003년 11월 21일 KEDO 사무국은 12월 1일부터 두 개의 경수로 원자로 건설을 유예할 것이라고 발표, 11월 5일 국무성 대변인 Adam Ereli는 Bush 정부는 이 프로젝트의 미래는 없다고 믿는다고 언급함.

2004년 1월 8일 북한은 비공식 미국 대표단에게 양변 핵 시설을 보이고 "핵 억지"라는 것을 과시, 이들 중 Siegfried Hecker에게 플루토늄이 들은 항아리를 만지게 하면서, 북한 관료는 이것이 5 Mega watt 원자로의 연료막대에서 나온 것이라고 주장함.

2004년 2월 25~28일 2차 6자 회담이 북경에서 개최하기로 합의, 이수혁 한국 대표의 제의로 북한에게 핵 프로그램의 동결 대가로 연료를 도움을 줄 것에 대해 중국, 러시아 동의, 미국 측은 북한에게 우라늄 농축 프로그램을 인정하라고 요구함.

2004년 6월 23~26일 3차 회의가 북경에서 열림, 미국이 위기 해결 방안을 제시, 두 단계로 제시된 이 안은 우선 북한이 한국, 중국, 러시아로부터 연료 공급을 받고 동결하고, 핵 프로그램의 폐기, 두 번째 단계에서 미국은 다른 당사국들과 다자안보 협정을 작성하고, 미국은 북한과 양자 협의로 제재 해제를 협의하도록 제시, 북한이 받아들이지 않으면 제의는 철수. 이에 대해 북한은 핵무기 생산, 시험, 이전 금지 등을 역제안, 동결 기간은 그 대가의 지불 여부와 연관시킴.

2005년 2월 10일 북한 외무성, 북한이 핵무기를 생산했다고 발표함.

2005년 3월 2일 북한 외무성, 북한은 더 이상 장거리 미사일에 대한 5년 된 정지 조치에 구애받지 않을 것을 성명함.

2005년 4월 초 미국 동맹국들에게 북한이 핵실험을 할지도 모른다는 긴급 메세지를 보냄.

2005년 6월 29일 미국 재무부, 미국이 WMD과 미사일 프로그램에 책임 있는 북한의 3개처에 대해 자산을 동결한다고 발표, 이것은 Bush 대통령의 행정명령 13382호에 의해 취해진 것임.

2005년 7월 9일 미국의 Hill 차관보와 북한의 외무부상 김계관의 만남에서 북한 6자 회담 복귀를 발표, KCNA에 의하면 미국은 북한을 주권국가로 인정하며, 침략하지 않으며, 6자 회담 내에서 양자 회담을 가질 것으로 공식적으로 명확히 함.

2005년 7월 13일 김정일, 중국의 지도자 Hu Jintao와의 회담에서 김일성이 한반도의 비핵화를 원했다고 강조함.(KCNA 보도)

2005년 7월 26일 북경에서 6자 회담 개최, 이 회의에서 미-북한 간 양자 회담 열려, 북한은 우라늄 농축 프로그램의 존재 부인, 이와 관련한 미국 측의 정보나 증거에 대해 명확히 할 것을 요구함.

2005년 9월 15일 미국 재무부, 마카오에 있는 Banco Delta Asia 은행을 북한의 주요 화폐 세탁 관심의 대상으로 지명, 북한의 기금 2,500만$을 동결함.

2005년 9월 15일 공동성명에서 북한 핵무기와 핵 프로그램의 포기, NPT와 IAEA의 안전조치에 복귀 선언, 평화적으로 확인 가능한 한반도 비핵화 달성 언급, 당사국들은 합의된 의무를 이행하기 위한 공동의 조치, 그리고 단계적 방법으로 행동 대 행동의 원칙에서 대가를 지불하도록 선언, 북한은 핵에너지의 평화적 이용의 권리 보유를 선언하면서 관련 당사국들은 이에 대한 존중을 표했고, 적절한 시기에 경수로 핵발전 원자로를 북한에 제공하는 문제를 협의하는 것에 동의, 미국은 북한이 핵 원자로를 받아서는 안 된다는 입장을 고수함.

2005년 9월 20일 북한 외무성은 빠른 시일 내에 미국이 경수로 원자로를 북한에 제공하는 것이 중요하며, 미국은 이 원자로를 받지 않고 북한이 핵 억지를 폐기할 것으로 생각하지 말아야 한다고 언급함.

2005년 10월 21일 미국 재무부, 북한의 8개 부처에 행정명령 13382호에 따른 핵, 화학, 생물학적 무기의 확산에의 참여로 제재 부과 언급함.

2005년 11월 9~11일 북경에서 6자 회담 개최, 한국, 일본 대표, 의제를 세 가지로 분류, 북한 핵 프로그램의 폐기, 북한에 대한 경제, 에너지 지원, 북한과 미국, 일본 간의 양자 문제 등 미국과 북한의 의견 대립 계속함.

2005년 12월 19일 북한은 공개적 성명에서 Agreed Framework에서 동결된 원자로를 더 크게 건설하는 것을 추구할 것으로 발표함.

2006년 3월 30일 미국 재무부, 스위스 회사에 북한을 위해 무기 관련 물품을 구입한 것에 대해 제재를 부과함.

2006년 4월 13일 북한 외무부상 김계관, Banco Delta Asia 은행의 2,500만$의 동

결을 미국이 해제하면 6자 회담 복귀 언급함.

2006년 6월 1일 KEDO, 북한에 두 개의 경수로 원자로 건설 프로젝트를 공식적으로 종료한다고 발표, 북한이 1994년의 Agreed Framework에 대한 위반을 그 이유로 지적, 한국 통일원에 의하면 KEDO는 하루 전날에 한국 정부가 KEDO 자산의 청결과정에서 나오는 비용을 지불해야 한다는 결의안을 채택함.

2006년 7월 4~5일 북한, 대포동-2 장거리 미사일을 포함하여 7기의 탄도미사일을 시험 발사(기타 중-단거리 탄도미사일), 7월 4일 미국 국무성은 이 발사를 도적적인 행위로 언급, 한국, 일본은 북한에 제재 부과함.

2006년 7월 15일 UN 안보리 결의안 1695 채택, 북한을 규탄, 탄도미사일 활동 중지 요구, 관련국들에 미사일 관련 물질 기술 등을 북한에 이전하지 말 것을 요구함.

2006년 9월 19일 호주와 일본, 안보리 결의에 따른 북한에 대한 제재 참여 발표함.

2006년 10월 3일 북한 외무성, 앞으로의 핵실험은 안전이 확실히 보장되는 조건 하에서 이루어질 것이라고 하면서 핵무기의 우선 사용, 핵 이전을 금할 것이라고 발표하고 비핵화를 실현하기 위해 최선을 다할 것이라고 발표함.

2006년 10월 9일 북한 풍계리 마을 근처에서 지하 핵실험을 함.

2006년 10월 11일 북한 외무성, 이번 핵실험은 미국의 핵 위협, 제재, 압력에 책임이 있다고 성명, 북한은 그 주권을 보호하기 위하여 핵무기 보유를 실질적으로 증명하지 않으면 안 되었다고 발표, 북한은 대화와 협상을 통한 한반도 비핵화를 위한 의지에 변함이 없다고 발표함.

2006년 19월 14일 UN 안보리 결의안 1718 채택, 안보리는 북한이 더 이상의 핵실험을 금하고 핵무기를 포기하고 6자 회담에 복귀할 것을 요구, 결의안 1695에 추가하여 추가 제재함.

2006년 11월 28일~12월 1일 미-중-한-북한 6자 회담 대표 협의, 김계관 북한 대표는 2005년 9월 19일 6자 회담 공동성명을 이행할 준비가 되어 있으며, 핵무기 프로그램을 포기할 준비가 되어 있으나, 일방적으로 하지는 않을 것이라고 성명함.

2006년 12월 18~22일 북경에서 6자 회담 개최, 미국 다단계 비핵화 계획 제시,

진전이 없이 끝남.

2007년 2월 8~11일 6자 회담에서 북한의 비핵화에 대한 2005년 9월 19일의 공동성명을 이행할 최초 단계의 행동 계획이 합의됨, 이에 따르면 북한은 50,000톤의 중유 공급을 받고 60일간 영변 핵 시설 작동을 정지하는 것으로 되어 있음. 또한 경제, 에너지 협력에 관한 특별 계획 작성 협의, 비핵화, 동북아 평화, 안보 기구의 이행, 북한의 미국, 일본과의 관계의 문제 논의. 영변 핵 시설의 봉쇄 후 950,000톤의 중유 공급, 이외에 미국은 북한을 테러 지원국가의 명단에서 제외, 북한에 대한 적국 행위로 규정한 무역 조항의 정지도 포함함.

2007년 3월 13~14일 IAEA 위원장 ElBaradei vuddid 방문, IAEA 복귀 요청함.

2007년 3월 19~22일 6자 회담 북경에서 개최, 북한 대표 Banco Delta Asia 은행에 동결된 기금 2,500만$ 반환 요구하고 그때까지 6자 회담 불참, 3월 19일 미국 새무부와 북한 산에 합의, 그 기금을 북경의 Bank of China에 이전하기로 함.

2007년 4월 10일 미국 동결된 자금 이전 동의함.

2007년 6월 25일 북한 외무성 대변인, Banco Deltarlrmadml 북한 이전에 따라 영변 핵 시설 봉쇄 시작 발표, 이 봉쇄 확인을 위해 IAEA 위원 평양 도착함.

2007년 9월 27일~10월 3일 6자 회담 북경 개최, 12월 31일 북한이 완전하고 정확한 핵 프로그램의 제공 동의, 우라늄 문제와 같이 영변 핵 시설의 폐기도, 미국도 북한의 테러 지원국가 명단에서 제외 완료 약속, 북한의 비핵화의 진전에 따라 북한에 대한 적대 조항 무역 적용에도 종료시킴.

2007년 10월 2~4일 노무현 대통령 북한 방문, 김정일과 화해, 경제협력 협의, 통일, 군사적 긴장 완화, 이산가족 상봉 확대, 사회 문화적 교류문제 등 8개 사항 합의, 정전체제 종식, 항구적 평화기구 설립 등도 합의함.

2007년 11월 5일 영변 핵 시설 폐기를 위한 미국 전문가팀 북한 도착, 12월 31일까지 11단계로 폐기과정 진행, 폐기과정에 대한 자금 지원은 미 국무부의 비확산, 군축 기금에서 제공함.(NDF)

2007년 12월 19일 이명박이 대통령에 당선됨.

2008년 1월 4일 KCNA, 북한 외무성, 미국이 2007년 10월 협정에서 약속한 중유 공급이 지연되는 것을 지적하면서 이에 따라 북한의 폐기가 일정하지 못할 것으로 보도함.

2008년 3월 13~14일 Hill 차관보, 김계관 제네바에서 회동, 플루토늄 프로그램과 우라늄 농축문제 논의함.

2008년 4월 8일 위의 두 사람 싱가포르에서 다시 플루토늄 무기 계획과 우라늄 문제 다시 협의, 타협을 했다고 했으나 그 내용이 명확한 것은 없음.

2008년 6월 26일 Bush 대통령, 의회에 북한을 테러 지원국 명단에서 제외할 것을 통보함.

2008년 7월 12일 6자 회담에서 북한의 핵무기 프로그램에 대한 확인 협의, 북한도 주요 핵 시설의 폐기 일정을 설정하도록, 이에 따라 에너지 지원도 제공되도록 함.

2008년 8월 김정일 건강 악화됨.

2008년 8월 11일 Bush 대통령, 북한을 테러 지원국가 대상에서 삭제할 것으로 했으나 45일 마감시간이 지나도 제거하지 않음.

2008년 8월 26일 KCNA 외무성 성명 게재, 미국이 북한을 테러 지원국가 대상에서 삭제하지 않고 이를 폐기 일정 계획과 연결시키고 있는 것을 지적, 이에 대해 미국은 북한이 영변 핵 시설 폐기를 유예시키고 있음을 지적하면서 오히려 복구하고 있다고 지적함.

2008년 9월 17일 Jane Defense 등이 북한이 새로운 미사일 시험 장소를 서부 해안의 풍동리에 건설하고 있다고. 이 장소는 무수단리보다 더 큰 규모의 미사일 시험의 규모를 가진 것으로 보고됨.

2008년 9월 24일 IAEA, 북한의 요구로 재처리 시설의 봉인을 제거 완료 보도함.

2008년 10월 1~3일 Hill 차관보 평양 방문함.

2008년 10월 11일 미국 국무성 북한의 핵 프로그램의 확인 조치에 대해 북한과 합의한 것을 발표, 이 확인에 따라 미국은 북한을 테러리즘 지원 대상국에서 제거하도록 됨.

2008년 10월 13일~11월 13일 미국과 북한은 테러 지원 대상국가 명단에서 북한을 제거하는 문제와 북한의 핵 프로그램의 확인 문제를 연계지어 신경전을 펼치고 있음, 평양도 미국의 확인 과정의 문제 제기와 관련하여 핵 프로그램의 폐기 일정을 늦추고 있음.

2008년 12월 12일 6자 회담국은 회장 성명에서 폐기와 확인 문제, 그리고 에너지 지원 문제가 나란히 이루어지도록 이행되는 것을 동의한 성명을 발표. 이 문제에 대해 중국, 러시아 등과 미국은 서로 다른 견해를 보임.

2009년 1월 13일 북한 외무성, 핵 시설 폐기 확인활동은 남-북한에 의해 상호 행해질 것을 주장하는 성명을 발표, 북한은 한국에 있는 미국의 핵무기의 도입과 배치, 그 철수에 대한 확인을 하도록 자유로운 접근이 보장되어야 한다고 성명함.(재도입을 막고 정기적으로 확인하는 확인 절차에 따라야 한다고)

2009년 2월 20일 Clinton 국무장관, Stephen Bosworth를 대북 특별 대사로 임명함.

2009년 2월 24일 KCNA 통신실험 위성의 발사문제가 제기됨을 보도, 미, 일, 한국이 북한의 위성 발사 계획에 대해 안보리 결의안 1718에 위배된다고 문제 제기함.

2009년 4월 5일 북한 장거리 대포동-2 탄도미사일의 변형된 것으로 보이는 3단계 은하-2 로켓을 발사, 북한은 이 로켓이 위성을 궤도에 진입시켰다고 주장함.

2009년 4월 13일 UN 안보리 위원장의 성명으로 북한의 로켓 발사를 안보리 결의한 1718의 위반으로 선언함.

2009년 4월 14일 이에 대해 북한 외무성은 6자 회담으로부터 철수를 선언하면서 그 협정에 구애받지 않을 것이라고 선언함.

2009년 4월 16일 북한 IAEA에서 탈퇴, 영변 핵 시설로부터 감시 기구를 철수시킴.

2009년 4월 24일 UN 안보리, 확산에 참여한 것으로 믿어지는 북한의 화사들, 코리아 광산개발 무역회사, 단천 상업은행, 코리아 용봉공사 등에 재정적 제한을 가함.

2009년 5월 25일 북한 2차 지하 핵실험 풍계리 근처, 북한은 시험 후 핵 기술 개발을 지속시키고, 핵무기의 힘을 증가시키는 데서 발생하는 과학적, 기술적 문제를 만족스럽게 해결했다고 밝힘, 안보리는 이 시험이 결의안 1718을 위반한 것으로 규탄함.

2009년 6월 12일 UN 안보리 결의안 1874 채택, 확산을 막기 위한 검사 제도의 확대, 북한에 대한 재정적 제한을 강화 요구, 6월 16일 19여 개 회사를 제재 대상으로 추가함.

2009년 8월 4일 Clinto 전 대통령 북한 방문, 미국인 기자 등 2명을 석방을 도움.

2009년 10월 29일 미 국무성, 북한이 미국 대북 특별 대사 Stephen Bosworth를 초청했다고 언급함.

2009년 11월 19일 이명박 대통령과 합동 기자회견에서 미국 대통령 Obama, 북한의 핵 프로그램을 철회하도록 한국과 북한에 구체적 행동을 촉구하고 있다고 언급함.

2009년 12월 8~10일 Obama 행정부의 고위관료들이 평양에서 북한 고위관료들과 첫 회합을 가졌다고 발표, 미국 대표단은 Stephen Bosworth가 이끌고 있다고, 그가 김정일에게 Obama 대통령의 친서 전달함.

2010년 1월 11일 북한 외무성, 1953년 휴전 협정을 평화조약으로 대체하는 회담을 열 것을 제시함.

2010년 3월 26일 한국 해군 선박 천안함, 북한군이 접경 해역에서 격침시킴.

2010년 4월 21일 북한 관영 언론, 북한은 다른 핵무기 국가들과 같이 동등한 자격으로 비확산과 군축 협정의 당사자로 될 것이라고 각서를 발행함.

2010년 4월 19일~5월 25일 남-북한 간에 천안함 격침문제로 설전함.

2010년 7월 21일 미국, 천안함 침몰문제로 북한에 새로운 제재 부과함.

2010년 8월 25일 Carter 전 대통령, 북한에 억류된 미국인을 귀국시키려고 우호적으로 방문함.

2010년 8월 30일 Obama 대통령 북한에 대한 재정적 제한을 강화하는 행정명령에 서명함.

2010년 9월 15일 미국 대북 특별대사 Bosworth, 북한의 특정하고 구체적 행위 후에 6자 회담이 재개될 것이라고 발표함.

2010년 9월 28일 노동당 3차 회의 개최, 김정은을 중앙군사위원회의 부위원장으로 임명할 것을 포함한 지도층 변화함.

2010년 11월 12일 북한, Siegfried Hecker 미국 방문팀에게 우라늄 농축시설 건축을 밝힘. 이것은 우라늄 UF6을 생산할 수 있는 것임을 인정함.

2010년 11월 23일 북한, 한국 연평도에 포격, 군인 2명 사망, 민간인 17명 부상함.

2010년 11월 29일 연평도 포격과 관련하여 중국 6자 회담 비상회의 요구함.

2010년 12월 6일 미국, 일본, 한국은 중국의 비상회의 소집 요구에 반대, 남-북 관계 개선이 먼저 중요하다고 함.

2011년 2월 16일 미국 국가정보 국장 Clapper, 북한이 지난 11월 밝힌 시설 외에 밝히지 않은 우라늄 농축시설을 추가로 가졌을 가능성을 상원 청문회에서 제기함.

2011년 2월 28일 한-미 양국군은 대규모 합동 군사훈련을 함.

2011년 3월 15일 북한 러시아 방문 관료에게 우라늄 농축활동에 대해 6자 회담에서 협의할 의향이 있다고 언급함.

2011년 3월 17일 한국 북한의 제의 거부, 북한의 비핵화에 대한 진정성을 보이라고 요구함.

2011년 4월 18일 중국은 남-북한 간 양자 회담 후 미국과 북한 간의 회담, 그리고 6자 회담의 재개를 포함한 3단계의 6자 회담의 활성화를 제의함.

2011년 4월 18일 Obama 대통령, 북한으로부터의 물자, 기술의 수입을 금하는 행정명령을 내림.

2011년 5월 9일 이명박 대통령, 북한을 2012년에 서울에서 열리는 핵 안보 정상회담에 초청 가능성 제시, 북한의 핵무기 포기를 전제로, 북한은 비핵화가 침략의 길을 열려는 한국의 기도라면서 이것을 거부함.

2011년 7월 22일 한국 6자 회담 대표 위성락, 북한 대표 이용호와 만남, ASEAN Bali 회의 중. 북한의 핵무기와 관련한 대화 재개를 위해서임.

2011년 7월 24일 미, 일, 한국 외무장관들, 남-북 대화에서 있었던 논의를 환영하는 성명을 냄.

2011년 7월 28~29일 Stephen Bosworth 대사와 북한의 제1부외상 김계관의 New York 회담, 6자 회담의 활성화를 위한 노력의 일환으로 미-북한 간의 첫 고위회담, 북한이 협상과정에서 건설적인 파트너로 될 수 있다면 미국도 협상재개 의사를 보임.

2011년 8월 1일 KCNA 북한 외무성 성명 보도, 북한이 빠른 시일 내에 미국과 6자 회담 재개에 관심 표명함.

2011년 8월 24일 러시아 대통령 Medvedev와 김정일 회담 후 회담 재개의 맥락에서 핵무기와 미사일의 생산 시험을 정지할 의사가 있다고 북한 언급함.

2011년 9월 24일 중국 방문 중 최용림 북한 수상은 지난 러시아와의 회담에서 김정일이 보인 핵실험 정지에 관한 입장은 변화가 없다고 밝힘.

2011년 10월 24~25일 미국과 북한 제네바에서 만나 6자 회담 재개문제 논의, Glyn Davies가 Bosworth 후임으로 대북 대사가 됨.

2011년 12월 17일 김정일 사망, 17년간 북한 최고 지위로 군림, 김정은이 그 후계자로 승계함.

2011년 12월 29일 김정은 공식적으로 북한의 새 지도자로 선언함.

• 이 일지는 NCNK, Arms Control, NTI의 자료를 종합하여 편집한 것이다.